지은이 정영애

1967년생으로 「가을엽서」 외 3의 동시로 『아동문예』에 등단하였으며, 제3회 향토문화연구회논문공모전에서 〈조운시조연구〉로 입상하였다. 조선대학교에서 문학박사학위를 받았다. 현대 조선대학교와 동신대학교에서 〈남도의 시가문학〉 외 다수의 강좌를 강의하고 있다.

박재삼 시의 상상력과 동일성의 시학
Imaginative and Identical Poetics in Park Jae Sam's Poetry

ⓒ 정영애, 2011

1판 1쇄 인쇄‖2011년 11월 20일
1판 1쇄 발행‖2011년 11월 30일

지은이‖정 영 애
펴낸이‖양 정 섭

펴낸곳‖도서출판 경진
    등 록‖제2010-000004호
    주 소‖경기도 광명시 소하동 1272번지 우림필유 101-212
    블로그‖http://kyungjinmunhwa.tistory.com
    이메일‖wekorea@paran.com

공급처‖(주)글로벌콘텐츠출판그룹
    대 표‖홍정표
    기획·마케팅‖노경민
    경영지원‖최정임
    주 소‖서울특별시 강동구 길동 349-6 정일빌딩 401호
    전 화‖02-488-3280
    팩 스‖02-488-3281
    홈페이지‖http://www.gcbook.co.kr

값 15,000원
ISBN 978-89-5996-140-5 93810

※ 이 책은 본사와 저자의 허락 없이는 내용의 일부 또는 전체를 무단 전재나 복제, 광전자 매체 수록 등을 금합니다.
※ 잘못된 책은 구입처에서 바꾸어 드립니다.

박재삼 시의 상상력과 동일성의 시학

Imaginative and Identical Poetics in Park Jae Sam's Poetry

박재삼 詩의 상상력과 동일성의 시학

정영애 지음

도서출판 경진

 책을 내면서

    나는 시를 좋아한다. 시 중에서도 서정시를 좋아한다. 한 편의 아름다운 시를 읽으면 그 어떤 좋은 물건이나 맛있는 음식보다도 내 심장을 뛰게 하고 내 머리를 상쾌하게 만든다. 어떤 서정시는 일생 내 친구나 그림자처럼 나를 따라다니기도 한다. 그리고 그것들을 생각하며 낭송해보고 되씹어 보면 행복하기 그지없다.
    박재삼의 시는 어느 날 우연히 그렇게 나에게 다가왔다. 그의 시 중에서도 〈울음이 타는 가을 강〉은 그해 가을 이후 나와 함께 살았다. 아마도 이 시는 그의 시 〈천년의 바람〉처럼 내 기억에 영원할 것이다. 나는 박재삼과 아무 관련이 없고 그의 고향을 알지도 못한다. 순전히 작가와 독자의 만남인 셈이다. 나는 그의 시를 더 많이 찾아서 읽게 되었고 그에 대해 더 많이 알고 싶었다. 나는 그의 시 〈어떤 귀로〉에서 어머니가 풀어놓은 '별빛'과 '달빛'을 〈수정가〉에서 순순(順順)하게 스러지는 물방울의 찬란한 '춘향이 마음'을 사랑하게 되었으며 서러운 노을빛으로 익어가는 '감나무'를, 사랑하는 아무도 없어 한낮의 꽃밭 속에 치마를 둘러쓰고 찬란한 목숨을 풀어헤친 '남평문씨 부인'을 사랑하게 되었다. 그리고 시인의 '가난'과 '눈물'과 '허무'까지도 내 것이 되었다.
    그리고 그것들은 학문적 연구결과로까지 이어졌다.

박재삼(朴在森, 1933~1997)은 1953과 1955년에 각각 시조 「강물에서」와 시조 「섭리」 및 「정적」을 발표함으로써 문단 활동을 시작하였다. 등단 시기에 시조를 가까이 했다는 것은 그의 시에 상당한 전통적 시가 장르의 관습이 관류하고 있음을 의미한다. 그 후 1962년 첫 시집 『춘향이 마음』에서부터 1996년 마지막 시집 『다시 그리움으로』를 발간하기까지 총 15권의 시집과 10여 권의 수필을 꾸준히 간행하여 왕성한 창작열을 보여주었다. 박재삼은 우리 민족의 가난과 슬픔, 그리고 한의 정서를 예민한 감수성과 섬세한 언어적 표현능력으로 승화시켰다고 할 수 있다. 따라서 그를 통해서 한국적인 낭만적 서정시의 큰 줄기의 한 방향을 평가하는 것은 의미 있는 작업이라고 할 수 있을 것이다.

　박재삼이 등단할 무렵에는 전쟁 직후 서구에서 밀려온 실존주의와 모더니즘이 주류를 이루고 있었으며, 전통 서정시에 대해서는 부정적인 평가가 팽배해 있었다. 조지훈과 서정주로 대표되는 전통 서정시의 계보는 구시대적 퇴행적 상상력이라는 평가를 받을 만큼 새로운 시적 조류에 대한 기대가 높았던 것이다. 하지만 그와 같은 상황에서도 전통 서정시를 계승하는 신진 시인으로서 출발하여 평생을 서정시의 본류에 머물렀다는 것은 상당한 인내와 투철한 신념 혹은 철학이 요구되는 것이었다. 따라서 필자는 박재삼이 품고 있었던 서정시에 대한 열망을 상상력의 세계를 통해서 분석적으로 제시하였다.

　박재삼의 시를 읽으면 많은 상상을 하게 된다. 유년시절의 추억과 못다 이룬 사랑에 대한 아쉬움과 그가 만들어낸 신화적 인물들과 그 이야기에서 박재삼의 내면에 들어 있는 아니마의 표상을 읽을 수 있으며 독자는 또 다른 새로운 신화를 만들어내기도 한다. 자연과 합일되는 유기체적인 상상력에서 자연을 사랑하는 마음을 느낄 수 있다.

　본 책의 구성은 4부로 구성되어 있다.

1장에서는 전통서정시와 상상력의 유형에 대하여 전개하였다. 그것은 현상학적 상상력, 신화적 상상력, 유기체적 상상력 이라고 할 수 있다.

2장에서는 박재삼의 시의 상상력을 동일성의 시학으로 보고 세 장으로 나누어 구성하였는데 그 중 현상학적 상상력과 근원회귀의 시학에 대하여 고찰하였다.

3장에서는 신화적 상상력과 아니마의 시학으로 춘향과 흥부처, 심청, 남평문씨 부인의 신화성을 아니마의 시각으로 고찰하였다.

4장에서는 유기체적 상상력과 미메시스의 시학이다. 박재삼의 유기체적 상상력을 동양적 자연합일과 허무의 자각을 통해 회복되는 감각으로 고찰하였다.

5장은 본 저서의 마무리로 박재삼 시의 근원적 상상력에 해당된다.

박재삼이 "나는 시를 쓸 때도 어렵게 쓰는 이른바 난해시를 피한다. 어떻게 하면 내 시에 독자가 가까이 다가올 수 있고 누구나 알 수 있는 명확한 이미지를 떠올리게 하느냐에 신경을 쓴다" 한 것처럼 이를 통해서 난해한 모더니즘을 피하고 독자에게 선명한 이미지를 제공하기 위해 주력했던 박재삼의 창작의도를 엿볼 수 있다. 실제로 박재삼의 시는 쉽게 읽히면서 그 이미지를 선명하게 제공하고 그러면서도 풍부한 상상력을 만들어준다.

박재삼의 시에 나타난 '상상력'의 구조를 분석하고 그것을 서정시의 근본원리와 관련지어 평가함으로써 궁극적으로 '박재삼의 시학'의 본질을 파악하고자 하였다. 이는 박재삼을 통해서 계승되고 있다고 평가되는 전통 서정시의 시학적 원리를 규명하기 위한 필수적인 정지작업이라고 할 수 있으며, 이를 통하여 그가 내용과 형식면에서 독자적으로 구축해 온 시적 상상력의 구조가 서정시의 원리 속에 보다 새롭게 정립되는 계기가 될 수 있으리라 생각된다.

본 저서를 통해서 친숙하면서도 편안한 서정시, 하지만 다양한 변주를 선사했던 박재삼의 서정시적 상상력의 규모를 확인하게 될 것이다. 박재삼 서정시가 가지고 있는 근원적 아름다움의 미학에 근접하는 계기가 될 것이며, 더 나아가 전통적 서정시 계보의 한 줄기를 확인하는 유용한 지표를 제공해 줄 수 있으리라 판단된다.

나에게 젊은 시절은 젊다고 느껴볼 사이도 없이 빠르고도 쉬이 지나갔다. 그리고 내 또래의 여자들보다도 많이 늦게 엄마가 되었다. 이제 내 아들이 올해 초등학교에 입학하였다. 그동안 아이를 키우면서 엄마가 된다는 것은 그 어떤 학문의 길보다도 어렵고 위대하다는 것을 깨달으며 세상의 모든 어머니들을 사랑하게 되었다. 그리고 내 아이가 초등학생이 되는 첫 해에 꼭 멋진 시집을 선물하고 싶었다. 그러나 항상 강의와 이런저런 생활로 너무 바쁜 나머지 계획을 실천하지 못했다. 그런데 좋은 기회가 찾아와서 시집 대신 이렇게 비평집을 내게 되었다.

이 책은 박사학위논문을 보완한 것이다. 나의 학문의 결실을 책으로 엮어준 도서출판 경진에 감사드린다. 초등학생이 된 내 아들에게 그동안 다른 엄마들처럼 세심하게 보살펴주지 못했음에도 밝고 씩씩하게 잘 자라주어서 '고맙다는 말' 또 '사랑한다는 말'을 이 책을 출판하는 것으로도 표현하고 싶다. 그리고 학문의 길에서 길을 잡지 못하고 서성이고 있을 때 지표가 되어 준 스승님들과 서예의 세계에서 예술 활동을 하며 바쁜 와중에도 물심양면 변함없이 나를 지지해주는 오라버니께 지면을 통하여 감사드린다.

더불어 연락하겠다고 하였으면서도 한 번도 전화조차 못 드렸지만 연구결과가 나올 수 있도록 『박재삼기념시전집』을 보내주신 '박재삼기념사업회' 정삼조 회장님께 이 자리를 빌려 감사드린다.

2011년 10월
정 영 애

 목 차

머리말 ___ 5

제1장 전통 서정시와 시적 상상력의 유형 ___ 11
  1. 현상학적 상상력 · 17
  2. 신화적 상상력 · 20
  3. 유기체적 상상력 · 25

제2장 현상학적 상상력과 근원회귀의 시학 ___ 29
  1. 가난한 유년의 몽상 · 31
  2. 슬픈 사랑의 추억 · 59

제3장 신화적 상상력과 아니마의 시학 ___ 81
  1. 춘향: 기다림의 힘 · 88
  2. 흥부처: 가난의 축복 · 111
  3. 심청: 죽음의 극복 · 121
  4. 남평문씨 부인: 새로운 신화 · 127

제4장 유기체적 상상력과 미메시스의 시학 _____ 141
  1. 동양적 자연합일의 경지 ··· 150
    1) 빛: 자연의 초자연성 ·· 152
    2) 물: 생명의 근원 ·· 161
    3) 식물: 우주적 소통의 매개체 ······································· 189
  2. 허무의 자각을 통해 회복되는 감각 ································· 204
    1) 두 가지 허무: 유한한 인생과 무한반복의 자연 ········· 206
    2) 유한성의 인정을 통한 생의 감각 회복 ······················ 229

제5장 박재삼 시의 근원적 상상력 _____ 251

시인 박재삼 연보 _____ 261
참고문헌   267

제1장 전통 서정시와 시적 상상력의 유형

 한국의 근대시사에서 근대시와 전통은 대립 혹은 조화와 같은 단순 관계 이상으로 복잡한 관계를 맺고 있다. 전통과 근대시의 일방적인 대립의 시절이 있었는가 하면 어느 순간 전통이 근대시를 극복하는 새로운 시적 에너지로 주목받은 경우도 잦았다. 그러한 복잡한 양상은 1950년대 시인들에게 집중적으로 드러나는데, 그 당시에 모더니즘과 전통 서정시의 대립과 교차가 빈번하게 발생했기 때문이다. 1950년대는 전후의 세계사적 시대풍조와 맞물리면서 전통 서정시에 대한 비판이 극에 달한 시기였는가 하면, 다른 한편으로는 가장 전통 지향적인 시인들이 문단의 선배 그룹을 형성하며 문단을 주도했던 시기이기도 하다. 자칫 세대 간의 갈등으로 비화될 수 있는 전통과 근대의 대립 상황은 오히려 전통과 근대에 속한 시인들 각자에게 자성의 시간을 확보해준 것이기도 하다. 이때 그러한 전통의 계보를 발전적으로 계승한 신진 시인으로 박재삼이 자리하게 된다.
 『전통』이라는 저서를 출간한 에즈워드 쉴즈(E. Shils)에 따르면, 전통이란 이미 지나갔기 때문에 딱딱하게 굳어버린 유물이 아니라 지금도 성장하고 발전하는 유기체로 간주되어야 한다. 또한 무엇이 전통인지를 결정하기 위해서는 그것이 인간행동에 의해 창조되었으며, 사상과 상상력을 통해 이루어졌고, 한 세대에서 다른 세대로 전래되어 왔다는 것[1]을 강조하고 있다. 다시 말해서 전통이란 과거에 머물러 있으면서 현재를 짓누르는 죽은 물체가 아니라 오랜 시간을 두고 조금씩 성장하고 발전하면서 창조력을 발휘하는 살아 있는 유기체인 것이다. 따라서 우리가 전통 서정시라고 말할 때 '전통'은 시대를 잃어버린 낡고 고루한 형식을 뜻하는 것이 아니라 현재를 통해서 지속적으로 영향을 발휘하며 새롭게 변신하는 창조력의 근원을 가리키는 것이다. 전통 자체에 창조력의 근원이 내재하지 않는다면 올바른 의미에서 전통이라 할 수 없는 것이다. 그러므로 전통 서정시는 결코 상상력을 옭아매는 고루한 유가적 관습을 가리키지 않는다. 언제든지 자유롭게 상상력을 풀어 놓을 수 있는 무한한 자유를 가리킨다는 점을 명심해야 한다. 다시 말해서 전통이란 오랜 세월을 거치면서 축적되고 조금씩 형성된 것이지만 그 후에도 새로운 경험을 수용함으로써 지속성과 변화를 동시에 내포하는 상태를 가리킨다. 그러므로 전통 그 자체에는 무한한 변화의 동력이 내재해 있는 것이다. 전통은 새로움과 대립하는 것이 아니라 언제나 새로움을 내포할 때 진정한 의미의 전통인 것이다.[2] 문혜원의 지적처럼 진정한 전통은 한 개인의 생의 이념 혹은 세계관과 연결된 것으로써, 현재의 삶에 영향을 주는 것인 것이다.[3]

이러한 의미에서의 새로운 성장 동력을 전통에서 발견한 사람으로 영국의 시인 엘리어트(T. S. Eliot)를 들 수 있다. 그는 "전통은 계승될 수 없고 온 힘을 기울여 얻어내야 하는 어떤 것이다. 전통에는 역사의식이 포함되는데 이 역사의식은 과거의 과거성뿐만 아니라

---

1) 에즈워드 쉴즈, 김병서 외 역, 『전통』, 민음사, 1992, 25쪽.
2) 장도준, 『한국현대시의 전통과 새로움』, 새미, 1998, 18~19쪽.
3) 문혜원, 『한국 현대시와 전통』, 태학사, 2003, 33쪽.

과거의 현재성에 대한 인식도 포함한다."4)고 했는데, 과거와 현재의 상호 관계 속에서 살아 있는 전통의 모습을 제대로 지적한 것이다. 쉽게 말해서 전통은 세월이 흘러감에 따라 조금씩 그 성격에 변화가 발생한다는 것, 하지만 과거의 것이면서도 지금도 우리와 함께 호흡하는 현재의 것이라는 믿음이 있는 것이다. 다시 말하지만 전통은 결코 죽은 유물이 아니며 지속적으로 변화하고 성장하며 항상 우리 곁에 살아 있는 새로움의 성장 동력이다. 이것은 하나의 '역사의식'이라고 할 수 있는데 결국 전통은 물려받는 것이 아니라 자신이 살고 있는 시대감각을 통해 획득되는 것이다. 과거에 역사성을 부여함으로써 당대적이며 영속적인 가치를 획득하는 것이 바로 전통이며, 이것은 또한 몰개성적이고 통합적인 감수성에 부합하는 것이라야 한다. 한마디로 시간과 공간을 초월하는 것이 전통이란 것이다.5) 그러므로 조윤제의 주장처럼6) 은근과 끈기 등의 민족성에서 전통을 찾아서는 안 된다. 민족성은 한번 고정되면 변하지 않는 고체적 성격을 나타내는 표현이기 때문이다. 반면에 전통 서정시에서 전통은 항상 새로운 유연성을 선사하는 자유의 다른 이름이어야 한다. 그러한 전통의 대명사로서 박재삼은 '한(恨)'을 자주 언급한다. 따라서 과연 한이라는 개념이 창조적인 상상력의 근원으로 기능할 수 있는지가 문제이다. 이에 대해서 김열규는 한과 신명에 관하여 "굿판 열두 거리는 기쁨과 슬픔, 신명과 설움, 외설과 경건, 위협과 위무 등 별의별 〈대립의 짝〉들이 소용돌고 뒤끓는 굿판은 한국인의 오만가지 감정이며 심사가 몰려드는 여울목이다."7)라고 하면서 "문학작품이 〈결한(結恨) – 한맺힘〉과 〈해한(解恨) – 한 풀이〉 사이에서 한

---

4) T. S. 엘리어트, 「전통과 개인의 재능」, 데이비드 로지 엮음, 윤지관·이동하·김영희 역, 『20세기 문학비평』, 까치, 1977, 72쪽.
5) 전해수, 『1950년대 시와 전통주의』, 역락, 2006, 48쪽.
6) 조윤제, 「현대문학의 전통론」, 『자유문학』, 1958. 5, 121쪽.
7) 김열규, 『恨脈怨流』, 主友, 1981, 43쪽.

마당 삶의 하층구조를 보아 낸, 그 생의 철리(哲理)의 표상이어야 할 것"이라고 하였다.8)

민속학적 관점에서 그는 슬픔과 기쁨의 극단적인 대립의 정서가 하나로 통합된 상태라고 말하고 있다. 전통 안에 이미 새로움의 요소가 포함되어 있는 것처럼, 슬픔 안에 이미 기쁨의 요소가 내재하며 반대로 기쁨 속에 슬픔이 내재하는 모순적 상태를 한의 성격으로 지적한 것이다. 굳이 변증법이 아니더라도 모순의 상태야말로 대립을 통한 영원한 발전의 동력이라는 점에 착안하자면 박재삼의 한 개념이 살아 있는 전통에 뿌리내리는 전통 서정시의 기반이 되기에 충분할 수도 있다는 생각에 이르게 된다.

한(恨)을 통한다면 박재삼의 전통 개념은 동양적 서정 개념에 자연스럽게 접맥될 수 있는 여지가 있다. 이 점에서 박재삼은 1950년대 당시 전통 서정시론의 대부였던 조지훈을 계승하고 있다고 볼 수 있다. 앞서도 말했듯이 조지훈은 인간 의식과 우주 의식이 하나의 생명으로 완전히 일치하는 것을 서정시의 본질로 간주하였다.9) 그와 쌍벽을 이루는 전통 서정시의 대가인 서정주 또한 자아와 세계, 주체와 객체, 현상과 본질 사이의 대립과 분열을 뛰어넘기 위해서 신라 정신에 호소한 바 있다. "영혼의 영구한 지속적 현존에 대한 신앙"의 신라 정신이라는 전통적 사고를 통해서 서정주 개인의 정체성과 민족의 정체성을 동시에 발견하고자 한 것이다. 특히 풍류도의 유기체적 우주론에서 긍정과 부정, 물질과 정신, 본질과 현상을 아우를 수 있는, 그리하여 일심의 근원으로 돌아갈 수 있는 역동적 힘을 찾고자 하였다.10) 이를 통해 볼 때, 현대시에 내재하는 모순과 갈등의 양극적 요소를 해소하고 화해를 유도하기 위해서는 전통이 요청된다는 것을 알 수 있다. 모순과 갈등, 대립과 반목이 더

---

8) 위의 책, 47쪽.
9) 조지훈, 「시의 원리」, 『조지훈 전집』 3, 일지사, 1973, 15쪽.
10) 박유미, 「1950년대 전통서정시 연구」, 성신여대 박사논문, 2002, 50쪽.

욱 강해지는 사회일수록 전통적 서정성이 도입될 이유는 더욱 확고해지는 것이다. 정병욱은 고전의 전통을 현대화하는 방법으로 작가 정신이 현대적이라야 한다고 했다. 또한 고전적인 소재에 대한 이해와 비판이 있어야 한다고 했다. 그리고 선택된 소재들을 바탕으로 주제를 설정함에 그에 대한 이해와 전망적인 비판이 선행되어야 한다고 했다.11)

박재삼은 전통적 서정성의 핵심으로서 '한'이 그러한 역할을 수행할 수 있다고 믿었다. 오랜 시간을 유전하면서 문학을 통해서 발전된 한의 개념은 이미 전통의 권위를 누린지 오래이다. 한의 미학은 고전 시가에 한정되지 않고 현대시에서도 중요한 주제로 자리 잡고 있는데, 이를 기준 삼아서 전통적 서정의 계보를 판가름할 수 있을 정도이다.12) 더군다나 한의 미학은 단지 내용에 한정되는 것이 아니라 형식적인 표지를 동반하기도 한다. 내용과 형식을 동시에 관류하는 슬픔과 기쁨의 모순적 감정의 복합체를 분출하는 방식에서 시인들마다 차이를 보이게 된다.

그런 의미에서 박재삼은 전통 자체의 창조적 생산성을 입증하기 위해서 전통의 동력으로 '한'에 주목한 것이다. 그는 이렇게 말한다. "전통이란 온전한 뜻에서 과거로부터 흘러오고 있는 정신적 유산에다 미래에까지 흘러가야 할 정신적 유산의 개념까지 합산해야 하는 데서 전통은 파악되어져야 할 것이다. 우리시에 있어서 전통을 한마디로 한다면 한의 미학을 들고 싶다. 내가 그려내고 있는 한이란 영원히 지워지지 않는 슬픔의 정감에 있다."13) 박재삼에게 있어서 '한'의 창조적 동력은 '슬픔'에서 기원한다. 전통과 한의 결합은 그가 어느 대담14)에서 말했듯이 "가장 슬픈 것을 노래하는 것이 가장

---

11) 문혜원, 『한국 근현대 시론사』, 역락, 2007, 172쪽.
12) 심재휘, 「한국 현대시의 전통서정 연구」, 『어문논집』 37, 민족어문학회, 1998, 234~236쪽.
13) 박재삼, 「특집 현대시의 계보」, 『심상』, 1976.10, 78쪽.
14) "아마 중학교 때일 텐데, '가장 슬픈 것을 노래하는 것이 가장 아름답다.'라는 말이 제

아름답다"는 생각에 뿌리를 두고 있다. 전통과 한이 미학적 사유에 근거하여 결합할 수 있는 것이다. 이처럼 박재삼은 '한의 미학' 혹은 '슬픔의 미학'을 전통 개념의 근원으로 간주하고 있다. 그의 서정시는 슬픔에서 기원하는 한의 정서를 통해 전통에 밀착하고 있다. 그렇기 때문에 그의 시에서 보존되고 발전하는 전통적 서정은 비단 개인의 감정에 그치는 것이 아니라 민중의 보편적 공감을 유도할 수 있으며, 현재의 일시적 유행에 한정되지 않고 미래의 정신적 유산으로 발전할 수 있는 것이다.

그러므로 시인 박재삼을 가리켜서 '한의 시인', '슬픔의 시인', '그리움의 시인'이라고 평가하는 것은 모두 전통 서정시인으로서의 충분한 기저자질을 가지고 있음을 입증하는 표현이라 할 수 있다. 이때 박재삼이 계승하고 발전시킨 전통 서정시의 특징을 선명하고 정확하게 해명하기 위해서는 그 핵심에 근접하는 '동일성'에 대한 시학적 차원의 접근이 필요하다. 그것은 한국의 토착 정서로 주목되는 한(恨)의 미학을 보다 근원적인 차원에서 살피게 할 것이다. 그 근원성의 지점에서 상상력이 분기한다고 가정할 수 있기 때문이다. 박재삼은 통상적인 서정성에 해당하는 낭만적 상상력을 극복하고 전통과 새로움을 역동적으로 결부시킬 수 있게 만드는 특유의 상상의 세계를 펼쳐보이고 있다. 그것을 우리는 크게 '현상학적 상상력', '신화적 상상력', 그리고 '유기체적 상상력'으로 구별해서 살피고자 한다. 이러한 상상력의 유형은 박재삼의 시에서 자주 발견되는 '유년의 기억', '설화의 차용', '자연 우위의 사고' 등을 기반으로 재구성된 것이다. 이것은 다시 그의 '동일성의 시학'에 연결될 터인데, 순서대로 '근원회귀'와 '아니마', 그리고 '미메시스'의 시적 원리가 그 구체적인 내용을 이루게 될 것이다.

가슴에 확 와 닿았습니다. 그래서 '그거 참 좋은 말이다.'라고 생각했고 그러한 생각이 저의 초기 시를 지배하게 되었던 것 같습니다."(「오, 아름다운 것에 끝내 노래한다는 이 망망함이여」(고형진·김기중과의 대담), 『문학정신』, 1992.1, 13쪽)

1. 현상학적 상상력

현상학의 발전과 더불어 서정시 연구에 획기적인 변화가 가능해졌다는 것은 잘 알려진 사실이다. 현상학의 대가인 하이데거가 횔덜린 시의 본질을 해명하는 가운데 현상학적 접근의 유효성을 입증한 이래로, 에밀 슈타이거나 바슐라르 등이 현상학의 관점에서 서정시의 본질론을 전개하든가 이미지의 역동성을 입증한 바 있다. 이때 현상학이 주목하는 서정시의 본질은 19세기의 낭만적 서정시의 성격과 구별된다. 낭만적 서정시의 경우에는 자아의 압도적 우위를 인정하는 데 주목하고 있으며 이는 근대적 주체성의 형성 과정에 기여하는 것이다. 그것은 근본적으로 주관과 객관의 대립이라는 근대적 이원론을 기본적 바탕으로 삼고 있는 것이다.

하지만 현상학적 상상력은 바로 그러한 주객 이분법의 전제 자체를 거부한다. 현상학적 주체는 결코 근대적 주체처럼 주위 세계에 대해서 압도적인 우위를 과시하지 않는다. 그보다는 그러한 의미의 주체가 발생하기 이전에 주객의 구별이 존재하지 않는 상태를 '현상'으로 지목하고, 그것을 가장 중요한 관심의 대상으로 부각시키고 있다. 그런 의미에서 현상학의 도입을 통해서 전통 서정시는 드디어 19세기의 낭만주의적 상상력에서 벗어날 수 있는 길을 보게 된 것이다. 근대적 주체의 우월성을 극복하면서 진정한 의미에서 주객 동일성의 상태를 체험할 수 있는 탈근대적 주체의 가능성을 보게 된다. 이러한 맥락은 박재삼의 상상력 이론에서 현상학이 얼마나 중요한 것인지를 잘 말해준다. 박재삼은 결코 고전적인 의미에서 낭만주의적 시인이 아니다. 그는 오히려 객체와 자연을 더 우월하게 생각하며 그것을 통해서 구원을 모색하는 탈근대적 비전을 품고 있었다. 그런 까닭에 그는 주체 중심의 근대성을 비판하는 생태적 상상력의 계보에도 쉽게 속할 수 있는 것이다.

서정적 상상력과 현상학의 관계를 가장 잘 보여주는 사례는 바슐라르의 이론에서 찾아볼 수 있다. 그가 추구하는 것은 '상상력의 현상학'인데, 그것은 시적 이미지가 의식에 현상하는 순간의 역동적 장면을 자유롭게 기술하는 것을 목적으로 한다. 이는 과거 주지적 이미지즘이 추구하는 선명한 회화적 이미지와 구별된다는 점에서 말 그대로 시적 이미지의 속성에 근접한다고 할 수 있다. 바슐라르는 자신이 추구하는 이미지의 상상력을 '몽상'이라고 명명했는데, 이 몽상을 통해서 기억 속에 남아 있는 옛 사물의 이미지를 시적 이미지로 전환시킬 수 있는 것이다. 시적 이미지의 수준에 도달하면 사물의 형상에 갇혀 있는 물질적 요소들이 자유롭게 운동하면서 사물의 형상을 변형시키는 단계에 이르게 된다. 이 상태에 이르렀을 때 시적 이미지의 변형 과정에 의식적으로 집중하는 사람은 자신의 존재조차 변형되는 것을 실감하게 된다. 기억 속에 갇혀 있는 사물의 형상들이 아름답게 변형된다는 것은 그 기억의 주체 또한 변화를 받아들이고 있다는 뜻이기 때문이다.

그러나 기억 속에 남아 있는 사물들이 자유롭게 변형되는 단계에 돌입하기 위해서는 사물의 형상적인 이미지에 집착하지 않고 그것을 구성하는 원초적인 물질의 이미지로 환원시키는 의식의 절차가 요구된다. 그 절차는 시인이든 독자이든 시적 이미지에서 아름다움과 감동을 느끼는 상태[15]라고 할 수 있으며, 독자의 경우에서 보면 작가의 작품을 읽고 '상상하는 주체의 의식'을 갖게 된다는 것을 의미한다. 여기에서 의식은 비로소 자신의 존재의 밑바닥, 이른바 영혼이라고 부르는 상태에 도달하게 되고, 비로소 존재하려고 시도하는 모든 역동적인 떠오름을 경험하게 된다. 그러므로 시적 이미지에 접촉한 의식은 사실상 합리적 의식과 무의식 사이에 위치하고 있는 의식, 현실 세계와 비현실 세계의 매개지대를 탐색하는 의식, 끊임없이 시적 몽상을 유발하는 의식, 존재 이전의 상태로부터 떠오르는

---

15) 가스통 바슐라르, 곽광수 역, 『공간의 시학』, 동문선, 2003, 14쪽.

의식이라고 할 수 있다.16) 이러한 의식을 '몽상의 의식'이라고 했을 때, 그것은 이미 주객의 분리 이전의 단계에 도달한 의식을 가리킨다. 다시 말해서 주체와 대상의 상호관계가 활발하게 발생하는 상태에 도달한 것이다. 그뿐 아니라 그러한 역동적 이미지의 상태는 개인적인 기억의 영역이면서도 이미 모든 사람으로부터 공감을 얻어낼 수 있는 공동의 터전이기도 하다. 폐쇄된 '주관성'의 영역이 아니라 '상호주관성'의 영역이라는 것이다. 그러한 근원적인 터전을 통해서 의식과 무의식, 주체와 사물, 그리고 주체와 주체 사이에 존재하는 분리와 대립, 그리고 갈등이 극복되며 양자의 자유로운 종합을 체험할 수 있게 된다. 따라서 누구나 의식을 통해서 도달할 수 있는 시적 이미지 혹은 역동적 이미지의 터전에서는 진정한 의미에서 '울림'이 가능하다. 그 울림은 기억 속의 사물이 물질적 이미지의 자유로운 운동의 상태에 돌입했다는 신호로서, 기억의 주체 또한 존재의 전환 단계에 도달했다는 것을 알려준다. 시적 이미지와 접촉했을 때 느껴지는 전율과 쾌감, 그리고 감동은 바로 이 울림의 순간을 가리킨다. 물론 존재 생성의 놀라운 힘은 본래부터 우리 내부에 잠재하고 있는 것이다. 다만 그것은 우리가 시적 이미지의 상태에 진입하는 과정에서만 드러날 뿐이다. 이처럼 상상력이 단순히 사물의 형상적 이미지를 조작하는 것이 아니라 진정한 존재 생성의 체험에 도달했을 때 그것이야말로 진정한 의미의 '시적' 상상력이라고 할 수 있다.17) 그리고 이것이 시공을 초월하여 인류 전체에서 발생한다는 점에서 그러한 이미지를 '원형'이라고 부른다. 현상학적 상상력은 그러므로 단순히 개인적 차원의 무의식에 한정되는 것이 아니라 궁극적으로는 상상력의 보편성에 도달하고자 한다.18) 그 보편성의 지점에서 발견되는 원초적 이미지가 개인이 아니라 '집단 무의

---

16) 홍명희, 『상상력과 가스통 바슐라르』, 살림, 2006, 53~54쪽 참조.
17) 곽광수·김현, 『가스통 바슐라르 연구: 상상력의 미학, 행복의 시학』, 민음사, 1981, 25쪽.
18) 위의 책, 33쪽.

식'에 연결된다고 보면, 그것은 융(Jung)의 심리학과 만나게 된다. 융에게 있어서 원형이란 무의식의 가장 깊은 곳에 뿌리를 두고 있으면서도, 개인적인 삶이 아닌 곳에서 연유하며, 심리학적 고고학에 의거하여야만 연구할 수 있는 이미지이기 때문이다. 단지 바슐라르의 원형은 훨씬 더 역동적인 상태, 말하자면 이미지의 운동을 통한 존재 전환까지 염두에 둔다는 점에서 차이를 보인다 할 수 있다. 이처럼 의식을 통해서 무의식의 깊은 곳에 도달하고자 하며, 그곳에서 과거의 모든 기억이 변형을 경험하게 된다는 현상학적 상상력의 체험은 개인적인 가난의 추억을 아름다운 시적 이미지로 변형시키는[19] 박재삼의 시적 상상력을 해명해주고 있다. 이를 통해서 박재삼의 서정시가 주관적인 낭만주의와 주지적인 모더니즘을 넘어서 독자적인 상상의 세계를 형성하고 있음을 알 수 있다.

2. 신화적 상상력

박재삼은 의식을 통해서 집단 무의식의 깊은 곳으로 진입하는 방법 중의 하나로서 한국을 대표하는 문화적 상징으로 고착된 설화적 인물을 차용하고 있다. 춘향을 비롯한 설화적 인물들을 시적 페르소나로 선택하면서 개인의 무의식과 집단의 무의식이 서로 만날 수 있는 장을 마련하고 있는 셈이다. 이를 통해서 시인은 그 자신만의 유년의 기억에 밀폐되는 것이 아니라 그 기억을 집단적 상상력의 기반 위에 새롭게 올려놓고 있다. 이처럼 의식적으로 집단적 원형을 통해서 전개되는 상상력을 '신화적 상상력'으로 명명할 수 있다. 이러한 개념은 그리스와 로마의 신화에서 나타나는 신화적 상상력을 비롯하여 무의식의 기반에서 개인과 집단이 만나는 다양한 장면을

---

19) 김정석, 「바슐라르의 상상력 이론 연구」, 숭실대 석사논문, 1998, 51쪽.

포괄하기 쉽다.

　신화는 그 자체만으로도 시공의 장벽을 넘어서 인류 전체가 공유하는 존재론이고 인식론의 역할을 한다.20) 그런 점에서 오랜 세월 보편성의 권위를 두고 과학 및 철학적 지식과 경쟁하였던 것이다. 로고스(logos)가 합리적 지식을 통해 세계를 인식하는 방식이라고 한다면, 신화(mythos)는 초월적 세계에 대한 비합리적인 믿음을 통해 세계와 인생을 이해한다는 점21)에서 원시성을 보존하고 있다. 지금처럼 합리적 지식으로 무장한 현대 사회에 신화적 상상력은 전근대적 원시의 가치를 보존하는 유일한 영역이라 할 수 있다. 그 중에서도 서정시야말로 다양한 예술적 형태로 보존된 신화적 상상력의 가치에 가장 민감하게 반응하는 문학이라고 할 수 있다. 그런 점에서 낭만주의 시 연구의 대가인 에이브럼즈(M. H. Abrams)가 문학적 상상력에서 '생성과 생산의 힘'22)을 강조한다는 점은 주목할 필요가 있다. 이때 문학적 상상력의 특성은 신화적 상상력에 그 기원을 두는 것이라 할 수 있다. 문학적 상상력이란 이미 천상과 지상을 잇*는 수직적인 공간분할과 전지구적 지역성이라는 수평적인 공간장벽을 넘나들면서, 궁극적으로는 시간과 공간을 초월하여 반복해서 순환하는 능력을 포함하고 있기 때문이다. 시간을 두고 모든 공간에서 반복되는 순환적인 상상력은 천상과 지상, 신들의 삶과 인간의 삶을 두루 포괄하는 무한한 상상력의 폭을 펼쳐 보인다.23) 사실상 신화적 상상력은 원시 사회에서 구전으로 전승되다가 후대에 글로 기록된 것으로, 사실상 수많은 신화들이 하나의 기원에서 파생된 것이다. 대부분의 전통 신화에는 인류의 기원, 우주와 생명의 창조 시점

---

20) 나경수, 『한국의 신화연구』, 교문사, 1993, 326쪽.
21) M. Eliade, *The Sacred and The Profane*, New York: Harcourt Brace Joranovich, 1959, p. 95; 나경수, 위의 책, 326쪽에서 재인용.
22) M. H. Abrams, 최상규 역, 『문학용어사전』, 대방출판사, 1985, 95~96쪽.
23) 이명희, 「한국 현대시에 나타난 신화적 상상력 연구」, 건국대 박사논문, 2001, 9~10쪽.

에 대한 관심이 투여되어 있다. 그렇기 때문에 신화에 대한 관심은 근원을 상기하고 그것을 현재에 되살리는 한편으로 우주를 재창조하는 효과를 얻게 한다.

하지만 신화는 신들의 이야기에만 한정되는 것이 아니다. 그것은 인간의 무의식 속에 내재되어 인간의 깊은 욕망이 표현된 것이기 때문이다. 예컨대 신화에는 신이 되고픈 인간의 욕망이 투영되는가 하면, 때로는 죽을 수밖에 없는 유한자로서의 한계를 벗어던지고픈 영원을 향한 욕망과 죽음에 대한 두려움이 투사되어 나타난다. 이처럼 신화는 인간이 현실에서 실현하고자 하는 꿈이 구현된 장면으로서, 어느 정도는 주술적 공간을 형성하고 있다. 문학을 통해서 신화적 환경을 도입된다는 것은 인류 보편의 소망이 투영되는 방식에 대한 형식적 고민이 잠재되어 있다는 뜻이기도 하다. 그러므로 박재삼의 신화적 상상력이 설화적 인물을 차용하는 데는 어느 정도 주술적 의도가 내포되어 있다. 설화는 특정한 문화적 공동체에서 형성되어 오랜 세월을 거쳐 향수되고 전승되어 해당 공동체의 보편적인 정서와 사상 그리고 생활상이 가장 잘 드러나는 원초적인 형태의 문학이다.24) 또한 시간을 뛰어넘어 오늘의 우리를 우리 조상들의 정감과 결속 시키고, 동시대의 타인들과도 생활과 감정면에서 결속시키며, 잃어버린 자연과 신과 모든 대상과 생활공동체로서 얽히게 하며, 동일성을 회복시키고 소외를 극복하게 해준다고 볼 수 있다.25)

신화와 설화는 살아 있는 전통의 모습을 하고 있는 것이다. 그런 의미에서 설화는 중요한 전통성의 소재가 된다. 하지만 이러한 설화가 현대시에 차용되는 순간 그 플롯이 재구성되기도 하고, 변형되기도 하며 또 다른 상징적 의미를 부여받게 되는 것이다. 따라서 박재

---

24) 임문혁, 「한국 현대시의 전통연구」, 한국교원대 박사논문, 1992, 8~9쪽.
25) 김경복, 「한국 현대시의 설화수용 의미」, 현대시학회 편, 『한국서술시의 시학』, 태학사, 1998, 364쪽.

삶의 신화적 상상력은 설화적 인물의 도입을 통해 민족 전체의 원형적 감정에 호소하는 방식을 취하고 있다.

　신화 및 설화적 상상력에 의해서 재구성된 사건들에는 함축적 의미가 내재하는데 이는 결코 개념적인 설명으로 환원될 수 없다는 점에서 시적 성격에 해당한다. 개념적으로 설명될 수 없기 때문에 언제든지 다른 상황에서 다른 방식으로 재현될 수 있는 것이다. 이 부분이 신화와 설화를 반복하는 가운데 개성이 드러나는 대목이다. 그러므로 신화적 상상력에서는 전통이 개성을 억압한다는 지적은 타당하지 않다. 오히려 반복적으로 순환하는 신화적 상상력에 의해서 독특한 의미들이 무한히 산출될 수 있는 것이다. 신화는 전통의 창조성을 보증하는 상상력의 터전인 것이다. 또한 신화적 상상력에는 현대 예술에서는 찾기 힘든 주술적 동기를 동반한다. 주술적 요인이란 가깝게는 개인적 소망의 간접적 실현을 포함해서 인류 보편의 욕망이 실현될 수 있는 장치를 뜻한다. 그렇기 때문에 신화적 상상력에는 주술적 요인이 포함되는 것은 어쩌면 당연하다. 주술적 요인으로 인해서 시인은 피안의 세계에 대한 동경이라든지 인간의 정신적 영역을 뛰어넘는 우주적 소통까지도 넘볼 수 있다. 그것은 따라서 근대 문학보다는 전통적 문학 양식에서 쉽게 찾아볼 수 있다. 예컨대 『삼국유사』에는 주술성을 소재로 하는 설화라든가 주술성의 요소가 있는 노래가 자주 등장한다. 설화는 그러한 전통적 주술의 요소를 현대에 재생하는 통로로 기능할 수 있다. 전통과 현대의 통로 역할을 위해서 설화적 인물의 차용이 이루어지는 것이다. 시인은 비록 시공간적으로도 그리고 인격적으로도 한계를 지니지만, 설화적 세계와 접맥함으로써 시공을 초월하여 인류 보편의 욕망과 접촉할 수 있게 된다. 이것이야말로 설화의 차용에서 유전되는 주술적 측면인 것이다. 주술적 요소는 과거와 미래를 연결짓는 역할뿐 아니라 인간과 신을 서로 연결하는 우주적 소통의 주역이기도 하다. 그 소통의 중심에 있는 것은 우리들의 상상력인데, 이것은 상상력이라는 것이 물질의 세계와 정신의 세계를 넘나든다는 것을 입증한다.26) 중세의 연금술사들이 그러한 욕망을 가진 적이 있다. 연금술사들이 비금속에서 얻어내는 황금은 물질적인 황금일 뿐만 아니라 정신적인 황금, 곧 영적인 완성을 의미하는 상징이기도 하다. 비금속에서 금속으로 변하는 변성의 상징체계는 아주 다양한 방식의 은유와 상징으로 표현된다. 그것은 연금술의 체계가 물질적인 황금을 만들어내는 과정인 동시에 정신적인 완성을 향해 나아가는 과정이라는 이유에서 비롯된다. 내면의 보이지 않는 세계의 변화, 그리고 변화에 따르는 여러 가지 영적인 성숙의 단계는 단칭적인 언어로는 표현될 수 없는 것이기 때문이다.27) 이러한 연금술적인 상상력의 전통은 주술적인 상상력과 그 맥락을 같이 한다.

덧붙여서 주술이 시적 상상력과 통한다는 것은 잘 알려져 있다. 프레이저(Frazer)에 따르면 주술은 초자연의 힘을 빌려 여러 현상을 일으켜 길흉화복을 가져오려는 일련의 방법이다. 주술사는 자신이 주술을 행할 때 동원하는 것과 똑같은 원리가 생명 없는 자연의 운행까지도 규제한다고 속으로 믿는다. 우주와 주술사 사이에는 일종의 공감의 소통 관계가 성립되는 것이다. 이러한 공감주술은 다시 모방(또는 유감)주술과 감염(또는 접촉)주술로 크게 구별된다. 모방주술(模倣呪術)이란 어떤 동작을 바르게 흉내 내면 그에 상응하는 효과를 얻을 수 있다는 신념이다. 닮은 것이 닮은 것을 낳고, 흉내 내던 일이 그대로 반드시 실현된다는 사고방식이다. 말하자면 비를 내리게 하는 의식을 행하면 반드시 비가 내린다고 믿는 것이다. 유사성을 이용한다는 점에서 시적 은유와 유사하다. 다른 한편 감염주술(感染呪術)이 있는데, 이는 어떤 부분에 작용을 가하면 전체에 동일한 효과가 초래된다는 신념의 표현이다. 이를테면, 특정인물의 머리카

---

26) 김종호, 「설화의 주술성과 현대시의 수용양상: 서정주와 박재삼 시를 중심으로」, 『한민족어문학』 45호, 한민족어문학회, 2005, 317~318쪽.
27) 김융희, 『예술, 세계와의 주술적 소통』, 책세상, 2000, 95~96쪽.

락의 일부 혹은 의복의 일부, 더 나아가 인체와 접촉한 적이 있는 물건을 입수함으로써 그 사람의 영혼을 얻었다고 생각하며, 그것을 이용하여 상대방에게 어떤 작용을 가할 수 있다는 사고방식이다.28) 이는 인접성과 연결되어 환유적 기술을 연상케 한다. 이러한 주술적 사고방식은 모든 것은 보이지 않는 영기(靈氣) 같은 것으로 서로 연결되어 있다는 일체론적 사고방식의 집결판이다.

3. 유기체적 상상력

주술적 상상력이 상정하는 일체형의 세계는 서구의 낭만주의 시인들에게는 보편적으로 알려진 내용이다. 그들의 입장에서 자연은 물리학의 자연법칙에 의해 지배되는 정적인 물질이 아니라 무한히 생성하고 발전하는 생명체로 간주되었다. 낭만주의의 대표적인 시인 워즈워드(Wordsworth)만 하더라도 그에게 자연은 스스로 숨을 쉬는 생명체일 뿐 아니라 신이 내재하는 공간이기도 하다. 따라서 자연에는 인간이 해독할 수 없는 신비한 부호들로 가득하다. 따라서 시인이란 말하자면 이 상징체계를 푸는 사람인 것이다.

이러한 낭만주의자들의 생각은 서구 문명이 지지하는 과학적 세계관에 정면으로 대립하는 것이다. 서구 문명을 과거 300여 년간 주도해 온 과학적 방법은 우주라는 통일체를 여러 개의 부분으로 나누고 분석하는 데 중점을 두었다. 이때 각각의 부분들은 기계적인 방식으로 다른 부분과 연결된다. 우주는 거대한 기계장치에 불과한 것이다. 그러한 분석적 사고의 비극적 한계를 비판하고 극복하려는 새로운 과학은 자연을 보는 방식 자체를 바꾸고자 했다. 특히 극히 작은 소립자의 세계와 거대한 코스몰로지(cosmology)의 세계를 동시

---

28) 프레이저, 이용대 역, 『황금가지』, 한겨레신문사, 2003, 83~95쪽.

에 다루게 된 현대의 첨단 물리학은 물질의 세계가 극미로부터 극대에 이르기까지 부단한 생성과 소멸의 연속체임을 알게 되었다. 그 결과 이러한 역동적인 자연은 결코 기계의 원리로 설명할 수 없게 되었으며, 유기체적 생명의 원리로 자연을 보지 않을 수 없게 되었다.29) 이때 우연하게도 현대 물리학이 도달한 자연관은 그 보는 방법과 절차에 있어서 동양 사상의 견해와 거의 일치하게 되었다.30) 동양의 철인들은 대개 명상과 직관의 방법으로 우주를 전체로서 통찰하고자 했으며, 자연을 창조적인 생명의 원리로, 즉 유기체로 파악했던 것이다.

유가적 세계관만 하더라도 자연에 대해서 분석적이기보다는 종합적으로 접근하려 했음을 알 수 있다. 천인합일(天人合一)이라는 말이 있듯이 유가에서는 하늘과 인간의 관계를 일체형으로 보고 하늘을 인간 생활의 규범으로 삼았다. 인간의 본성(性)은 하늘에서 부여받은 것이며 그러므로 하늘과 융합한다. 도가에서도 인간보다 자연에 치중하였음은 잘 알려져 있다. 도교에서는 自然, 天, 地, 人의 네 가지 순서는 곧 형이상학의 순서가 된다. 사람의 근원은 땅이고 땅의 근원은 하늘이며 하늘의 근원은 자연이다. 그런데 도는 천하 만물의 어머니이기 때문에 자연과 근원이 같다. 그러므로 인간은 자연의 일부인 것이며 자연과 인간의 조화로운 합일은 근원으로의 회귀인 셈이다.31)

이러한 자연관에 기반하는 상상력을 유기체적 자연관이라 명명할 수 있다. 동양의 자연관은 전통적으로 그 자체만으로도 낭만주의적 자연관을 훨씬 앞서는 세계관을 선보였던 것이다. 박재삼이 활동할 당시에 이러한 유기체적 자연관에 근접한 견해는 전통 서정시의 대표주자 조지훈에서 주로 발견된다. 조지훈은 "시 생명의 본질은 시

---

29) 카프라, 김용정·이성범 역, 『현대물리학과 동양사상』, 범양사, 2006, 8쪽.
30) 위의 책, 14쪽.
31) 황인원, 「1950년대 시의 자연성 연구」, 성균관대 박사논문, 1998, 18쪽.

를 사랑하고 인생 속에 내재하여 생성하는 자연"으로 보았다. 자연에서 시작된 조지훈 시의 이력을 잘 보여주는 견해라 하겠다. 이러한 자연관은 다음과 같은 진술에서 가장 잘 표현되고 있다.

> 대자연은 사물의 근본적인 原型으로서 여러 가지 의미를 실현하고 있다. 대자연의 일부인 사람은 그 자신 자연의 實現物로서만 존재하는 것이 아니라 創造的 自然을 저 안에 간직함으로써 다시 자연을 만들 수 있는 기능을 가지는 것이다.32)

조지훈의 관점에서 가장 중요한 자연은 '대자연'이며, 인간은 그 일부에 지나지 않는다. 이는 그가 인간을 자연의 일부로 생각하는 유가적 세계관에 깊이 침윤되어 있음을 말해준다. 여기에서 인간의 자연지배적 욕망이란 부질없는 일이다. 자연을 향해서 시적 자아의 압도적 우위를 확인하고자 하는 일부 낭만주의적 열정 또한 무모한 생각이다. 인간은 대자연의 일부가 되었을 때 가장 창조적인 순간을 경험할 수 있게 된다. 자연은 그 자체로 창조의 근원이기 때문이다. 그러한 상황에 가장 적합한 장르가 서정시인 것이며, 서정시를 통해서 우리는 대자연의 창조적 근원에 안착할 수 있는 것이다. 유한한 인간의 설움도 대자연의 품에서 극복될 수 있는 것이다. 이어지는 인용을 보자.

> 대자연은 자연 전체의 위에 그 '本原相'을 실현하지만 반드시 個個의 사물에 완전히 나타나는 것은 아니기 때문에 어느 의미에서 詩人은 자연이 능히 나타내지 못하는 아름다움을 詩에서 창조함으로써 한갓 자연의 模倣에만 멈추지 않고 '自然의 延長'으로서 자연의 뜻을 顯顯하는 하나의 대자연일 수 있는 것이다. 바꿔 말하면, 詩는 詩人이 자연을 素材로 하여

---

32) 조지훈, 「시의 원리」, 『조지훈전집』 3, 일지사, 1973, 12쪽.

그 연장으로써 다시 完美한 結晶을 이룬 '第二의 自然'이라고 할 수 있다.33)

시인은 대자연에 순응함으로써 자연의 '본원상'에 도달하긴 하지만, 그것으로 만족할 수는 없다. 자연은 침묵한다. 그리고 벤야민(W. Benjamin)의 지적처럼 시인은 자연의 침묵을 대변한다. 그 스스로 자연이 되어서 자연이 하지 못하는 말을 대신 진술해주는 것이다. 이렇게 시인이 그 자체로 자연이 될 수 있는 상태를 '미메시스(mimesis)'라고 한다. 따라서 자연의 뜻이 시인을 통해서 현현하는 순간 시인은 이미 대자연 자체가 되어 있는 것이다. 시인은 자연을 모방하지만 그것은 자연의 뜻을 대변하는 정도까지 도달할 수 있어야 한다. 이때 그의 작품이 '제 2의 자연'이 되는 것이다. 시가 대자연의 본원상을 현현한다는 것은 시가 하나의 소우주로서 우주의 보편원리를 표현한다는 것이다. 따라서 한 편의 시는 우주의 보편원리를 구현하는 차원에 이르게 되고, 시작은 하나의 소우주를 창조하는 행위가 된다.34)

이처럼 동양의 유기체적 시관에서 자연은 생명체로서의 우주이며, 범신론적인 세계이며, 무한의 실체를 함유하고, 인간과 일체를 이루고 있다. 그러한 상태의 자연과 우주를 가리켜서 서양에서는 조화와 질서를 의미하는 코스모스(cosmos)라는 단어를 사용한다. 우주는 이처럼 근본적으로 시적 원리를 따르고 있다. 우주는 유비적 사유가 허용되는 영역이며, 끊임없이 창조하고 생장하는 과정으로서, 이는 오로지 인간이 그 일부가 되었을 때에만 실감할 수 있는 세계인 것이다. 이 또한 박재삼의 상상력이 증명하고자 하는 세계관이라 할 것이다.

---

33) 위의 글, 위의 책, 같은 쪽.
34) 하상일, 「조지훈의 비평의식과 서정시론 연구」, 『한국문학이론과 비평』 제35집, 한국문학이론과 비평학회, 2007, 95쪽.

제2장 현상학적 상상력과 근원회귀의 시학

　박재삼 서정시에서 과거는 특별한 위치를 차지한다. 과거는 단지 지나간 시간이 아니다. 과거는 현재를 구성하는 가장 중요한 시간으로서, 현재를 반성적으로 거리를 두고 바라보게 만드는 이상적인 공간이기도 하다. 박재삼은 등단할 당시에 많은 시인들이 '현재의 현재성'에 집중하고 있을 때 '과거의 현재성' 위에 자신의 서정적 터전을 마련하였다. 과거는 현재에도 살아 있는 시간이며, 현재를 떠받치는 근원적인 이상향임을 상기할 필요가 있다. 그런 까닭에 오히려 과거는 현재와 날카롭게 대립한다. 그러기에 과거는 박재삼에게 있어 지향하는 진정한 자아의 모습이 살아 있는 공간을 제공하지만, 현재는 진정한 자아를 상실하고 방황하는 삶을 보여주고 있다. 따라서 과거를 거울삼아서 현재 자신의 삶의 진정성의 정도를 측정할 수 있게 되는 것이다. 과거가 아니라면 현재의 삶을 측정할 근거도 사라지게 될 것이다. 과거는 박재삼의 발길을 인도하는 하늘의 별빛이며 돌아가야만 하는 피안의 모습을 하고 있다. 그 근원을 향한 발걸음은 박재삼의 독특한 상상계를 형성하고 있다. 박재삼의 시는 근거를 상실하는 삶에 대한 두려움이 전제되어 있다.

하지만 근원의 모습을 하고 있는 과거는 전혀 현대적이지 않다. 오히려 전근대적인 윤리와 비합리적인 미신이 지배하는 낙후된 사회의 형상을 하고 있다. 그럼에도 불구하고 박재삼의 시는 끊임없이 과거로 향한다. 어째서 그러한가? 그것은 그 시간이 오히려 전근대를 압축하고 있다는 사실 때문이라고 답할 수 있다. 현대인의 관점에서 과거는 극복해야 할 비현대성의 집결지일지 모르지만, 바로 그곳에서 서정시는 발생했던 것이다. 서정시는 전근대 사회를 지탱하는 가치들의 응결체이다. 따라서 박재삼의 서정시가 과거를 회귀해야 할 대상으로 거듭 상기하고 있는 것은 그곳이 서정시의 근원이기도 하기 때문이다.

과거는 현대인의 삶이 더 이상 재현할 수 없는 응결된 시간이라는 점에서 이미 '영원성'의 상태로 보존되어 있다. 과거는 인간의 생애에서 상상계가 그러하듯이 주체와 객체의 분열 이전의 원초적 일체성이 생동하는 공간이다. 바로 그곳이 현상학적 상상력이 발아하는 장소인 것이다. 주체와 객체의 냉정한 구별이 발생하기 이전의 세계에서 사물들의 유동성, 주체의 정체성의 유연성을 발견하는 것이 현상학적 상상력의 작동인 것이다. 그러한 상태는 개인적인 주체성에서 벗어나서 인류 공통의 원형적 체험에 연결된다는 점에서 '보편성'을 인정받는다.[1] 그 원형적 이미지에 도달하고자 하는 '의식적 몽상'을 통해서 시인은 날마다 새롭게 정체성의 옷을 갈아입을 수 있는 것이다. 박재삼의 경우 그러한 몽상의 터전으로 가장 자주 거론되는 과거는 가난한 유년과 못다 이룬 사랑과 연결되어 있다. 여기에서는 유년과 사랑의 과거 시제에서 펼쳐지는 근원의 성격과 그 회귀를 통해 성취하고자 하는 바에 대해서 살펴보도록 하자.

---

1) 가스통 바슐라르, 곽광수 역, 『공간의 시학』, 동문선, 2003, 33쪽.

1. 가난한 유년의 몽상

　서정시는 가장 개인적인 장르이기 때문에 독백적 형식을 선호한다. 하지만 그러한 개인성에서 벗어날 수 있게 만드는 서정적 경험이 바로 '몽상'이다. 밤의 꿈과 비교되는 대낮의 몽상, 즉 백일몽은 명료한 의식의 상태에서 무의식과 소통하려는 의지의 집결체이다. 그 몽상이 도달한 극한의 지점에서부터 사적 세계를 열고 공동의 상상계로 진출하는 출구가 열리는 것이다. 그 출구의 하나로 우리는 '유년'이라는 공간을 생각해볼 수 있다.

　이미 어른이 된 시인에게 유년은 이미 되돌릴 수 없는 한계 지점을 표시하고 있다. 어린 시절은 그것이 돌아갈 수 없는 시간의 장벽으로 둘러싸여 있다는 사실 때문에 오히려 더욱 강력한 마력을 소유하게 된다. 유년의 이미지를 둘러싸고 형성되는 후광은 대부분 돌이킬 수 없다는 사실에 의해서 형성되는 것이다. 그리고 그 마력의 강도는 대부분의 사람들이 공유하는 원형적 이미지에 근접할수록 강해진다.

　우리를 어린 시절의 상태로 되돌리는 몽상은 그 순수에 대한 기억에서 시작된다. 어린 시절에 대한 기억은 그 자체로 몽상의 기원이자 질료가 된다. 이때 기억은 단순한 재생의 기능을 멈추고 창조적 생산의 단계에 접어들면서 상상력과 결합된다. 상상력은 기억을 촉진하고 기억은 다시 상상력에 동력을 제공하게 된다.[2] 그렇기 때문에 인간의 기억 속에 남아 있는 이미지들 가운데서 가장 아름다운 것이 바로 우리의 어린 시절의 이미지들인 것이다.[3] 그런 이유에서 박재삼의 시는 현재로부터 가장 멀리 떨어져 있는 먼 과거에서부터 몽상의 질료를 찾으려 한다.

---

2) 가스통 바슐라르, 김웅권 역, 『몽상의 시학』, 동문선, 2007, 31~33쪽.
3) 곽광수·김현, 『가스통 바슐라르 연구: 상상력의 미학, 행복의 시학』, 민음사, 1981, 121쪽.

그러나 몽상의 질료를 제공해야 하는 과거 유년의 고향은 온통 가난으로 점철되어 있다.4) 이와 관련하여 그 자신은 이렇게 진술한 적이 있다.

나는 어린 시절을 삼천포 바닷가에서 살았다. 또 거기서 중요한 사춘기 시절을 맞고 보냈었다. 우리집은 가난한 가운데 특히 윗자리라 할 만큼 가난하였다. 고등학교까지 거기서 다녔다.5)

그의 유년은 "가난한 가운데 특히 윗자리"에 터를 잡고 있다. 하지만 시인으로 성장한 박재삼에게 유년과 청소년기로 대표되는 과거는 시간적으로도 공간적으로도 멀리 떨어져 있다. 하지만 그러한 거리가 오히려 상상력의 발상지인 것이다. 가까이 있을 때는 알 수 없었던 모습이 시공간적인 거리를 통해서 조금씩 드러나는 경우가 많다. 유년에 대해서도 거리는 동일한 기능을 한다. 이때 기억을 통해서 유년으로 돌아가고자 하는 욕구를 통해서 몽상이 작동하게 되고, 그러한 몽상을 통해서 유년은 박재삼의 현재 존재를 원초적 존재로 되돌린다.6) 에밀 슈타이거는 그의 저서 『시학의 근본개념』에서 서정적 양식의 특성으로서 '회감'을 지적하였다.7) 회감 혹은 회상은 서정시의 본래적 시간이 과거라는 사실을 말해준다. 유년은 몽상의 질료일 뿐 아니라 서정시의 장르적 근원에 대한 회감 혹은 상기인 것이다.

그러므로 서정시의 상상력이 발원하는 근원지점으로서 유년이 어떻게 그려지느냐 하는 문제는 시인의 시적 세계를 결정짓는 가장

---

4) "저의 초기작에는 방금 이야기했듯이 특히 '눈물'이라는 말이 많아요. 그것은 삶의 고달픔에서 비롯된 것이었겠지요."(「오, 아름다운 것에 끝내 노래한다는 이 망망함이여」(고형진·김기중과의 대담), 『문학정신』, 1992)
5) 박재삼, 『숨가쁜 나무여, 사랑이여』, 오상사, 1982, 134쪽.
6) 가스통 바슐라르, 김웅권 역, 앞의 책, 138쪽.
7) E. 슈타이거, 이유영·오현일 역, 『시학의 근본개념』, 삼중당, 1978, 298~299쪽.

중요한 기준점에 해당한다. 이때 박재삼은 유년 시절을 온통 가난을 통해 기억하고 있다는 점을 특징으로 한다. 가난한 유년의 모습은 직접적으로 진술된 작품뿐 아니라 간접적으로 암시된 작품까지 포함하자면 엄청나게 많아진다. 그 일부를 보도록 하자.

> 防波堤 가에 놀면서
> 海女들이 말리는 미역귀를 얻어먹었다.
> 건건찝질한 그 냄새 넘어
> 온갖 시장기에 젖은 군것질도
> 아득히 아름답게 쓰러지고 있었다.
> 그것은 먹는 것 하나도
> 한눈 팔 틈 없이
> 열심히 치른 것은 아니었을까.
> 자기만 배를 채우면 된다는 그 생각에
> 그때 도부장수로 웃녘에 간
> 아버지의 배고픔 따위는
> 까맣게 잊고 있었다.
> 어머니의 모래뜸질 정도는
> 태평한 것으로 치부하고 있었다.
> 요컨대 입가에 땟국이 추상화를 그리던
> 귀여움만 내뱉고 있었다.
> 그렇게 엄청난 不孝를 저질러놓고도
> 그것을 의식하지 않는
> 예닐곱살 때의 밉지 않은
> 애교가 지르르 흐르고 있었다.
>
> ―「追憶에서·40」 전문

삼천포 바다 방파제 근처에서 놀다가 해녀들이 말리는 미역귀를 얻어먹으며 보냈던 가난한 어린 시절이 '천진성'과 어울려서 아름답게 그려지고 있다. 이때의 천진성은 그러나 "아버지의 배고품 따위"도 "어머니의 모래뜸질"도 신경 쓸 여력이 없는 "엄청난 불효"를 동반한다. 인류를 위해서 욕망의 연기와 지연을 경험하지 못한 철없는 어린 시절의 "밉지 않은/애교"는 매번 욕망을 연기해야만 하고 끝없이 그 시절로 회귀하고자 하지만 영원히 충족될 수 없는 어른 박재삼의 반도덕적 욕망의 출구이기도 하다. "입가의 땟국이 추상화를 그리던/귀여움"은 박재삼의 몽상이 만들어낸 유년이기도 하지만, 박재삼 나이 또래의 성인들이 상상하는 유년의 실상에 근접하고 있다. 가난한 유년이란 오히려 가난하기 때문에 자신의 욕망을 즉각적으로 충족하고자 해도 허용되는 유일한 공간이기 때문이다.

  타인의 간섭을 받지 않고 자신의 욕망을 즉각적으로 충족할 수 있었던 유년에 대한 향수는 오히려 타인의 간섭으로 욕망 충족의 지연을 경험하는 성년에 대한 혐오를 동반하게 된다. 오히려 더 많이 욕망에 노출되어 있는 현대인의 삶은 즉각적인 욕망 충족의 지속적인 연기에 시달릴 수밖에 없기 때문이다. 따라서 그의 유년은 현대적인 삶에 깊숙이 개입되어 있는 성년의 삶에 대한 환멸의 근거지가 된다. 두 편의 시를 비교해서 보도록 하자.

　① 학교 갔다 와
　　점심은 보리밥에 열무김치가 아니면
　　된장과 풋고추였다.
　　營養價도 뭣도 없는 그 메뉴가
　　순전히 시장기 하나에 얹혀
　　그렇게 맛있고 꿀떡 같을 수가 없었다.

　　그러나 그때의 음식에는
　　調味料의 洗禮가 없는

순수하고 정갈한 것이 있었다.
음식이 극도로 발달한 오늘날에 보면
그것은 원시적인 먹이였다.
다만 구수하고 꾸밈이 없는 것은
숨길 수가 없었다.

이 점심을 걸치고
그 다음에는 들에 바다에 나가
군것질을 직접 얻는 것이었다.
이를테면 親自然의 採取였다.
왕성한 그 食慾을
자로 잴 수 있기는 커녕
꿈으로 느끼는 것이 고작이었다.

-「追憶에서·20」 전문

② 땅따먹기를 했다.
장난감이라곤 없어 그냥 내밀고 있는
땅이 재료였고 거기에 맞은
사금파리 깨어진 것이 고작이었다.
널린 사금파리 중에서도
예쁘고 잘 생긴 것을 가렸다.
요새 아이들은 장난감 천국에서
원도 한도 없이 놀 것이지만
그러나 그들에게는 神이 내려올 기미는 도통 없고
이득보고 밑졌다는 계산만이 뚜렷이
덩그렇게 껍질처럼 남을 일이 아닌가.
왜 그렇게 되었는지에 대해서는 잘 모르지만
하여간 그 결과를 보고

>   推算할 수밖에 더 있는가.
>   차츰 세상은 영악해져 가고
>   따지기를 좋아하지만
>   가다간 빨간 紅柿도
>   까치밥으로 놔두던 그 여유가
>   속절없이 망하고 있는
>   허전한 빈 것을 본다.
>
> ―「추억에서·15」 전문

①의 시에서 열거되고 있는 식단은 무척 조촐하다. "보리밥에 열무김치", "된장과 풋고추"는 "영양가"는 고사하고 아무런 볼품도 없지만 가난했기 때문에 오히려 "그렇게 맛있고 꿀떡 같을 수가" 없는 것이다. 이처럼 박재삼은 가난이 아니고서는 맛볼 수 없는 행복의 경험을 상기하고 있다. 그 행복은 오히려 현재와 구별되었을 때 더욱 증폭된다. "조미료의 세례"로 "음식이 극도로 발달한 오늘날"에 비하면 음식이라기보다는 차라리 "원시적인 먹이"에 불과한 그것이 더욱더 맛있을 수 있는 것은 "구수하고 꾸밈이 없는 것"이기 때문이다. 그의 유년은 가난하기 때문에 오히려 자신의 욕망을 숨기지 않는다는 특성을 보여준다. 반면에 가난하지 않은 현대인의 풍성한 삶은 온갖 "조미료"로 꾸며진 가식적인 세계를 구성한다. 문화적인 삶을 거짓과 위선으로 지목하고 원시적인 삶을 거짓 없는 순수의 세계로 드러내는 데 있어서 타자의 시선을 의식하지 않는 욕망의 자연스런 노출이 강조된다. 그것은 물론 가난하기 때문에 비로소 가능했다. 가난을 배경으로 하는 욕망의 거짓 없는 노출은 타인의 시선으로 인해 거짓된 욕망에 사로잡혀 있는 현대인의 삶을 비판적으로 바라보게 만든다.

그것은 비단 어른들의 삶에서 그치지 않는다. ②에서 보듯이, 박재삼에게는 같은 유년이라고 할지라도 가난이 뒷받침되지 않는 유년은 더 이상 유년이라 할 수 없다. 장난감 하나 제대로 없었던 자신의 가난한 유년 시절의 놀이에 비한다면, "요새 아이들은 장난감 천국에서/원도 한도 없이 놀 것이지만" 거기에는 결정적인 것이 빠져 있다. 오히려 거기에는 "이득보고 밑졌다는 계산만이" 남아 있다. 박재삼의 관점에서 보면 유년기가 사라지고 있는 것이다. 아이들은 곧바로 어른들의 세계에 물들어 있다. 어른과 아이의 구별이 사라진 것이다. 양자 사이에 구별이 사라졌다면 돌아가고 싶은 유년이 있을 턱이 없다. 하지만 박재삼처럼 성년과 유년 사이에 돌이킬 수 없는 장벽이 생겨난 상태에서는 돌아가고 싶은 욕망의 크기가 커지는 것이다. "원도 한도 없이" 모든 욕망이 충족되는 듯한 환상에 빠져 있는 현대인의 삶에는 오히려 "여유"가 사라졌다. 타인을 배려하지 않고 자기 중심적이고 자신의 이익을 위해서 살아가는 것이 현대인이기 때문이다. 자기 중심적 삶이란 오히려 타인보다 앞서려는 욕망에 사로잡혀 있기 때문에 타인의 욕망하는 것을 자신도 욕망할 수밖에 없고 결국에는 타인에게 의존할 수밖에 없다는 르네 지라르(R. Girard)의 역설적 통찰이 관철되는 장면이다. 현대인의 삶에서 "빨간 홍시도/까치밥으로 놔두던 그 여유"가 사라졌을 때 시인은 "허전한 빈 것"을 느낀다. 이처럼 시인의 가난한 유년은 공허한 욕망에 시달리는 현대인의 삶을 거리를 두고 바라보게 만든다.

박재삼에게는 성년이 된다는 것 자체가 슬픔이다. 성년이 된다는 것은 발전이나 성취에 근접하는 것이 아니다. 오히려 가난의 원형으로부터 점점 더 멀어진다는 사실을 말해준다. 따라서 성년 박재삼의 슬픔은 유년으로 돌아갈 수 없다는 이유에서 체득되는 유년 상실의 사실에서 오는 슬픔이다. 그가 성장을 거부하는 이유를 들어보자.

① 萬植이란 친구는 참 희한했다.
    그는 이런저런 얘기 끝에
    세살 때 저승에 갔다 왔다고

엉뚱한 말을 꾸며서 근사하게 했다.
그 말이 거짓인 줄 알면서도
국민학교에 가기 전의 댓살 적에는
같이 신바람이 나서
그 얘기에 빠져 버리곤 했었다.

그가 치장한 저승 가는 길은
나비처럼 팔랑팔랑
온통 반짝이는 것이 주렁주렁 달려서
이승인가 저승인가 알 듯하면서
잘 모르는 것이 많았다.
마치 상이 나가는 길처럼
아름다우면서 약간 서러운 것도
찡하게 가슴에 울려 왔었다

세월은 줄기차게 흘러서
나는 오십줄의
어느 누구에게도 안 속는
겉으로는 건전한 나이가 되었건만
그때의 그 거짓말이 어쩌면
참말인지도 모른다고 간혹 생각하는
아, 꿈 같은 한때!

— 「追憶에서·46」 전문

② 집 뒤에는 한가한 집이 있었는데
　그것은 국민학교의 사택
　언제나 볕이 바르고 주위는 깨끗했다.
　선생 댁에는 우리와 같은 또래의

까까머리 아이가 있었다.
걔하고 동무가 되어 정신없이 놀곤 했었다.
한번은 그 집 뜰에 가서 신바람이 나게
재미나게 지냈는데, 한참 후에야
변소에서 「아이구, 시끄럽군」하며
선생이 나왔었다. 그러면
「여태 변소에 있었군」하는 생각이
도무지 거짓말 같기만 했다.
그때부터 세상을 보는 내 눈은
흐려지기 시작했는지 모른다.
그렇지만 때가 묻기 비롯했기 때문에
차츰 세상을 있는 그대로 보고
있는 그대로 느끼는 훈련을
오늘토록 쌓아 왔다고 할 수 있었다.

―「追憶에서·2」 전문

  두 작품은 유년과 성년의 대비를 통해서 무엇을 상실했는지가 선명하게 드러나 있다. 어른이 된다는 것은 "어느 누구에게도 안 속는/겉으로는 건전한 나이"가 된다는 것이지만, 그것은 다시 말해서 "때가 묻기" 시작했다는 것을 뜻한다. ①의 시에서처럼 "그 말이 거짓인 줄 알면서도" 그 거짓된 "그 얘기에 빠져" 버릴 수 있었던 몽상의 가능성이 사라진 것이다. 거짓에 속지 않기 위해서 정신을 똑바로 차리고 살아가야 하는 성년의 삶이란 모든 몽상의 출구를 차단하고 살아간다는 것을 의미한다. 쉽게 환상에 빠질 수 있었던 예술적인 삶이 사리진 것이다. 그러므로 그의 유년은 상상력으로 진입하는 모든 통로가 차단된 이성적이고 계산적인 현대인의 삶이 비춰보는 거울이다. 다시 말해서 유년이 예술적 상상력의 진원지임이 드러난 것이다.

그렇게 아름다운 상상의 세계가 깨지는 장면이 작품 ②에 나타난다. 다소 모호한 구석이 있는 시이지만, 초등학교 선생님 사택에서의 경험을 계기로 해서 "세상을 보는" 눈이 "흐려지기 시작"했다는 사실을 고백하고 있다. 사택에서의 경험은 '선생님'이라는 신성함이 무너지는 것으로 나타난다. 다소 지저분한 장소인 '변소'에서 우리가 즐겨 놀 동안 결코 작지 않은 시간을 선생님 같이 신성한 분이 오랫동안 있었다는 자체가 충격이었던 것이다. 그때부터 시인은 "세상을 보는 눈"이 "흐려지기 시작했는지 모른다"고 고백하고 있다. 사실 그렇지만 이것은 다음에도 언급되듯 "그렇지만 때가 묻기 비롯했기 때문에 차츰 세상을 있는 그대로 보고 있는 그대로 느끼는 훈련"과정 이었음을 술회하고 있다. 이 신성함은 ①의 시에서 보게되는 "나비처럼 팔랑팔랑 온통 반짝이는 것이 주렁주렁 달려서 이승인가 저승인가 알 듯하면서 잘 모르는 것이 많"은 모호함을 가지고 있으면서 "아름다우면서 약간 서러운 것"도 있는 존재라고 볼 수 있다.

그러나 유년이라고 해서 모두 아름답게 그려지는 것은 아니다. 그 당시는 현대적인 관점에서 보자면 전근대적인 관습이 남아 있는 사회였다. 특히 여성과 남성 사이의 성적 차별이 상존하고 있었던 시대였다. 이는 두 편의 시를 통해서 살펴볼 수 있다.

① 해수욕을 하고 나면
닦을 수건도 없이
고추를 내놓고 몸을 말렸다.
더운 날도 가다간 새파라니
얼어서 추워오곤 했었다.
동네의 누가 보건
하나 아랑곳이 없었다.
실은 누님 친구들이랑

아주머니뻘 되는 여자들이 봐도
　　부끄러움도 없이 예사로
　　고추를 내놓고 해바라기를 해 가며
　　아득한 시간을 보냈다.
　　그러나 어린 여자아이들은
　　고추도 없으련만
　　연방 감추기만 하고
　　더 쑥스러워하는 것은
　　그 까닭을 알 수 없었다.
　　달랑달랑 무슨
　　요령소리라도 날 듯이
　　고추를 단 것이 자랑스럽기조차 했다.

　　　　　　　　　　　　　　ㅡ「追憶에서·13」 전문

② 닷새마다 장이 섰다.
　　앞바다 섬에서는 통통배를 타고
　　할머니가 귀여운 손주를 보러
　　잘 익은 호박 한 덩이
　　땅에서 캔 고구마 한 소쿠리를
　　싣고 돈 사러 왔다.
　　선창가에는
　　그 며느리가 두어살 된
　　아기를 등에 업고
　　마중하러 나왔었다.

　　할머니는 배에서 내리기가 바쁘게
　　며느리가 업고 온
　　손주에게 달려갔다.

「아이구, 내 강생아*,
늬가 보고 싶어 또 왔다」
며느리에게는 그 동안
잘 있었느냐는 인사 한 마디 안 하고
이 세상에는 그 손주
하나만이 있는 듯
情에 치우친 경치를 보았었다.
  * 강생이 : 강아지

─「追憶에서·26」 전문

①의 시에서 사내아이는 해수욕을 하고 나서 추위에 떨면서도 "닦을 수건도 없이/고추를 내놓고" 다녔으며, "동네의 누가 보건/하나 아랑곳이 없었다." 사내 아이는 타인의 시선을 의식하지 않을 수 있는 반면에, 여자 아이들은 그렇지 못하다는 사실을 이해하지 못하는 아이의 마음을 솔직하게 드러내고 있다. 가난한 어린 시절이었지만 가부장적 권위가 고스란히 계승되고 있는 전근대적 관습을 여과 없이 보여준다. 하지만 이러한 전근대적 관습은 부정적인 비판의 대상이 되지 못한다. 지나고 보니 그런 행동이 얼마나 부끄러운 것이었는지를 안다는 암시를 하고는 있지만 여전히 장난기가 배어 있는 어조로 진술되고 있기 때문이다. 이러한 부당한 차별의식은 ②의 시에서 보듯이 며느리보다 대를 이어줄 손주를 더욱 귀히 여기는 조부모 세대의 풍습에서 더욱 선명하게 드러난다. 시인이 살았던 시기가 가난하다는 이유만으로 전부 면죄부를 부여받을 수는 없지만 인습적인 편애가 도에 지나치게 기술되고 있는 것이다. 유년이라고 해서 온통 아름다움과 행복으로 꾸며진 것은 아니었다. 그럼에도 불구하고 유년이 여전히 아름답게 기억될 수 있었던 것은 놀이와 놀이터의 원시적 친연성에 근거한다. 땅따먹기, 연날리기, 해수욕 등 대지와 바람, 그리고 바다 등의 자연 그 자체를 놀이터로 삼고 있는

유년의 놀이는 그 자체만으로도 때 묻지 않은 심성을 드러내고 있다. 자연을 놀이터로 삼는 자연의 놀이인 것이다. 이는 어떠한 인공적 장난감도 범접할 수 없는 원시성을 배경으로 한다. 그 원시적 놀이에는 모종의 신성함이 내재해 있다. 놀이 자체에서부터 삶과 죽음, 천상과 지상의 경계를 넘나들면서 양자가 서로 소통하고 있다는 신념 체계가 동반된다. 예컨대 그것은 다음의 시에서 확인된다.

① 입김을 호호 불며 연날리기를 했다.
　어떤 때는 바닷가에서
　바다를 향해 연실을 풀어대고
　서로 대질러
　약한 쪽이 끊어져
　지게 되는 것이었다.
　둘 중 하나는
　공중에서 영락없이
　모습이 사라지는
　아득한 드릴을 맛보는 데 신이 났다.
　어린 마음에도
　지는 쪽에는 짜릿한
　흥분이 쏠려지고 있었다.
　그것은 어쩌면
　永遠을 몸에 익히는
　훈련 비슷한 것은 아니었을까.
　마치 연이 떨어져 가면서
　이승에서는 마지막이지만
　또 저승이 연결되어 있다는 듯
　우쭐우쭐 한번뿐인
　빛나는 이별을 하는 것을

삶의 중요한 연습으로 배우고 있었다.

—「追憶에서·54」 전문

② 바닷물이 철썩철썩
　모래밭을 적시고 조금씩
　가까이로 오고 있는 밀물일 때
　연방 온갖 것을 삼키고
　우리 동네로까지 밀고 들어올 것 같아
　은근히 걱정이 되던
　어린 날을 가졌다.

　그러나 잠이 깨고 나면
　방파제 주변에 와서는
　찌꺼기를 씻으며 물러나고 있었다.
　아, 얼마나 다행인가.
　나는 그것이 참으로 용하다고 느끼고
　게를 잡고 파래를 캔
　잘못밖에는 없다고 속으로 빌었다.

　그러나 그 순한 바다도
　한번 화가 나면
　사람이 쌓은 둑을 넘어
　혓바닥을 넘실거리기도 한다는 것을,
　요컨대 天地開闢을 한다는 것을,
　진실로써 남몰래 믿고 있었다.

—「追憶에서·11」 전문

두 편의 시는 모두 자연을 배경으로 하는 유년의 놀이와 경이로운 경험을 배경으로 한다. 하늘과 바다를 배경으로 하는 유년의 경험은 그 자체만으로도 우리들의 돌이킬 수 없는 '자연'의 모습을 하고 있다. 자연을 경작함으로써 문화를 일군다는 근대적 인간의 자신감은 여기에서 오히려 인간의 삶에 있어서의 자연에 어떻게 돌이킬 수 없는 훼손을 가했는지를 보여준다. 유년은 시간적으로는 인류의 시원에 이어지고, 공간적으로는 인간이 마주하는 자연을 대변한다. ①에서는 공중에서 사라지는 연을 바라보며, 그것이 "영원을 몸에 익히는/훈련"이면서 동시에 "삶의 중요한 연습"이었음을 회고하고 있다. 박재삼에게 있어서 삶이란 곧 죽음과 영원을 배경으로 하는 삶을 의미한다. 죽음을 향하는 인간의 한계를 받아들이는 것이 삶의 내용인 것이다. 따라서 그러한 삶과 죽음의 관계에 대한 통찰은 '놀이'를 통해서 전달된다. 이때 연이 끊어져 멀리 날아가는 모습은 죽음을 받아들이는 연습이다. 그 연습은 죽음이 비록 "이승에서는 마지막이지만" 그것이 진정한 마지막이 아니라 "저승이 연결되어 있다"는 사실을 깨닫는 데서 시작된다. 죽음은 "한번뿐인/빛나는 이별"인 것이다. 죽음은 삶과 무관하지 않고 삶을 구성하는 일부로 언제나 삶과 이어져 있다는 것을 알게 되었을 때 죽음은 비로소 "빛나는 이별"이 된다. ②를 통해서는 자연과 인간의 삶이 주술적인 방식으로 연결되어 있음을 보게 된다. 바닷가의 소년에게 바다는 거대한 자연을 대표하는 것이면서, 인간의 삶에 도덕적 규범을 제공하는 원천으로 기억된다. 평소에는 그렇게 순한 바다도 "한번 화가 나면/사람이 쌓은 둑을 넘어/혓바닥을 넘실거리기도 한다"는 경험은 자연에 대한 물활론적 체험의 극한을 보여준다. 이처럼 유년기의 자연은 죽음이 인간의 삶을 둘러싸고 있다는 진리를 상기해주며, 인간의 삶의 규범이 자연에서 유래할 수 있다는 것을 알려준다. 그러나 이 모든 진리는 성년이 되면서 잊혀지기 마련이다. 따라서 바슐라르는 이렇게 말한다. "유년기란 우리 속에서 죽는 것이거나, 주기를 채우면 메말라 버리는 것이 아니다. 그것은 추억이 아니다, 그것은 가장 생생한 보물로서, 우리도 모르는 사이 계속해서 우리를 살찌운다."
"자기의 유년 시절을 회상하고, 자기 몸 속의 몸처럼, 낡은 피 속의 피처럼 그 자체로 유년 시절을 되찾지 못하는 자에게 불행이 있을진저, 유년 시절이 그를 떠난 순간에 그는 죽은 것"[8]이라고 말했다. 이는 박재삼의 시를 해독하고자할 때 결 맞는 것이라 판단된다. 그에게 유년은 생의 생생한 에너지의 저장고 역할을 한 것이라 볼 수 있기 때문이다.

하지만 화자의 유년에는 '자연'만 있었던 것이 아니다. 오히려 거기에는 '가족'이 있었다. 박재삼에게 있어서 가족공동체에 대한 낭만적 향수는 '가난'을 매개로 했을 때 더욱 강화된다. 가난하지 않은 가족의 삶이란 우선적으로 시적 회상의 대상이 아니다. 가난하기 때문에 오히려 그것을 견디고자 하는 가족의 유대가 돋보이는 것이다. 가난이 유년의 놀이를 인륜적 차원으로까지 승격시켜 주는 것처럼, 가난은 다시 가족 간의 관계를 그 원초적인 유대감으로 되돌려놓는다.

① 해방된 다음해
魯山 언덕에 가서
눈아래 貿易회사 자리
홀로 三千浦中學校 입학식을 보았다.
기부금 三천원이 없어서
그 학교에 못 간 나는
여기에 쫓겨오듯 와서
빛나는 모표와 모자와 새 교복을
눈물 속에서 보았다.

---

[8] 가스통 바슐라르, 김웅권 역, 앞의 책, 117쪽.

그러나 저 먼 바다
섬가에 부딪히는 물보라를
또는 하늘하늘 뜬 작은 배가
햇빛 속에서 길을 내며 가는 것을
눈여겨 뚫어지게 보았다.

학교에 가는 대신
이 눈물 범벅을 씻고
세상을 멋지게 훌륭하게
헤쳐 가리라 다짐했다.

그것이 오늘토록 밀려서
내 주위에 너무 많은 것에 지쳐
이제는 내가 어디에 있는지
그것만 어렴풋이 배웠다.

― 「追憶에서·31」 전문

② 국민학교를 나온 형이
　 花月여관 심부름꾼으로 있을 때
　 그 층층계 밑에
　 옹송그리고 얼마를 떨고 있으면
　 손님들이 먹다가 남은 음식을 싸서
　 나를 향해 남 몰래 던져 주었다.
　 집에 가면 엄마와 아빠
　 그리고 두 누이동생이
　 浮黃에 떠서 그래도 웃으면서
　 반가이 맞이했다.
　 나는 맛있는 것을

많이 많이 먹었다며
뻔한 거짓말을 꾸미고
문득 뒷간에라도 가는 척
뜰에 나서면
바다 위에 달이 떴는데
내 눈물과 함께
안개가 어려 있었다.

- 「追憶에서·30」 전문

　①의 시에서 보듯이 기부금 삼천 원이 없어서 중학교도 진학하지 못했다. 그때 동무들의 모표와 모자가 얼마나 '빛나게' 보였을지 충분히 그 마음을 헤아리게 된다. 하지만 오히려 가난했기 때문에 시인은 섬가에 부딪치는 물보라와 하늘하늘 뜬 작은 배가 햇빛 속에서 길을 내며 가는 것을 보고 지금의 "이 눈물범벅을 씻고" "세상을 멋지게/훌륭하게 헤쳐 가리라"고 다짐할 수 있었다. 가난으로부터 탈출하겠다는 의지와 별반 다르지 않다. 가난한 삶이란 탈출의 욕망을 불러일으키지만 그곳에서 벗어나는 순간부터 향수의 대상으로 된다. 가난은 오히려 가난으로부터 벗어난 삶의 의지를 만들어낸 동력이기 때문이다. 가난은 이후의 멋진 삶을 꿈꾸게 하는 동력이면서도 그 자체는 부정된다. 그러한 이중적 속성으로 인해서 가난을 부정하면서도 그것을 끊임없이 상기하게 되는 것이다.
　가난이 성숙의 근거였다는 것은 ②에서 확인된다. 이 시를 통해서 어린 시절 시인이 처했던 가난의 정도를 가늠할 수 있다. 초등학교 밖에 나오지 않았던 형이 여관에서 심부름꾼으로 일했다는 것, 그리고 시인은 형이 주는 음식을 얻어먹기 위해 층층계 밑에 옹송거리고 앉아 있었다는 것, 손님들이 먹다 남은 음식을 형이 얻어서 주면, 그것을 부황에 떠서 기다리고 있는 가족들에게 가져다주었다는 사실을 눈물로 회상하고 있다. 이 눈물 나는 가난한 삶 속에서도 어린 시인은 그렇게 얻어 온 음식을 가족들에게 나눠주면서 나는 많이 먹었다고 거짓말을 하고 뒷간에 가는 척 뜰로 나선다. 이때 "뜰에 나서면/바다 위에 달이 떴는데/내 눈물과 함께/안개가 어려 있었다." 눈물에 가려진 가난한 밤의 달빛은 눈물을 통해서 성숙해지는 시인의 유년을 비추고 있다. 가난과 눈물 속에서 시인은 자신과 가족을 위해서 새로운 삶을 다짐하곤 했던 것이다. 가난과 눈물은 마치 우주선을 하늘 높이 올려주고 자신은 땅으로 추락하는 연료장치처럼 떼어버려야 하지만 그것에 의지할 수 없는 이중적 존재임을 확인하게 된다.

그러나 가난과 눈물의 유년에서 결코 떼어버릴 수 없는 영원한 동력으로 어머니가 있다. 어머니는 가난을 견디게 만드는 마지막 보루였던 것이다. 유년과 어머니의 관계는 한편으로는 인류가 소망하는 가장 안정적인 관계를 의미한다. 하지만 그 양자의 관계에서 벗어나 독립하지 않으면 성년으로 진입할 수 없게 되는 위험한 관계이기도 하다. 가난과 눈물의 세월이 벗어날 수밖에 없는 요인으로 가득하지만, 오로지 어머니에 대해서는 벗어날 수밖에 없긴 하지만 결코 벗어나고 싶지 않은 이율배반의 경험을 하게 된다. 성년이 되기 위해서 겪어야만 하는 고통스러운 분리 체험이 항상 트라우마로 남게 되는 것이다. 박재삼의 시에서 가난이 풍부한 몽상의 장으로 될 수 있었던 것 중의 하나에는 어머니에 대한 사무치는 그리움이 자리하고 있다.

> 바지는 입어도 고추가 새파라니 언 채
> 바닷가 언덕에서 전쟁놀이를 했다.
> 콧물은 얼룩이 지게 소매 끝으로 닦으며
> 어둠이 서로의
> 얼굴 윤곽을 지우도록까지.
> 그 더러움을 저마다 집으로 가져 가서

어머니의 사랑으로 지우게 했다.

— 「追憶에서·29」 부분

이 작품에서 어머니는 "콧물은 얼룩이 지게 소매 끝으로 닦으며" 밤늦도록 놀고 돌아오면 그 모든 "더러움"을 받아주는 유일한 대상으로 여겨진다. 어머니는 세상의 모든 더러움을 사랑으로 다시 정화시켜주는 살아 있는 원형적 이미지인 것이다. 이처럼 어머니의 사랑이 더욱 커 보이는 것은 그들의 삶이 가난을 배경으로 하기 때문이다.

새벽 서릿길을 밟으며
어머니는 장사를 나가셨다가
촉촉한 밤이슬에 젖으며
우리들 머리맡으로 돌아오셨다.
선반엔 꿀단지가 채워져 있기는커녕
먼지만 부옇게 쌓여 있는데,
빚으로도 못 갚는 땟국물같은 어린것들이
방안에 제멋대로 뒹굴어져 자는데,

보는 이 없는 것,
알아주는 이 없는 것,
이마 위에 이고 온
별빛을 풀어놓는다.
소매에 묻히고 온
달빛을 털어놓는다.

— 「어떤 歸路」 전문

새벽 서릿길에 나갔다가 밤이슬에 귀가하는 어머니의 고단한 삶이 압축적으로 그려져 있다. 그런 어머니는 아무도 "보는 이 없"으며, "알아주는 이 없는" 평범한 삶의 주인공이다. 그러면서도 그 어머니의 돌아오는 밤길에는 "별빛"과 "달빛"이 온몸을 감싸고 있다. 평범한 사람살이를 둘러싸고 있는 자연의 손길에 의해서 어머니는 마치 자연 그 자체인 것처럼 그려지고 있다. 모든 더러운 것을 정화하는 어머니, 아무도 알아주지 않는 곳에서 일하는 어머니의 모습은 박재삼의 시에서 자연 속에 투여된 이미지와 일치한다. 어머니와 자연이 일치할 수 있는 것 또한 가난을 배경으로 했을 때만 가능하다. 가난이 아니라면 어머니는 결코 별빛과 달빛으로 자신의 몸을 감쌀 수 없을 것이기 때문이다. "방안에 제멋대로 뒹굴어져 자는" 어린 자식들의 삶이 돌보지 않는 자연적 삶에 가까운 것이듯이, 어머니 또한 그 누구의 관심도 받지 않으면서 누군가를 위해서 일방적으로 헌신하는 자연의 모습을 하고 있다.

하지만 박재삼의 시에서 어머니는 항상 어린 박재삼의 눈을 통해서 재현된다는 데 문제가 있다. 어머니는 한 번도 그 자신을 위해서 살아가지 못하였던 것처럼 자신이 직접 화자로 등장하는 기회를 갖지 못하고 있다.

晋州장터 生魚物전에는
바닷밑이 깔리는 해다진 어스름을,
울엄매의 장사끝에 남은 고기 몇 마리의
빛 發하는 눈깔들이 속절없이
銀錢만큼 손 안 닿는 恨이던가
울엄매야 울엄매,

별밭은 또 그리 멀어
우리 오누이의 머리 맞댄 골방 안 되어
손시리게 떨던가 손시리게 떨던가,

晋州南江 맑다 해도
오명 가명
신새벽이나 밤빛에 보는 것을,
울엄매의 마음은 어떠했을꼬,
달빛 받은 옹기전의 옹기들같이
말없이 글썽이고 반짝이던 것인가.

—「追憶에서·67」 전문

　시인의 어머니는 생선을 팔기 위해 진주남강을 자주 건너다니면서도 제대로 대낮의 강물을 구경할 수가 없다. 새벽에 건너가서 밤에 건너오기 때문에 아무리 "진주남강 맑다 해도" 그것을 만끽할 수가 없다. "진주남강"은 그러므로 생계를 위해서 잠시도 숨 돌릴 여유도 없이 살아야 했던 어머니의 고단함을 기억하고 있다. 이때 화자는 "장사끝에 남은 고기 몇 마리"를 가지고 돌아오는 "울엄매의 마음"을 상상해본다. 그 마음은 "말없이 글썽이고 반짝이던" "옹기"를 닮아 있다. 옹기그릇의 전통성은 전통적 어머니상에 연결되고 있음을 뜻한다. 말없이 달빛을 받는 옹기그릇은 시인이 들어가 살고 싶어 하는 자궁과도 같은 어머니의 품일 것이다. 그 둥긂의 이미지에 대해서 바슐라르는 이렇게 말한다. "완전한 원환의 이미지는 우리가 마음을 가다듬는 데 도움을 주며, 스스로의 시초의 존재 성격을 되찾게 해주며, 우리의 존재가 내밀하게 내적인 것임을 확증해 준다. 왜냐하면 외면적 형상을 모두 제거해 버리고 내면으로부터 경험되어질 때 존재는 둥글지 않고는 달리 존재할 수 없는 것이다."9) 더불어 옹기는 그 안에 무엇을 담을 수도 있고 또 담은 것을 숙성시켜서 후에 더 요긴한 것을 만들 수도 있는 그릇이다. 그리고 묵묵히 달빛을 반사하는 어머니의 마음은 옹기의 반짝임을 통해서 드러난

---

9) 가스통 바슐라르, 「원환의 현상학」, 김진국 역, 『문학현상학과 해체론적 비평론』, 예림기획, 1999, 234쪽.

다. 박재삼은 반짝임으로 가득 찬 어머니라는 그릇을 마음에 품고 있는 것이다. 그 그릇에 담긴 유년의 기억은 숙성된 몽상의 재료이기도 하다. 어머니를 통해서 몽상의 가능성이 훨씬 유연해진다는 것은 박재삼의 '아니마적 상상력'의 단초를 보이는 것이다. 박재삼은 여성을 통해서 쉽게 몽상의 단계에 진입할 수 있다고 믿는 듯하다.

가족의 생계를 담당했던 어머니에 대한 추억은 '기다림'과 '그리움'이 겹쳐지는 이중적 감정 구조를 형성하게 만든다. 유년 시절에 어머니는 언제나 '되돌아오는 대상'이었던 것이다. 항상 저녁이 되면 시장에서 되돌아오는 어머니를 기다리면서 유년을 보냈기 때문에 생긴 정서적 관습일 것이다. 저녁 늦게까지 놀다가 돌아오는 아들을 기다리는 어머니의 이미지도 있지만, 대부분은 시장에서 돌아오는 어머니를 기다리는 아들의 정서가 지배적이다.

내 어릴 때
엄마는
머리에 광주리를 이고
이집 저집 다니며
도붓장수로 생선을 팔았다.

집을 보고 있다가
해가 다 져도
돌아오지 않을 때는
그렇게 슬플 수가 없었다.

이런 나날이
매일 계속되는 것이언만
어둠 속에 집에 닥치는
엄마가 늘 반갑기만 했었다.

이제는 그런 엄마가
땅 속에 묻혀
영영 돌아오지 않는
가망 없는 이 허무여.

─「돌아오지 않는 엄마」 전문

    계절의 순환을 통해서 알 수 있듯이 자연은 언제든 다시 돌아온다. 시인의 어머니 또한 항상 돌아오는 자연을 닮아 있다. 항상 돌아온다는 믿음으로 어머니를 기다렸던 유년의 경험이 지배적인 정서를 구성하고 있다. 아직 죽음을 알지 못했을 때 삶은 언제든 기다리면 되돌아오는 것이다. 그러나 성인이 된 시인에게 어머니는 땅 속에 묻혀 있다. 이때 자연의 이치와는 반대로 삶과 죽음은 다시 반복되지 않는다. 죽은 자는 다시는 돌아오지 않는다는 사실에서 시인은 "허무"를 말한다. 인간의 생이 짧다는 의미에서가 아니라 "영영 돌아오지 않는" 것이 허무를 불러일으킨다. 박재삼의 시에서 '허무'는 이처럼 인간이 죽을 수밖에 없는 존재라는 사실에서 기원한다. 대자연의 무한한 반복에 비해 한번 죽으면 다시는 재생되지 않는 인간의 삶이란 얼마나 허무한가. 어머니에 대한 그리움에는 죽음이 둘러싸고 있는 인간의 허무한 삶에 대한 슬픔이 포개져 있다.

    기다림의 정서는 어머니에 한정되지 않는다. 가난이란 기다림에 익숙해지기를 요구한다. 어머니와 아버지가 생계를 위해서 집을 비웠을 때 어린 박재삼은 기다림의 의미를 되새겨야 했던 것이다. 기다림의 정서는 다음에서 가장 강렬하게 표현되어 있다.

어머니는 모래 뜸질로
남향 십리 밖 沙登里에 가시고
아버지는 魚物到付로
북향 십리밖 龍峙里에 가시고

여름 해 길다.

문득
낮닭 울음소리 멀리 불기둥 오르고
피 듣는 맨드라미 뜰 안에 피어,
내 귀를 찢는다
내 눈을 찢는다.

오히려 物情 없는 나이로도
십리 밖 칼끝 같은 세상을
짚어 짚어 앓았더니라.

－「追憶에서·68」 전문

　유년이 상상할 수 있는 가장 먼 거리가 "십리 밖"이라면, 부모는 감당할 수 없을 정도로 먼 거리에 있는 경우가 많았다. 아무것도 모르는 "물정 없는 나이"였지만, 부모님이 십리 밖에서 "칼끝 같은 세상"을 헤쳐나가기 위해 몸부림친다는 사실을 온몸으로 경험하게 된다. 그것은 지루한 기다림의 고통을 통해서 알려진다. "여름 해 길다"는 표현은 그러한 속절없는 기다림의 자세를 잘 보여준다. 이처럼 박재삼의 시에서 낮은 지루한 기다림의 기억으로 밤은 포근한 부모님의 사랑의 품으로 기억된다. 기다림의 고통은 "낮닭 울음소리"는 귀를 찢고, 맨드라미는 피를 떨어뜨리면서 내 눈을 찢는 것으로 표현되고 있다. 돌아오는 순간을 놓치지 않기 위해서 눈과 귀는 가장 예민한 상태에 맞춰져 있기 때문이다. 뚫어지게 쳐다보다 충혈된 두 눈엔 눈물도 흘렀을 것이다. 거의 질병처럼 "앓"아야 하는 유년의 기다림에 얼마나 많은 경험이 비축되어 있는지 실감하게 된다. 이때 '핏빛 맨드라미'의 이미지에는 멀리서 고생하는 부모의 처절한 몸부림이 겹쳐진다. 기다림의 고통을 통해서 시인은 물정 모르는 어린 나이에도 십리 밖의 모진 세상을 "짚어 짚어", 즉 온몸으로 전달받았던 것이다. 어린 나이지만 가난으로 인해 일찍 철이 들고 성숙할 수밖에 없었음을 알게 한다.

　이처럼 박재삼의 시에서 유년의 추억은 대부분 의식적인 몽상의 입구 역할을 톡톡히 수행하고 있다. 유년을 추억하는 것만으로도 시의 세계로 들어설 수 있었다. 유년은 시인이 마음껏 몽상할 수 있는 풍부한 시의 놀이터였던 것이다. 거기에는 가난하지만 소박했던 시골 아이들의 원시적인 놀이가 있고, 어머니와 가족의 사랑이 있다. 가족에 대한 시인의 기억은 언제나 안타까움으로 가득하지만, 그것은 성인이 된 이후에도 사라지지 않는다. 나이가 들어서 가난한 아버지가 되어서도 시인은 자신의 어린 자식들을 들여다보면서 과거 어머니와 아버지의 심정을 회상하게 된다.

　① 기러기에게는 찬 하늘 서릿발이 아니다.
　　진실로 쓰리고 아픈 것은
　　공중에서도 강을 건너는 일이다.
　　무엇으로도 막을 수 없는 *滔滔*한
　　저 *順理*와 같은 강을 질러가는 일이다.

　　그러한 기러기
　　그 기러기 마음을 안다.

　　나는 시방
　　하늘 이불을 덮은
　　하늘의 아기 같은 아기가 자는 옆에서
　　인생이 닳아버린 내 숨소리가 커서
　　하마하마 깨울까 남몰래 두렵느니라.
　　　　　　　　　-「그 기러기 마음을 나는 안다」 전문

② 아내를 중심으로
　어린것들 셋이
　손발들을 제멋대로
　이리 뻗고 저리 뻗고
　그것은 마치 질서가 없어 보이는
　나뭇가지와 다를 것이 없다.
　거기 베개를 고쳐주고
　이불깃을 당겨 주어
　질서를 잡아주는 剪枝여!

―「剪枝」 전문

　①에서는 아버지로서의 자신이 처한 상황을 가족을 이끌고 차가운 가을 강을 건너가야 하는 기러기의 마음에 견주고 있다. 깊이 잠들어 있는 아기를 보니 "하늘의 아기 같은" 시인의 자식도 "저 순리와 같은 강을 질러가"야 한다는 것을 생각하게 된다. 시인으로서는 그것이 "진실로 쓰리고 아픈 것"일 수 있다. 마찬가지로 저 기러기는 아버지로서 맨 앞에서 자신이 맞아야 하는 "찬 하늘 서릿발"은 아무것도 아니라고 생각할 것이다. 누구든 저 강을 건너야 한다는 것, "무엇으로도 막을 수 없는 도도한" "순리"가 더욱 안타까울 뿐이다. ②에서 보듯이 한 집안의 가장이 된 시인이 할 수 있는 것은 고작 "베개를 고쳐주고/이불깃을 당겨 주"는 일에 한정된다. 하지만 너무도 사소해서 아무것도 아닌 것처럼 보이지만 마음으로 보듬어 주는 것이다.
　위에서 살펴본 바와 같이 박재삼의 서정시를 대표하는 시간적 경향은 과거지향성이다. 특히 먼 과거인 유년에 기억이 부각되는데 대부분 그 당시를 회고하는 어른의 시점에서 기술되고 있다. 회상의 대상이 되는 어머니조차도 자신의 목소리를 갖지 못하고 어른이 되어버린 시인의 관점에서 조명된다. 서정시의 일반적인 독백적 어조를 유지하고 있기 때문이다. 유년시절에는 바닷가 아이들의 원시적인 놀이와 전근대적인 관습에 젖어 있는 고향 사람들, 그리고 가난하지만 서로 의지하고 살아가는 가족의 생활이 있다. 그들의 삶은 위대하지 않다는 점에서 작고 사소하지만 훨씬 근대적으로 성숙한 사람들의 삶보다 행복해 보인다. 그것은 역설적이게도 그 시대 대부분의 사람들이 그랬듯이 삶의 중심에 가난이 크게 자리 잡고 있었기 때문이다. 가난이 둘러싸고 있지 않았다면 그들의 삶을 회고할 이유가 사라지고 만다. 유년에 대한 기억은 곧 가난에 대한 몽상이기도 하다. 박재삼 가족의 삶은 그들 중에서도 특별히 더 가난했었는데 때로는 가족의 생계를 이어가기 위해 시장에 나가야 했던 어머니를 통해 기다림의 고통을 깨닫게 된다. 이처럼 어머니의 존재에 대한 갈망과 가난에서 벗어나고 싶은 욕망은 가난하지만 절망에 빠지지 않고 항상 희망을 갖게 하는 계기가 된다. 그의 유년시절이 어려운 환경에 처해 있었기 때문에 서로 의지하며 살아야 했지만, 어려움을 모르는 오늘날의 유년에는 그러한 상호 의존과 사랑을 찾기 힘들다. 박재삼의 유년에는 가난과 사랑은 서로 관련되어 있다. 이것은 하늘의 '별'과 '달', 그리고 지상의 '옹기'와 같은 원환적 이미지를 통해 형상화한다. 각진 도시인의 삶이 아니라 둥근 유년의 삶은 사랑의 내밀함을 전달한다. 하지만 박재삼의 어머니는 가족을 위해서 희생하는 우리 어머니의 전형적인 모습을 하고 있다. 이러한 모습은 현재까지 이어지면서 모성과 고향을 연결 짓는 우리 민족의 근원에 대한 상상력의 토대를 이루고 있다. 유년의 가난과, 그 시간을 가득 채우고 있는 가난한 가족, 그리고 그 중심에 있는 어머니의 성격은 각박한 성인의 삶에서 벗어나서 서정적 몽상의 세계로 진입하기에 가장 적합한 근원회귀의 지점이다. 그곳으로 안내하는 기억의 놀이는 박재삼의 가난한 서정시를 '행복의 시학'을 간주하게 만든다.

2. 슬픈 사랑의 추억

추억이 아름다워 보이는 것은 상상력이 과거의 이미지를 현재의 요구에 따라 원형적 차원으로 변형시키기 때문이다. 그러므로 추억과 원형은 상상력을 통해 종합된다.10) 서정시의 소재 중 사랑만큼 보편적이며 절대적인 것은 없다고 할 수 있다. 또한 사랑은 위대한 힘으로 고난과 역경을 이겨내게 하고 인생을 아름답게 만든다. 바슐라르는 인간의 현상 가운데서 사랑처럼 이유 없는 것이, 사랑처럼 무상적인 것은 없다고 말한다.11) 또 헤겔은 사랑의 기본 규정은 주체가 다른 성(性)을 지닌 개체에게 최고로 몰두하는 것, 즉 자기의 독자적인 의식과 대자성(對自性)을 포기하는 것이며 그 개인은 다른 사람을 의식함으로써 비로소 자신에 대해서 아는 처절한 느낌을 갖는다.12)고 한다.

그의 추억에는 사랑이 크게 자리하고 있다. 박재삼이 성인이 되어 쓴 사랑시도 있지만 다소 통속적이거나 단순하여 작품성이 떨어진다고 할 수 있다. 오히려 박재삼의 과거의 사랑 이야기가 우리의 상상력을 자극하고 잔잔한 '울림'의 감동에 이르게 만든다. 따라서 여기에서는 박재삼의 과거의 사랑 이야기를 살피고자 한다. 그의 사랑 이야기는 다음의 시에서 보듯이 "여학교 교문 앞"에 서 있는 남학생의 설레는 마음에서 시작된다.

열 몇살 때던가
제비떼 재재거리는
여학교 교문 앞을

---

10) 김정석, 『바슐라르의 상상력 이론 연구』, 숭실대 석사논문, 1999, 51쪽.
11) 곽광수·김현, 앞의 책, 120쪽.
12) 헤겔, 두행숙 역, 『헤겔미학 Ⅱ』, 나남출판, 1996, 369쪽.

발이 떨리던 때는
그런대로 그 비틀걸음에는
가락이 실려 있었다.

찬란한 은행잎을 달고
찬송가가 유독 출렁거리던
마음 뒤안에 깔린 노을을……

아직도 그 여학생들의
옷태가 머리태가 좋으면서,
기쁘면서, 또한 그를 사랑하면서,

이제는 너무 멀리
그 교문 앞을 지나와버린
부끄러움도 가락도 없는
내 발걸음이 섭섭할 뿐이다.

-「열 몇 살 때」 전문

    시대마다 사랑을 표현하는 장소와 방법이 달랐던 것처럼, 이 시의 화자는 여학교 교문 앞에 서서 교문을 빠져나오는 여학생들 틈에서 발이 떨리던 시대의 모습을 회고하고 있다. 그 당시에는 "부끄러움"이라는 가장 순수한 사랑의 감정을 표현하지 못해서 온몸으로 떨림이 전해지는 "가락"이 있었다. 교문 앞에서 "그런대로 그 비틀걸음에는/가락이 실려 있었"기 때문에 은행나무는 더욱 "찬란한" 잎을 달았고, 찬송가는 "유독" 출렁거리며, 마음 한 쪽에는 붉은 노을이 깔릴 수 있었던 것이다. 3연에서는 "아직도"를 중심으로 돌연 현재 시점으로 돌아온다. 화자의 마음은 "아직도" "그 여학생들의/옷태가 머리태가 좋으면서, 기쁘면서,/또한 그를 사랑"하고 있음을 고백한다. 그 때를 생각하면 지금도 흐뭇하지만, 문제는 그날의 "부끄러움"도 "가락"도 사라져 버렸다. "이제는 너무 멀리/그 교문 앞을 지나"버렸기 때문이다. 이를 통해서 과거의 그 시점으로 완벽하게 돌아갈 수 없다는 것, 인간의 삶에 있어서 반복은 없다는 사실을 절감하게 된다. 때가 되면 다시 되돌아오는 계절의 순환에 비한다면 그날의 교문 앞에 서 있지만 그날의 감정이 되살아나지는 않는다. 기억 속에서는 비틀거리며 떨고 있을지라도 현재의 신체에서는 그러한 떨림이 재생되지 않는 것이다. 이처럼 되살릴 수 없는 사랑의 감정이기 때문에 유년의 가난과 마찬가지로 늘 추억의 대상이 되는 것이다. 그것이 첫사랑이라면 더욱 말할 필요도 없다.

첫사랑 그 사람은
입맞춘 다음엔
고개를 못 들었네.
나도 딴 곳을 보고 있었네.

비단올 머리칼
하늘 속에 살랑살랑
햇미역 냄새를 흘리고,
그 냄새 어느덧
마음 아파라,
내 손에도 묻어 있었네.

오, 부끄러움이여, 몸부림이여,
골짜기에서 흘려보내는
실개천을 보아라,
물비늘 쓴 채 물살은 울고 있고,
우는 물살 따라

달빛도 포개어진 채 울고 있었네.

― 「첫사랑 그 사람은」 전문

첫사랑과의 처음 입맞춤은 '처음'이라는 사실로 인해서 고개를 못 들고 딴 곳을 보는 "부끄러움"과 "몸부림"의 극치를 보여준다. "첫사랑", '입맞춤', 그때 그녀의 머리카락에 묻어나던 "햇미역 냄새"가 오늘날 "내 손에도 묻어 있"노라고 술회하고 있다. 그것은 더욱 마음을 아프게 한다. '햇미역'에서의 '햇'에 스며 있는 '바다'와 '처음'의 이중적인 어감이 그때를 회고하는 시인의 마음을 더욱 아프게 한다. 지금 그때와 동일한 "햇미역 냄새"가 손에 묻어나지만 그때의 "부끄러움"이 다시는 돌아오지 않는다는 사실에 "몸부림" 치게 된다. 골짜기의 "실개천"처럼 지나간 시간을 끊임없이 "흘려보내는" 것이 인간의 삶이기 때문이다. 다시는 돌아오지 않는 실개천의 흐름은 인생의 덧없음을 상기하며 눈물로 이어진다. 달빛도 거기 포개어져 눈물로 이어진다.

한빛 黃土재 바라
종일 그대 기다리다,
타는 내 얼굴
여울 아래 가라앉는,
가야금 저무는 가락,
그도 떨고 있고나.

몸으로, 사내 장부가
몸으로 우는 밤은,
부연 들기름불이
지지지 지지지 앓고,
달빛도 사립을 빠진

시름 갈래 萬갈래.

여울 바닥에는
잠 안 자는 조약돌을
날 새면 하나 건져
햇볕에 비쳐 주리라.
가다간 볼에도 대어
눈물 적셔 주리라.

─「내 사랑은」 전문

  시장에 나간 어머니를 기다렸던 시인은 이제 다시 해질녘 한빛 황토재를 바라보며 사랑하는 사람을 기다리고 있다. 님을 기다리는 마음에 화자의 얼굴은 타들어 간다. 잠 못 이루고 사랑의 슬픔으로 몸부림치는 심정이 "부연 들기름불이/지지지 지지지 앓고,/달빛도 사립을 빠진/시름 갈래 萬갈래."로 형상화 된다. '앓고 있는 들기름'과 '시름에 잠긴 달빛'의 대비 속에 슬픈 사랑의 마음이 절절하게 드러난다. 그리움에 밤을 꼬박 샌 화자는 자신의 마음을 단단한 "잠 안 자는 조약돌"에 투사하여 자신의 "볼에도 대어/눈물 적셔 주"겠다고 마무리 한다. 그의 사랑은 기다림과 그리움으로 중첩된 감정에 둘러싸이면서 유년의 기억에서 어머니를 기다리는 심정과 상통하고 있다.

젊은 날의 숨차고 괴롭고
그러면서 더없이 아름다웠던
꽁꽁 숨은 줄로만 알았던
일기장 속 혼자 앓던
그 비밀을
어쩌면 모시옷 가벼운

자락으로 살랑살랑 넘기며
내게 비춰 주노라.

그 시절 사랑은
뙤약볕 아래 물비늘로 반짝이고
훤칠한 머릿단으로 윤이 나고
호박꽃 위를 몇 바퀴 돌아도
날개에 더 힘이 남아
다시 몇 바퀴를 돌 수도 있던
넘치고 출렁거리는 이름이었었다.
호적 속보다 분명한 이름이었건만
그것을 어느 새 파 버리고
허울 좋은 堂號만 가지다니!

추억의 아래 위를
높게 낮게 흐르는 잠자리여
그 한 쪽 날개 기울여
내 젊은 날을 송두리째
쏟아 다오
쏟아나 다오.

－「고추잠자리를 보며·Ⅱ」 전문

여름철 고추잠자리의 날개는 "꽁꽁 숨은 줄로만 알았던/일기장 속 혼자 앓던/그 비밀"의 책장을 연상시킨다. 그 책장을 고추잠자리의 날개짓처럼 "살랑살랑" 넘기면 거기에는 "호적 속보다 분명한 이름"이 있다. 그 이름은 호적에 새겨진 식구보다 더욱 선명하게 새겨져 있다. 그 이름은 젊은 시절 저 고추잠자리처럼 "호박꽃 위를 몇 바퀴 돌아도/날개에 더 힘이 남아/다시 몇 바퀴를 돌 수도 있던/넘치고 출렁거리는 이름이었다." 그러나 "추억의 아래 위를/높게 낮게" 날아오른다 한들 그렇게 호적보다 선명했던 이름도 이제는 까마득하게 먼 이름이 되었다. 다시는 회복되지 않을 그 이름을 둘러싼 젊은 날의 활기를 "한 쪽 날개 기울여/쏟아" 주기를 바랄 뿐이다. 하지만 반드시 현재와 과거 두 개의 날개를 통해서만 몽상의 날개짓은 가능한 법이다. 현재나 과거 어느 한쪽으로만 기울게 되면 몽상의 날개짓도 불가능해진다. 이는 과거를 향한 시인의 열망의 크기를 보여줄 뿐이다.

> 사랑하는 사람아,
> 네 맑은 눈
> 고운 볼을
> 나는 오래 볼 수가 없다.
> 한정없이 말을 자꾸 걸어오는
> 그 수다를 나는 당할 수가 없다.
> 나이 들면 부끄러운 것,
> 네 살냄새에 홀려
> 살 戀愛나 생각하는
> 그 죄를 그대로 지고 갈 수가 없다.
> 저 수박덩이처럼 그냥은
> 둥글 도리가 없고
> 저 참외처럼 그냥은
> 달콤할 도리가 없는,
> 이 복잡하고도 아픈 짐을
> 사랑하는 사람아
> 나는 여기 부려놓고 갈까 한다.
>
> ―「과일가게 앞에서」 전문

하지만 사랑은 언제나 순수한 것인가? "저 수박덩이"와 "저 참외"는 "그냥" 둥글고 "그냥" 달콤하면 되는 것이지만, 사랑에는 "복잡하고도 아픈 짐"이 있다. "네 맑은 눈/고운 볼을" "그냥" 볼 수가 없다. 그것은 "네 살냄새에 홀려/살 戀愛나 생각하는" "죄"를 동반하기 때문이다. 그냥 맑은 눈을 쳐다보고, 그냥 고운 볼을 바라볼 수만은 없다는 것을 시인은 안타깝게 생각한다. 살냄새에 홀리는 것을 죄스러워 하면서 순수한 사랑의 마음을 유지하고자 애쓰는 마음을 보게 된다. 과일에서는 "그냥"이 통하지만 사랑에서는 "그냥" 사랑이 없다는 것을 대조적으로 압축적으로 표현하고 있다. 박재삼이 생각하는 사랑은 "그냥"으로 충분한 사랑인지 모른다. 그러한 사랑을 위해서는 "거리"가 필요할 것이다. 충분한 "거리"가 유지된다는 것은 비단 공간적인 거리만 의미하지 않는다. 까마득하게 멀어진 과거의 시간적 거리 또한 사랑을 위해서는 반드시 필요한 거리인 것이며, 그 상태에서 사랑의 가장 순수한 안타까운 마음의 상태를 경험할 수 있게 된다.

해와 달, 별까지의
거리 말인가
어쩌겠나 그냥 그 아득하면 되리라.

사랑하는 사람과
나의 거리도
자로 재지 못할 바엔
이 또한 아득하면 되리라.

이것들이 다시
냉수사발 안에 떠서
어른어른 비쳐오는

그 이상을 나는 볼 수가 없어라.

그리고 나는 이 냉수를
시방 갈증 때문에
마실 밖에는 다른 작정은 없어라.

-「아득하면 되리라」 전문

　사랑하는 사람과의 거리는 해와 달, 별까지의 거리마냥 "아득하면" 충분하다. 해와 달과 별은 멀리서 일정한 거리를 유지하고 있기 때문에 서로 영원히 당겨줄 수가 있는 것이다. 여기서 해와 달, 별은 천상에 있는 것으로 순결하고 고결한 이미지를 하고 있다. 고결한 것까지의 거리는 도달할 수 없는 아득히 먼 곳이다. 사랑하는 사람과의 거리도 자로 잴 수 없으니 또한 "아득하면" 되는 것이다. 그 아득함이 사랑의 조건인 셈이다. 아득한 거리를 유지하지 못하는 것은 진정한 사랑이 아니다. 그것은 지나간 사랑에 대해서도 현재의 사랑에 대해서도 동시에 해당되는 사랑의 조건이다. 그러나 '아득하다'는 것은 그 거리를 일일이 잴 필요가 없다는 뜻이기도 하다. "냉수사발 안에 떠서/어른어른 비쳐오는/그 이상을" 생각할 필요가 없다. 그저 "갈증 때문에" 냉수를 마시듯이 그 사람과 얼마나 멀고 얼마나 가까운지 일일이 잴 필요는 없는 것이다. "그냥" 마시다 보면 그 냉수사발 안에 "어른어른 비쳐오는" 것이 있기 마련이다. 그것을 일일이 확인하면서 마시는 것이 아니라면 "그냥" "아득하면 되리라." 이는 친구와 연인을 구별하고, 사랑의 정도를 언제나 확인하고 싶어 하는 서양식의 조급한 사랑 표현과는 거리가 있다. 측정할 수 없는 아득한 거리가 오히려 사랑의 묘미를 간직하고 있다. 그렇다면 아득히 멀리 떨어진 과거의 사랑도 그 거리 때문에 사랑의 감정이 유지되는 것이다. 그 거리는 극복의 대상이 아니라 보존의 대상인 셈이다.

봄날 三千浦앞바다는
비단이 깔리기 萬丈이었거니
노을토록 疋을 대어 출렁여
내게는 눈물로 둔갑해 왔는데,

스무 살 무렵의
그대와 나 사이에는
환한 꽃밭으로 비치어
눈이 아른거리기도 하고
때로는 안개가 강으로 흘러
앞이 흐리기도 하였다.

오, 아름다운 것에 끝내
노래한다는 이 망망함이여.
그 잴 수 없는 거리야말로
그대와 나 사이의 그것만이 아닌
바다의 치數에 분명하고
세상 이치의 치數 그것이었던가.

-「내 고향 바다 치數」 전문

사랑하는 사람들 사이에는 "환한 꽃밭"이 놓여 있는가 하면 "때로는 안개가 강으로 흘러/앞이 흐리기도" 한 법이다. 황홀함과 슬픔이 교차하면서 형성되는 것이 둘 사이의 거리인 것이다. 이렇게 해서 형성되는 사랑의 거리에 있는 "망망함"은 저 망망대해의 "바다의 치수"에 견줄 수 있을 정도이며, 그렇게 형성되는 거리 때문에 사랑이 돈독해지는 것이 바로 "세상의 이치"인 것이다. 세상의 이치는 바로 그러한 거리의 "치수"에 의해서 형성된다. 사랑의 거리는 물리적으로 공허한 거리가 아니라 둘 사이에서 벌어졌던 슬픈 기억과 황홀한 경험이 가득 채워져서 꽉 찬 거리임에 분명하다. 바다보다 깊고 우주보다 넓은 아득한 거리는 그렇게 형성된다.

> 나무들은 모두 숨이 차다.
> 그러나 하늘의 구름들은
> 하나같이 平床에 누은 듯
> 太平이 몸짓으로
> 옷자락만 나부끼고 있을 뿐이다.
> 나무들은 구름이 그리워
> 연방 손을 흔들고 있지만
> 구름들은 어디까지나 점잖은 외면이다.
>
> 사랑하는 사람아
> 나는 너를 향해
> 지금 한창 몰아쉬는 숨인데
> 아직도 외면인가.
>
> 땅을 적시는 소낙비
> 하늘을 가르는 번개가
> 내 앞을,
> 답답한 내 앞을,
> 말끔히 말끔히 쓸어주리라.
>
> ―「나무와 구름」 전문

소낙비와 번개를 기다리는 나무의 심정을 사랑의 감정으로 표현하고 있다. 나무의 갈증을 구름은 알 까닭이 없고 서로 어긋난 사랑 때문에 나무는 가쁜 숨을 몰아쉰다. 서로 호소할 수 없는 거리에 있으므로 바람에 흔들리면서 나무는 "연방 손을 흔들고 있지만" 평상에 누워 "옷자락만 나부끼"는 구름은 답이 없다. 하지만 이렇게 안타까운 거리가 없다면 사랑이라 할 수 없다. 갈증이 없다면 사랑이라 할 수 없는 것이다. 기다림과 그리움의 끝에서 "답답"해질 때 "땅을 적시는 소나기"와 "하늘을 가르는 번개"가 반가울 수 있는 것이다. 소통의 어긋남, 아득한 거리, 빗나간 사랑이 소중한 이유가 여기에 있다. 사랑은 언제나 슬픔과 가난 속에서 피어나기 때문이다.

아무리 눈으로 새겨 보아도
별은 내게는
모가 나지 않네
그저 휘황할 뿐이네.

사랑이여 그대 또한
아무리 마음으로 그려 보아도
종잡을 수 없네
그저 뿌듯할 뿐이네.

이슬 같은 목숨인 바에야
별을 이슬같이 볼까나.
풀잎 같은 목숨일 바에야
사랑을 풀잎같이 볼까나.

진실로 진실로
세상을 몰라 묻노니
별을 무슨 모양이라 하겠는가.
또한 사랑을 무슨 형체라 하겠는가.

－「세상을 몰라 묻노니」 전문

'별의 모양이 어떤 모양일까'하고 반문해 보는 것은 신선한 발상이다. 우리는 보통 별의 모양이 오각형이라고 생각한다. 그것은 우리가 무의식적으로 연상하게 되는 별의 형상이다. 그러나 어찌 별이 오각형이겠는가. 화자의 눈에는 오각형이지도 모가 나지도 않았다. "그저 휘황할 뿐"이다. 여기서 별의 모양은 사랑의 모양으로 변이된다. 사랑도 이와 마찬가지여서 아무리 그 모양을 그려보아도 알 수가 없다. 일반적인 하트모양이 어찌 사랑의 모양이라 할 수 있겠는가. 사랑에는 모양이 없다. "그저 뿌듯할 뿐"이다. 이때 시인의 삶을 되돌아보면 그것은 언제 사라질지 모르는 "이슬"이고 "풀잎"을 닮았다. 그런 시인에게 별은 "이슬"을 닮고, 그 사랑은 "풀잎"을 닮을 것이다. 이슬 같은 별, 풀잎 같은 사랑이 시인에게는 적합할지 모른다. 하지만 이는 모두에게 해당되는 것이 아니다. 그러니 "진실로 진실로/세상을 몰라 묻노니/별을 무슨 모양이라 하겠는가./또한 사랑을 무슨 형체라 하겠는가." 각자의 삶의 모양이 다르다면 별의 모양도 사랑의 형체도 사람마다 다를 것이다.

박재삼의 연애시에서 사랑의 다양한 속성은 이러한 원리에서 파생된다. 다음에서 우리는 그 다양한 사랑의 속성을 확인하게 된다.

① 사랑은 만 번을 해도 미흡한 渴症
   물거품이 한없이 일고
   그리고 한없이 스러지는 허망이더라도
   아름다운 이여,
   저 흔들리는 나무의
   빛나는 사랑을 빼면
   이 세상엔 너무나 할 일이 없네.

   ―「나무」 부분

② 사랑이여
　너 숨찬 新綠이 있고
　너 출렁거리는 별이 있고
　요컨대 괴로움이 있고 나서
　이승에 아름다움을 보태게 되는가.
　　　　　　　　　　　　－「和合」부분

③ 못물은 찰랑찰랑
　넘칠 듯하면서 넘치지 않고
　햇빛에 무늬를 주다가
　별빛 보석도 만들어 낸다.

　사랑하는 사람아,
　어쩌면 좋아!
　네 눈에 눈물 괴어
　흐를 듯하면서 흐르지 않고
　혼백만 남은 미루나무 잎사귀를,
　어지러운 바람을,
　못견디게 내게 보내고 있는데!
　　　　　　　　　－「그대가 내게 보내는 것」전문

④ 단풍빛이 산 속으로 스며들 때,
　혹은 저녁놀이 어둠 속으로 빨려들 때,
　경건하거들랑 사랑이여,
　진실로 눈물져 보았느냐.

　그런 아픔을 새기는 힘이 없고는
　하늘의 별이 반짝이는 것을

설령 지금 바라보고 있다 한들
그 별에 어린 水晶빛 마음을
온전한 네 것으로 가질 수 없느니라.

―「아픔을 새기는」 전문

⑤ 미류나무에
강물처럼 감기는
햇빛과 바람
돌면서 빛나면서
이슬방울 튕기면서
은방울 굴리면서.

사랑이여 어쩔래,
그대 대하는 내 눈이
눈물 괴면서 혼이 나가면서
아, 머리 풀면서 저승 가면서.

―「미류나무」 전문

①에서 사랑은 "만 번을 해도 미흡한 갈증"이다. 영원한 갈증인 것이다. 단 한 번의 사랑으로 갈증이 해소되는 것은 '인간적인' 사랑이 아니다. 사랑은 언제나 "물거품"과 같은 "허망"함이 '반복'되면서 천천히 형성되는 것이다. "흔들리는 나무의 빛나는 사랑"이 아니라면 "할 일이 없"는 것도 같은 이치이다. 삶과 사랑은 갈증을 채우는 허망한 일의 반복을 통해서 채워지는 것이다. 허망한 갈증 외에도 ②의 시에서처럼 사랑에는 반드시 "괴로움"이 동반된다. "숨찬 신록"과 "출렁거리는 별"을 지나면 반드시 찾아오는 것이 "괴로움"이다. 그 괴로움의 단계를 넘어섰을 때 세상은 비로소 "아름다움"의 대상으로 변할 수 있는 것이다. 아름다움에는 슬픔과 괴로움이 배어

있다는 시인의 믿음이 사랑에 투사되어 있다. ③에 나타난 사랑은 "넘칠 듯하면서 넘치지 않"는 절제가 요구된다. 논에 물이 지나치게 가득 차면 벼가 자랄 수 없는 것처럼 지나친 사랑은 오히려 사랑을 그르칠 수가 있는 것이다. 그러므로 항상 모자란 듯한 사랑 때문에 상대방은 "눈물 괴어/흐를 듯하면서 흐르지 않"는 갈증으로 "못견디게" 사랑을 갈구하게 되는 것이다. 절제를 동반하지 않는 연인간의 사랑은 가난을 동반하지 않는 유년의 사랑처럼 진정성이 떨어진다고 생각하는 것이다. 시인은 그런 조건에서 "별빛 보석" 같은 사랑의 열매가 맺혀질 수 있다고 믿는다. 그러므로 다시 시인은 ④에서처럼 몰락의 계절과 추락하는 아픔 때문에 "진실로 눈물져 보았느냐."고 묻는다. "그런 아픔을 새기는 힘이 없고는" "하늘의 별"을 자신의 것으로 소유할 수 없다는 것이다. 단풍과 노을과 같은 몰락의 경험 앞에서 숙연해지지 않고서는 사랑의 진정성을 이해할 수 없기 때문이다. 사랑의 소중함은 반드시 고통에 대한 공감에서 비롯된다는 생각을 다시 한 번 되새기고 있다. 마지막으로 가장 열정적인 사랑의 모델은 자연에서 주어진다. ⑤에서처럼 "미루나무"를 둘러싸고 "햇빛과 바람"이 어떻게 사랑을 쏟아 붓고 있는지 잘 말해주고 있다. 그 열정적인 사랑은 "눈물"과 "혼"을 모두 바쳐서 이루어지는 것이므로 "저승"이라고 하더라도 멈출 수 없는 단계에 도달하게 된다. 나무가 말라서 죽는다 한들 햇빛과 바람이 나무를 어루만지지 않을 것은 아닌 것처럼 말이다. 저승도 갈라놓을 수 없는 강렬한 사랑의 열정이 아니라면 진정한 사랑이라 말할 수 없다. 이처럼 가장 인간적인 한계 상황을 배경으로 영원히 반복되는 사랑의 갈증은 고통을 동반하게 되지만, 그 고통의 상태를 지날 때에 진정한 결실을 볼 수가 있는 것이며, 결국은 인간적 한계를 극복하고 영원한 사랑의 가능성에 도달하게 되는 것이다. 이러한 일련의 과정을 무시한다면 그러한 사랑에는 진정성이 모자란다고 할 수 있다.

「미류나무」에서도 보았지만, 이처럼 지고한 사랑의 모델은 얼마든지 자연에서 추출할 수가 있다. 자연은 박재삼에게 언제나 살아 있는 교과서이기 때문이다. 자연에서 찾아낸 몇 가지 사랑의 비유를 살펴보면 다음과 같다.

① 사랑은 까마아득한 바위 끝에나
　꽃이 되어 피는 건가,
　혹은 그 꽃이 떨어져서
　낭떠러지에나 묻히는 것인가.

　가을은 아슬아슬한 나뭇가지에
　紅柿처럼 달려 있고
　그 너머 울긋불긋한
　단풍잎 속으로 빨려들려 하나니.

　　　　　　　　　　　　　　　　－「無題」전문

② 내 사랑이 저렇던가 몰라
　바다에는 속절없이 눈이 내리네.

　어지간히 참았던
　하늘의 이마를 스친 은은한 할말이
　겨우 생기면서는 스러져버려
　내 목숨 내 사랑도 저런 것인가
　억울하게 한 바다엔 오는 눈이여.
　　(중략)
　언제나 사랑의 바다는
　속절없는 바다
　바다의 마음으로밖에는 못 내리는 눈이여.

내일쯤은 울음의 햇볕 속에서
　　새로 생긴 두어 마리 갈매기가 날으리라.
　　　　　　　　　　　　　　－「바다에 내리는 눈」 부분

　①에서 사랑은 "까마아득한 바위 끝에나/꽃이 되어 피는" 것, 혹은 "그 꽃이 떨어져서 낭떠러지에나 묻히는 것"에 비유되고 있다. 사랑이라는 꽃은 무척 높은 바위 위에 아슬아슬하게 피어났다가 어느 순간 다시 천 길 낭떠러지로 떨어져 버리는 감정의 큰 폭을 동반한다. 이것은 비단 사랑에만 속하는 현상이 아니다. "아슬아슬하게" 나뭇가지에 달려 있는 늦가을의 홍시는 언제 떨어질지 모르지만, 그것과는 무관하게 "단풍잎 속으로 빨려들려" 하는 것이 사람의 마음이다. 곧 사라질지 모르는 가을의 끝에 알면서도 깊이 빨려들어가는 것이 사람의 한계이자 장점인 것이다. 사랑에는 이처럼 허망함이 동반된다. 그 장면은 ②에서 더욱 잘 그려지고 있다. 사랑의 허망함은 거대한 바다에 내리는 눈처럼 속절없이 사라질 것을 알면서 하염없이 내리는 눈과 같다. 그것도 "어지간히 참았던/하늘의 이마를 스친 은은한 할말"이기 때문에 간절한 것인데도 불구하고 "겨우 생기면서는 스러져 버"리기 때문에 안타까움을 더한다. 이처럼 허망하게 사라질 줄 알면서도 내리는 눈처럼 보이지만 그것은 현상에 불과하다. 아무런 변화도 없는 것처럼 보이지만 "내일쯤은 울음의 햇볕 속에서" 드디어 "새로 생긴 두어 마리 갈매기"를 보게 될 것이다. 직접 눈으로 확인되지도 않고, 마냥 허망한 일인 것처럼 보여도 언젠가는 그것이 결실을 보게 될 것임을 시인은 확신하고 있다. 유한한 인간의 허망한 마음 씀씀이라는 것이 즉각적인 결실과 무관하다는 것, 그렇지만 그것은 반드시 큰 보상으로 돌아온다는 것을 새삼 확인하고 있다. 즉각적인 확인을 요구하는 현대적인 풍토에서 보면 얼마나 느리고 유연한 사고방식인가.

　이때 이승에서 완결되지 못한, 가장 느린 사랑의 형태는 '한'의 감정으로 이어진다. 다음의 작품에는 그 한의 감정을 사랑의 가장 결정적인 완성으로 빚어내는 힘이 있다.

감나무쯤 되랴,
서러운 노을빛으로 익어가는
내마음 사랑의 열매가 달린 나무는!

이것이 제대로 벋을 데는 저승밖에 없는 것 같고
그것도 내 생각하던 사람의 등뒤로 벋어가서
그사람의 머리 위에서나 마지막으로 휘드려질까본데,

그러나 그 사람이
그사람의 안마당에 심고 싶던
느껴운 열매가 될는지 몰라!
새로말하면 그 열매 빛깔이
前生의 내 全설움이요 全소망인 것을
알아내기는 알아낼는지 몰라!
아니, 그 사람도 이 세상을
설움으로 살았던지 어쨌던지
그것을 몰라, 그것을 몰라!

―「恨」 전문

이 시에서 "감나무"는 비록 "사랑의 열매"이긴 하지만, "서러운" 사랑의 열매이다. 이승에서는 사랑하는 사람에게 전달될 수 없는 사랑이 "서러운 노을빛"으로 열린 것이기 때문이다. 그러기에 시인은 적어도 자신의 사랑이 이승에서는 맺지 못할 것이라는 좌절 속에 놓여 있다. 그 좌절은 단순한 것이 아니라 이중 삼중의 장애를 동반한다. 하나는 저승에서 저 혼자 열린 사랑의 열매는 진정한 결실이 아니며, 그것도 뻗어나갈 데가 "저승밖에 없"다라는 사실이고 둘째는 "생각하던 사람의 등 뒤"나 "그 사람의 머리 위"로 뻗어나가고 싶은데 그것이 그나마도 그 사람이 자신의 "안마당에 심고 싶던/느꺼운 열매"이겠느냐는 의구심이다. 이 장담할 수 없는 화자의 마음들이 '감나무'가 되어 사랑하는 사람에게 전달되고 있는 셈이다. 감나무는 화자의 사랑의 슬픔과 그리움의 표상이면서 나와 그 사람, 이승과 저승을 연결하는 매개체다. 그런데 감나무의 이미지는 "서러운 노을빛"이다. 노을과 감의 색깔이 유사함을 이용하여 노을의 '종말' 이미지를 감 혹은 화자의 사랑에 부여하고 있다. 하지만 화자는 사랑의 슬픔을 직접적으로 노출하지 않는다. 노을빛을 통해서 화자의 서러운 마음을 은근하게 드러낸다. 감나무는 화자의 사랑을 싣고 저승으로 가는 '카롱의 뱃사공'의 이미지를 떠올린다. 그것도 그 사람의 등 뒤에서만 뻗어간다. 그래서 또 한이 된다. 이것은 전통적 서정시에서 은근히 드러나는 한국적인 사랑의 모습이다. 사랑하는 사람 앞에서 죽어서도 수줍어하고 부끄러워하는 것이다. 그 정도의 사랑이 맺혀진 감나무라면 그 사람도 안마당에 심고 싶던 느꺼운 열매가 될지도 모른다고 생각한다. 감나무 열매의 빛깔이 화자의 "前生의" "숯설움"과 "全소망"인 것을 알아주기를 바란다. 하지만 혹시 그 사람도 이 세상을 나처럼 설움으로 살았을지도 모른다는 여운을 남김으로서 실패한 사랑의 설움이 자신만의 것이 아님을 강조한다. 어찌되었든지 지금 화자의 사랑을 담은 '감나무 열매'는 화자의 마음을 담고 저승으로 뻗어가고 있는 것이다. 이것은 화자가 그의 사랑을 그 둥긂의 내밀함으로 저승에서는 꼭 이루고자 하는 시적 장치라고도 할 수 있다.

 지금까지 살펴 본 바와 같이 박재삼의 사랑은 결코 격렬하다거나 열정적인 모습은 보이지 않는다. 소년의 수줍은 첫사랑이든가 못다 이룬 짝사랑일 뿐이다. 여학생 교문 앞에서 부끄럽게 기다리는 모습, 첫 입맞춤에 묻어 있는 바다의 햇미역 냄새는 성인이 되어서 더 이상 회복할 수 없는 감각이 되었다. 그러한 사랑의 모습은 바다, 나무, 과일, 별, 해, 풀잎, 구름, 눈 등의 자연 곳곳에 투사되어 나타난다. 사랑에는 다시는 맛볼 수 없는 설레임, 부끄러움, 그리움, 아픔, 허망함 등의 복합적인 감정이 집약되어 있다. 사랑은 사람마다 다른 모양으로 나타나며, 닿을 수 없는 거리에 있으면서 사라지기 쉬운 미완성의 이미지를 띠고 있다. 아득한 사랑의 거리는 때로는 슬픔의 근원이 되어 이승에서 못다 이룬 한(恨)으로 연장된다. 그 한 맺힌 사랑은 저승까지 연결되어 다시 이루어지기를 소망한다. 아득한 거리에서 오는 고통과 그리움이 모였을 때, 이처럼 삶과 죽음의 경계를 넘어 저승의 세계까지 넘나드는 초월적인 사랑으로 승화될 수 있다. 이처럼 유년의 기억과 마찬가지로 사랑의 추억 또한 되돌릴 수 없는 가난과 고통의 시간으로 인해서 더욱더 아름답게 재생될 수 있는 것이다. 가난과 고통의 세월이 아니었다면 죽음을 넘어서는 사랑도 불가능했을 것이며, 자연을 닮은 가족의 사랑도 경험하지 못하였을 것이다.

제3장 신화적 상상력과 아니마의 시학

　박재삼은 첫 시집의 제목으로 『춘향이 마음』을 선택할 정도로 전통 그 자체에 친숙한 시인이다. 시조를 통해 등단했다는 그의 이력도 전통에 대한 그의 관심의 크기를 말해준다. 그 뒤에도 고전적인 모티프를 차용하여 그것을 현대적인 주제 의식과 결합함으로써, 고전을 현대적으로 재해석했다는 평가를 받고 있다. 이때 박재삼이 반복적으로 전통을 상기한다는 것은 단순히 과거의 영원성에 안착한다는 것을 뜻하지 않는다. 오히려 과거에 고착된 고전과 전통을 현대화하여 현재에도 살아 움직이는 영향력 있는 전통으로 만들어 낸다는 것을 뜻한다. 이처럼 전통의 현대적 계승을 의도했다는 의미에서 박재삼은 해방 이후 서정주, 청록파 등으로 이어지는 전통 서정 시인의 계보에 속한다.[1]

　전통 서정시인의 선배격인 김소월, 김영랑 등의 작품에서도 입증되듯이 전통 서정시에서는 여성성이 두드러진다. 전통 서정시의 화

---

[1] 김종호, 『현대시의 원형심상연구: 박재삼, 박용래, 천상병의 시를 중심으로』, 강원대 박사논문, 2006, 182쪽.

자를 설정할 때 전통적 여성성이 재현되는 경우가 많다. 박재삼 또한 예외가 아니다. 앞장에서 살펴보았듯이 그가 가난한 유년 시절을 견디고 감수하면서 반복적으로 기억할 수 있었던 데에는 그의 어머니가 그 중심에 있었다는 사실이 중요하며, 설레는 첫 사랑의 추억 또한 여성성의 상기와 무관하지 않다. 그렇다면 그의 첫 시집이『춘향이 마음』에서 시작된다 해서 크게 이상할 것도 없다. 그 뒤에도 그는 고전적 여성성의 인용과 차용을 지속적으로 시행한 바가 있다. 이 장에서는 박재삼이 여성적 페르조나(persona)로 호출하고 있는 고전 설화의 여성성을 집중적으로 조명하면서 여성적 화자 도입의 서정적 효과를 점검하고자 한다.

박재삼이 차용하고 있는 설화적 여성 화자에는 춘향이 외에도, 흥부의 처, 심청이, 그리고 남평문씨 부인 등이 포함된다. 하지만 이들은 모두 하나의 인격체로서 객관적인 관찰의 대상이 되는 것이 아니라 서정적 화자로 차용된 것임을 분명히 해야 한다. 설화적 여성을 시적 '대상'으로 삼은 것이 아니라 시적 '화자'로 도입한 것이다. 이는 고전적 설화적 주인공을 '객관적으로' 관찰하는 방식의 시를 쓰고자 한 것이 아니라, 고전적 설화적 주인공과 '동일화 되어' 그들의 목소리를 통해서 서정적 상황을 연출하고 싶어 했다는 뜻이다. 이렇게 되면 시의 목소리가 설화적 인물의 목소리인지 시인 자신의 목소리인지 분간할 수 없는 경지에 도달하게 된다. 이것은 앞장에서 살펴보았듯이 자신의 유년 시절로 돌아가서 성년의 고달픈 소외 상태를 극복하고자 했던 상황과는 다른 방식의 동일성이라 할 수 있다. 그것을 우리는 화자 차원의 서정적 동일성이라 할 수 있다. 전통적 서정시인 중에서도 김소월의 경우처럼 불특정한 여성적 '목소리'를 차용하는 경우는 있어도 박재삼처럼 특정한 '인물' 자체를 목소리의 주인공으로 차용하는 경우는 많지 않았기 때문이다. 고전의 세계와 동일성의 상태에 돌입하여 고전을 현대화 하고자 하는 박재삼 특유의 동일성 전략이 두드러지는 대목이다.

따라서 그의 서정시에서 설화적 여성 화자는 결코 의식의 차원에서 '객관적 대상'으로 자리하지 않는다. 오히려 설화적 여성 화자의 목소리에 시인 스스로 동화됨으로써 그 목소리를 통해 시인 자신의 무의식에 접속하는 결과를 낳는다. 이때 박재삼은 남성적 의식 뒤편에 있는 여성적 그림자, 즉 통상 '아니마(anima)'라고 부르는 무의식에 도달하고 있다. 다시 말해서 박재삼은 설화적 여성 화자를 통해서 자신의 내면 깊숙이 무의식에 거주하는 아니마를 환기하고 있는 것이다. 그렇기 때문에 박재삼의 첫 시집의 제목은 『춘향이』가 아니라 『춘향이 마음』이다. 『춘향이』라는 제목은 설화적 여성을 객관적 대상으로 삼는다는 의미가 강하고, 『춘향이 마음』이라고 하면 설화적 여성 화자인 춘향이의 마음과 시인의 마음이 일치하는 상태를 강조하게 된다. 이렇게 여성 화자를 통한 동일성의 경험은 '아니마적 동일성'이라 할 수 있다. 그렇기 때문에 춘향이 뿐 아니라 춘향과 흥부의 처, 심청, 남평문씨 부인 등은 모두 한결같이 '마음'에 초점을 맞추고 있다. 앞장에서도 유년 시절 박재삼의 마음속에 거주하는 기다림, 그리움, 외로움 등등을 확인한 적이 있다. 그러한 마음 상태는 비록 고통스러운 것이긴 하지만 그는 그 고통 속에서만 존재하는 아름다움을 발견했었다. 마찬가지로 설화적 여성 화자들의 마음 상태 또한 유년 시절 박재삼의 심정을 반복하고 있다. 다만 유년의 기억이 자신의 과거로 회귀하는 방식으로 자기 동일성에 도달하는 것이라면, 설화적 여성 화자의 차용은 전통에 갇힌 목소리를 현재적으로 복원하는 방식을 취한다는 점에서 차이가 있다. 결국 기다림의 고동을 내변하는 춘향이, 기난의 의미를 음미하게 하는 흥부의 처, 인간적 죽음의 능력을 보여주는 심청이, 그리고 한이 서려 있는 고독이 무엇인지를 알려주는 남평문씨 부인은 오직 마음으로 존재하는 것이다. 따라서 이들 화자의 마음은 곧 시인 자신의 내면에 있는 아니마적 무의식의 목소리에 접속되어 있다.

이렇게 무의식에 근접하고자 하는 과정은 필연적으로 '몽상'을 동반한다. 그래서 바슐라르는 "이미지로 가득찬 순수한 몽상은 가장 특징적인 아니마의 표현이며 몽상의 시학은 아니마의 시학"2)이라고 말했던 것이다. 시인의 상상력이 자신의 내면에 숨겨져 있는 아니마적 무의식을 향할 때 유년의 기억을 능가하는 새로운 몽상의 세계가 펼쳐진다. 몽상은 시인 자신의 아니마에 접근하고 있음을 입증한다. 생각해보면 아니마라는 것은 박재삼만의 것이 아니다. 융(Jung)에 따르면 모든 사람의 정신 속에는 자신의 성(性)과 대칭적이며 상보적 기능을 담당하고 있는 부분이 있다고 한다. 남성 속에는 아니마가 있고, 여성 속에는 아니무스가 있다는 것이다.3) 그런 의미에서 크리스테바의 지적처럼 인간의 성적 정체성은 그렇게 순수하다고 볼 수 없다. 남성과 여성이 엄격하게 나뉜다고 생각하는 것은 가부장적 사회 구조에서 만들어낸 환상인지도 모른다. 엄밀한 성적 구별 의식은 성의 차이와 차별 의식을 고착화하는 산문적 사고방식인 것이다. 그런 의미에서 박재삼 시인의 아니마적 상상력은 남성과 여성의 성적 차별화를 극복하는 계기를 마련하고 있다.

남성의 무의식 속에 있는 여성적 요소를 '아니마'라고 하고, 여성의 무의식 속에 있는 남성적 요소를 '아니무스'라고 한다면, 누구나 남성적 요소와 여성적 요소를 모두 가지고 있는 '양성적 인간'임을 알 수 있다. 이는 생물학적으로도 검증된다. 모든 인간에게는 남녀를 막론하고 남성 호르몬과 여성 호르몬이 모두 분비되고 있으며, 심리학적 의미에서도 양성적 감정을 모두 가지고 있다.4) 이때 사용되는 아니마, 아니무스는 각각 독일어의 제엘레(Seele, 심령), 그리고 라틴어 가이스트(Geist, 심혼)에서 빌려온 것이다. 이들 용어 모두는 '마음', '넋', '정신', '魂' 등으로 부를 수 있겠으나 모두 적합한 것은 아니다. 그러나 심령과 심혼, 다시 말해서 우리들의 영혼을 향하고

---

2) 가스통 바슐라르, 김웅권 역, 『몽상의 시학』, 동문선, 2007, 77쪽.
3) W. B. 클리프트, 이기춘 역, 『융의 심리학과 기독교』, 대한기독교서회, 1998, 40쪽.
4) C. S. 홀(외), 최현 역, 『융 심리학 입문』, 범우사, 2006, 61쪽.

있다. 이때 영혼은 의식의 통제를 받는 영역이 아니다. 그러므로 아니마와 아니무스 등은 우리 마음에 있는 독립된 자율적 인격체라고 할 수 있다. 융은 그것을 '내적 인격'이라고 하면서 사회생활을 위해서 겉으로 드러나는 '외적 인격체'와 구별하고 있다.5) 우리들의 내부에는 의식의 통제를 받지 않는 또 다른 무의식적 인격체가 거주하고 있는 것이다. 박재삼은 그렇게 깊이 숨겨져 있는 무의식적 인격체를 외적 인격체로 불러내어 자신의 목소리로 발언할 수 있는 기회를 주고 있는 것이다. 어차피 우리들 내부에 있는 인격체가 춘향이인지, 심청이인지, 남평문씨 부인인지 알 수 없기 때문이다.

그렇다면 아니마는 우리들의 내면에서 어떤 기능을 수행하는가? 우리의 의식이 논리적 사고의 지배를 받는 사이에 아니마는 자신의 무의식 속에 숨어 있는 사실들을 분별하게 하고, 깊은 마음의 심부에 이르는 길을 열어주는 역할을 한다.6) 그래서 괴테는 여성적인 것이 우리를 구원한다고 말했던 것이다. 사실상 남자와 여자가 분리되어 있는 상태는 불완전해 보인다. 폰태너(D. Fontana)에 따르면 고대 이집트에서는 남자와 여자는 육체적 사랑을 통해서도 불완전성을 벗어날 수 없다고 보았다. 육체적 한계로 여전히 분리되어 있으니 완전한 융합에 이르지 못한다는 것이다. 이처럼 육체적 결합이 본질적인 한계를 가지고 있다면, 오직 내면적으로만 완성에 도달할 수 있게 된다. 즉 각자 자신의 내부에서 남성적 원리와 여성적 원리의 합일을 성취해야 한다는 것이다. 그래서 서양의 밀교와 연금술의 전통은 진정한 지혜의 형상을 남성이면서 동시에 여성인 자웅동체에서 찾았다. 거슬러 올라가면 그리스의 어떤 이야기에서도 제우스는 남성이면서 동시에 여성이었다고 하고, 샤머니즘 종교에서는 두 성이 분리되기 이전에 존재했던 태초의 완벽한 상태를 상징적으로

---

5) 이부영, 『분석심리학: C. G. Jung의 인간심성론』, 일조각, 1992, 72쪽.
6) 김종호, 「박재삼 시의 여성성 고찰」, 『어문연구』 제108권, 한국어문교육연구회, 2000, 192쪽.

재현하기 위해서 남성 사제가 흔히 여자 복장을 하곤 했다는 것이다.[7] 이처럼 남성 인격체가 무의식 속의 아니마와 결합했을 때 우리는 드디어 불완전성에서 벗어나 완전성에 도달하게 되는 것이다.

이러한 완전성의 상태는 전통 서정시가 회귀하고자 하는 근원적 신화적 세계를 닮아 있다. 서양의 신화에 따르면 인류는 최초의 낙원에서 추방된 뒤에 그 원초적 공간인 낙원에 대한 동경을 인간 존재의 본질적 속성으로 무의식에 내면화하게 된다.[8] 그것이 문학작품의 신화성, 즉 원형으로 자리잡게 된다. 이러한 신화적 요소는 시인의 가치관과 결합하여 매번 새로운 의미로 재해석을 반복하면서 세월이 흘러도 변하지 않고 재창조될 수 있는 것이다. 이러한 관점에서 신화적 몽상의 새로운 해석과 재창조는 문학의 수명을 연장해 주는 역할을 한다.

이때 신화적 원형의 재창조는 상상력을 통해서 가능해진다. 상상력이란 위대한 질서의 원리이기 때문에 제재들을 분별하고 질서화하고 통합할 수 있게 하는 능력이다. 그러므로 이러한 상상력을 '신화적 상상력'이라고 할 수 있다. 이것은 기본적으로 신화를 통해서 유전되는 이상적 원형을 상상력을 통해 구현해냄으로써 주술성과 신비감이 살아 있는 신화적 몽상의 세계로 유도하는 역할을 한다. 이처럼 신화적인 상상력은 문학을 통해서 현실을 재구성하면서 그 문학을 인류의 꿈이 실현되는 공간으로 만든다.

하지만 현대인에게 있어서 신화적 세계는 의식적 차원에 있지 않다. 오히려 무의식의 차원에 원형으로 잠재해 있다. 따라서 현대인을 신화적 몽상의 세계로 유도하기 위해서는 아니마의 안내를 따라야 한다. 그것을 박재삼은 설화에서 원형으로 추대받는 여성상을 통해서 달성하고자 한 것이다. 박재삼이 호출한 설화적 여성 화자들은

---

[7] 데이비드 폰태너, 최승자 역, 『상징의 비밀』, 문학동네, 1998, 32쪽.
[8] 박유미, 「1950년대 전통서정시 연구」, 성신여대 박사논문, 2002, 135쪽.

아니마적 몽상의 세계로 인도하는 영혼을 상징한다. 그런 의미에서 그 안에 주술성의 요소가 내재하는 것은 자연스럽다. 시인은 마치 영혼에 홀린 무당처럼 아니마의 혼령과 동화됨으로써 아니마의 안내로 피안의 세계로 건너간다. 이처럼 약간의 주술적 요소가 가세함으로써 박재삼의 신화적 상상력은 당시 전통 서정시의 대표 주자였던 서정주의 맥을 잇고 있다.

박재삼의 신화적 상상력은 설화를 기반으로 한다. 설화란 무엇인가? 그것은 민족 공동체의 보편적인 정서와 사상 그리고 생활상이 가장 잘 압축되어 있는 원초적인 문학 형식이다.[9] 이러한 설화적 상상력을 현대시에 도입한다는 것은 민족의 사상과 정서를 계승하면서 그것이 새로운 문화 창조의 동력으로 변신할 수 있게 길을 터주는 행위이다. 그 방법으로서 박재삼은 설화적 인물을 화자로 채택하는 형식을 취하고 있으며, 그러한 형식 자체에 주제의식이 반영되어 있다. 일단은 설화의 도입으로 민족적 일체감에 호소하여 보편적 공감대를 형성할 수 있다. 또한 전통 설화의 화자와 무의식 속에서 일체가 되는 경험을 함으로써 주술적 효과를 얻을 수 있다. 이로 인해서 주술적 동일성의 상태를 경험하게 하는 신화적 상상력의 고전적 형식을 계승하게 된다.

이렇듯 박재삼의 시에서 주술성은 설화적 여성 화자와 주술적 일체감을 유발하게 함으로써 우리들에게 무의식의 아니마에 접촉하는 경험을 유도한다. 그것은 우리의 분열된 존재가 아니마의 유도로 일체감을 경험하는 감동적 장면을 연출한다. 심지어 심청의 경우를 통해서는 삶과 죽음의 경계를 넘어 우주적 차원의 진리에 도달하는 것도 가능해진다. 현실에서는 불가능한 초자연적 경험은 현실과 비현실의 경계를 넘어서 비현실의 관점에서 인간적 현실을 조망하게 만든다. 이처럼 신화적 상상력은 인간의 유한한 상상력에 무한의 날

---

[9] 임문혁, 「한국 현대시의 전통 연구」, 한국교원대 박사논문, 1992, 8~9쪽.

개를 선사하게 된다. 따라서 설화적 화자로 채택된 인물들의 이미지 또한 고정불변의 것이 아니다. 그들의 이미지는 시대마다 항상 변화하는 것이기 때문에 어느 시대마다 강조점은 달라질 수 있지만, 그 특성이 영원히 지속된다고 볼 수는 없다.10) 이미지는 끊임없이 생성, 변화하면서 복잡한 다층구조를 형성하게 되고, 그 다층구조 내부에서 서로 영향을 미치게 된다.11) 그런 의미에서 바슐라르는 이미지를 가리켜서 "영혼의 강장제"라고 한 것이다.12) 이미지는 우리의 영혼에서 상상력의 작동을 유도하면서 우리의 정신을 살찌게 하기 때문이다. 이처럼 박재삼 시에서 설화적 여성 화자의 이미지들은 무의식으로 안내하는 아니마적 이미지로서, 고전을 현대적으로 되살리는 역동성을 보장한다. 이제부터 그 구체적인 작용방식을 검토하도록 하자.

1. 춘향: 기다림의 힘

박재삼의 첫 시집 『춘향이 마음』에는 춘향을 화자로 삼고 있는 총 10개의 연작시가 실려 있다.13) '춘향'이야말로 우리들에게 익숙한 판소리의 주인공으로서 다양한 장르에서 현대적 변이를 경험한 바 있다. 박재삼의 '춘향이 마음' 연작 또한 고전의 현대적 변용의 한 사례로 꼽힌다. 따라서 설화적 주인공을 화자로 삼은 첫 번째 사례로서 검토할 필요가 있다. 설화를 시적으로 변용한 사례는 종종

---

10) 홍명희, 『상상력과 가스통바슐라르』, 살림출판사, 2005, 69쪽.
11) 위의 책, 74쪽.
12) 곽광수, 『가스통 바슐라르』, 민음사, 1995, 138쪽.
13) 춘향이 마음(신구문화사, 1962)에 실린 「水晶歌」, 「바람그림자를」, 「매미울음에」, 「自然」, 「華想譜」, 「綠陰의 밤에」, 「葡萄」, 「한낮의 소나무에」, 「無縫天地」, 「大人詞」 등이 여기에 해당하는 작품이다. 이 연작시들에는 부제로 '춘향이 마음 초(抄)'가 붙어 있다. 이 작품들은 『현대문학』에 1956년 11월에 발표되었다.

있었다. 예컨대 『질마재 신화』로 대표되는 서정주의 사례가 대표적이다. 그는 박재삼이 계승하는 전통 서정시의 대가로서, 고향에 전해지는 전설을 시적으로 승화시켜서 신비한 신화의 세계를 구축한 바 있다. 전통 서정시의 반대편에 서 있었던 김춘수 또한 '처용'을 비롯한 신화적 인물에 몰두한 적이 있다. 원시적 세계에 대한 동경을 냉담하면서도 모던한 어조로 그려낸 사례로 지적된다. 이들에 비해서 박재삼의 경우 '춘향'은 소재에서 머물지 않고 설화적 인물의 '마음'을 통해서 근원적인 고향회귀의 욕망을 드러내며 궁극적으로 유토피아의 세계를 지향한다는 점이 다르다.14)

설화를 시적으로 수용하고 변용하는 경우에는 설화 속 인물의 성격이나 그의 행위 혹은 사건 등에 주목하게 된다. 박재삼의 경우에는 설화적 인물의 성격 그 자체가 주목을 받는 경우에 해당한다. 이렇게 되면 시적 화자가 차용된 설화의 주인공과 동일한 심정을 공유할 수 있을 뿐 아니라, 그 주인공의 목소리를 취하여 시인 자신의 내면 의식을 표출하는 계기가 만들어진다.15) 따라서 『춘향이 마음』의 춘향이 연작 시편들에서는 '춘향'이라는 인물 자체보다는 작가의 상상력에 의해 재구성된 춘향이의 마음이 더욱 중요하다. 물론 그의 시에 나타난 '춘향'은 전통적 여성상을 대표하는 것으로서 특히 민족적 '한'의 정서를 표출하는 매개체로서 사용된다.16) 이에 대해서 '한'의 연구가인 천이두는 다음과 같이 말한다. 즉, '춘향전'의 주제가 통상 한(恨)이라고 했을 때, 그것은 '암담한 역경에서도 한결같은 인내로써 그 너머에 이상의 승리를 염원하는 과정에서 생기는 것'을 가리키는데, 이때 인내의 과정 혹은 삭임의 과정은 소극적인 방어의 과정이 아니라 오히려 주인공 스스로 적극적으로 새로운 삶의

---

14) 이명희, 「한국 현대시에 나타난 신화적 상상력 연구: 서정주, 박재삼, 김춘수, 전봉건을 중심으로」, 건국대 박사논문, 2002, 210쪽 참조.
15) 양혜경, 「박재삼 시의 설화 수용 양상」, 『수련어문논집』 제25호, 1999, 137쪽.
16) 진순애, 「박재삼 시의 낭만적 거리」, 『현대시의 자연과 모더니티』, 새미, 2003, 189쪽.

지평을 열어가는 것이며, 인간으로서의 성숙의 궤적을 이룩해가는 것이다. 다시 말해서 춘향에 있어 인내와 극기의 과정, 즉 자신의 한을 삭이는 과정은 그녀에게 있어서 성숙을 기약하는 일종의 통과 제의의 과정이라 할 수 있다.17) 따라서 박재삼의 춘향 연작에서 중심은 춘향전의 줄거리가 아니다. 오히려 기다림의 인내를 보여주면서 그것을 자기 성숙의 계기로 삼는 춘향이의 마음이 초점에 놓이는 것이다. 그러므로 우리는 춘향 연작에서 사랑하는 사람을 애타게 기다리는 춘향의 '마음'에 관심을 기울여야 한다. 박재삼의 경우 춘향의 마음은 그 자체로 표현되기보다는 대개는 자연 사물을 통한 간접적 이미지로 형상화한다.

이때 춘향이의 마음을 형상화하기 위해서 박재삼은 춘향이를 시적 화자로서 채택하고 있다. 시인과 시적 화자 사이의 동일성의 가능성을 염두에 두며, 시인의 무의식을 투여하려는 시도라는 점에서 이때의 화자를 아니마적 화자라고 할 수 있다. 여기에서 아니마는 바슐라르적 의미에서 몽상적 아니마18)인 동시에 융이 말하는 무의식적 아니마라고 할 수 있다. 다시 이것을 우리 민족의 원형상에 연결한다면, 이처럼 시적으로 재창조된 '춘향'이라는 화자에는 우리 민중의 아니마가 투사되어 나타난 것으로 해석할 수도 있다. 김소월의 경우를 통해서도 알 수 있듯이 민중적 한의 정서를 피력할 때 '여성 화자'를 동원하는 사례가 있기 때문이다. 화자를 여성으로 하게 되면 여성적 어조를 채용하는 것은 물론 여성적 정서로 주변 사물을 표현할 수 있다. 특히 남성 시인이 여성 화자의 간절하고 순수한 마음을 시적 화자로 채택하게 되면, 여성성과 남성성의 내면적 융합을 통한 가장 완전한 심리적 복합체를 형성할 가능성이 열리게

---

17) 천이두, 「춘향의 한과 정」, 『한의구조연구』, 문학과지성사, 1993, 178쪽 참조.
18) "부드러움·완만함·평화, 이것이 아니마로 표현된 것이 몽상의 신조이다. 이것은 가장 여성적인 속성을 갖는 것들인 부드러움·완만함·평화·온화함 같은 것들을 아니마로 본다고 할 수 있을 것이다. 그렇다면 그 반대적인 이미지들은 아니무스라고 할 수 있을 것이다." 가스통 바슐라르, 김웅권 역, 앞의 책, 27~33쪽 참조.

된다.

우선 춘향이 연작 중에서 춘향이의 마음을 가장 잘 형상화하고 있는 '수정가(水晶哥)'부터 살펴보도록 하자.

집을 치면, 精華水 잔잔한 위에 아침마다 새로 생기는 물방울의 신선한 우물집이었을레. 또한 윤이 나는 마루의, 그 끝에 平床의, 갈앉은 뜨락의, 물냄새 창창한 그런 집이었을레, 서방님은 바람같단들 어느 때고 바람은 어려올 따름, 그 옆에 順順한 스러지는 물방울의 찬란한 春香이 마음이 아니었을레.

하루에 몇 번쯤 푸른 산 언덕들을 눈아래 보았을까나. 그러면 그때마다 일렁여오는 푸른 그리움에 어울려, 흐느껴 물살짓는 어깨가 얼마쯤 하였을까나. 진실로, 우리가 받들 山神靈은 그 어디 있을까마는, 산과 언덕들의 萬里 같은 물살을 굽어보는, 春香은 바람에 어울린 水晶빛 임자가 아니었을까나.

- 「水晶哥」 전문

얼핏 보기에는 제 3자의 시선으로 춘향을 바라보는 것처럼 보인다. 이때 외부의 화자는 춘향의 마음을 단정 짓지 않고, "-었을레", "-았(였)을까나"라는 추측성 어조를 통해서 춘향의 마음을 조심스럽게 짐작하는 방식을 취하고 있다. 하지만 시가 진행되는 과정에서 시적 화자와 그 대상이 되는 춘향이의 마음이 서로 융합되는 듯한 방식을 취하고 있다. 그 정도로 시적 화자는 아주 섬세하고 세밀하게 그녀의 마음을 잘 그려내고 있는 것이다.

먼저 춘향의 마음이 '집'에 비유되어 있다는 점에 주목하게 된다. 일반적으로 시에서 공간 이미지는 작가의 무의식이 투영되는 사례로 주목받는다. 따라서 간혹 인류 혹은 집단 전체가 공유하는 신화적 의미가 표현되는 경우가 있다. 집의 경우에도 그러하다. 신화에서 집은 인간의 주거 공간이기 이전에 우주의 모상이요, 신이 머무르는 신전을 의미하는 경우가 많다. 이런 의미에서라면 '집'은 민족 전체가 꿈꾸는 우주상의 축소판이라고 할 수 있다.[19] 그렇게 본다면 '집'은 민족 공동체의 유토피아적 소망이 투영된 공간일 가능성이 많다. 구체적으로 말해서 집이라는 것은 거기 사는 사람에게는 세계의 중심이며 평화의 장소, 혹은 깊은 사색의 장소이며, 유년기 어머니의 품을 연상시키는 안전한 장소, 그리고 추억을 불러일으키는 장소를 의미한다.[20] 떠나간 님을 기다리는 춘향이의 마음의 '집'에는 알게 모르게 이러한 의미의 집의 의미들이 내재해 있다.

우선 춘향이의 마음의 집은 "정화수"의 맑고 깨끗한 이미지로 정돈되어 있다. 그것도 "아침마다 새로 생기는 물방울"이 있는 "신선한 우물집"이다. 여기서 "아침마다 새로 생기는 물방울"은 잘 알려진 것처럼 '이슬'을 의미한다. 이슬을 담고 있으면서 하늘을 향해 열린 우물을 연상할 수 있다. 상징적 의미에서 이슬은 '천상에서 내려온 물'이라는 의미에서 '순결과 청정무구'를 뜻하며, 하늘과 땅이 결합된 형상을 뜻하고 있다.[21] 하늘에서 내려온 물이라는 의미에서 이슬은 님을 기다리는 춘향이의 소원이 실현된 유토피아적 응결체이면서 인내를 통해 강해지는 생명력의 근원[22]이라고 할 수 있다. 따라서 우리는 그런 이슬만으로 모아진 우물집을 연상하게 된다. 이

---

19) 한국문화상징사전편찬위원회, 『한국문화상징사전』 1, 1992, 554쪽. 앞으로 이 책을 인용시에는 '『한국문화상징사전』 1'로 표기하고 쪽수만을 기록한다.
20) 뤽 브느와, 박지구 역, 『기호·상징·신화』, 경북대학교 출판부, 2006, 84쪽.
21) "이슬은 천상에서 내려온 물이라는 인식에 의해 원초적 상징은 순결과 청정무구이다. 천지왕 본풀이에 천지가 개벽할 때 하늘의 청이슬과 땅의 물이슬(혹은 흑이슬)이 합쳐져 만물이 생겼다고 하였다. 이슬의 청정함은 세계 창조의 근원적 원동력임을 알 수 있다."(『한국문화상징사전』 1, 500쪽)
22) 이슬이 대지의 생기를 불러일으키는 것에 대해서 바슐라르는 이렇게 말한다. "부드러운 이슬은 땅의 가슴을 열고, 대지를 무수한 생산물로 부풀게 하는 대기의 정기를 받아들인다. 아니면 적어도 땅이 감추고 있는 종자들 속에 잠들고 있는 싹들을 자극한다." 가스통 바슐라르, 「대지와 의지 몽상: 제11장 대지와 진주」, 민희식 역, 『불의 정신분석/초의 불꽃 외』, 삼성, 1993, 434~435쪽.

때 얼마나 많은 이슬들이 모여야 우물이 될 수 있을지 상상하는 것으로 충분하다.

또한 그곳은 춘향의 그리움이 '끊임없이 솟아나는 우물집'이다. "윤이 나는 마루", "그 끝에 평상(平床)", "갈앉은 뜨락", "물냄새 창창한" 고색창연한 전통적 가옥의 구조를 하고 있다. 정갈하게 임을 맞을 준비가 갖춰진 고풍스런 집의 기운이 느껴진다. 그 집을 생각하는 것만으로도 춘향의 기다림은 무의미한 일이 아닐 것이다. 그러나 다시 생각해보면 그곳은 다시 '우물' 안에 있는 집이다. 물냄새가 집 전체를 감싸고 있는 형국이다. 따라서 물의 이미지가 중요하게 작용한다. 물로 이루어진 집의 이미지는 일차적으로 임을 맞이하기 위해 마련된 공간으로서, 그만큼 깨끗하고 고결하다는 것을 나타낸다. 여기에서 정체를 알 수 없는 이도령의 행방을 담아서 '바람'이라는 대상을 호명하고 있다. 정체를 알 수는 없지만 어느 때건 만날 수 있는 '바람'을 통해서 시적 화자의 마음은 "그 옆에 순순(順順)"하게 "스러지는 물방울"이라고 했다. 이것이 바로 "찬란한 춘향이 마음"이라는 것이다. 그런 의미에서 이슬이 무엇인지 알 수 있다. 이슬이란 순결하고 청정한 춘향이의 마음이 정체를 알 수 없는 바람을 맞아 순순하게 스러지는 물방울의 집결체인 것이다. 기다림의 극한에서 만남의 소망이 달성된 수많은 물방울의 집결체가 바로 춘향의 마음이 가득 담긴 우물, 그것으로 만들어진 집인 것이다.

2연에서는 구체적으로 기다림의 심정을 형상화하고 있다. "하루에도 몇 번쯤 푸른 산 언덕들을 눈아래" 바라보았다고 한다. "눈아래"라는 표현을 통해서 우리는 시적 화자의 마음이 임을 볼 수 있는 위치에 가 있다는 것을 알 수 있다. 그녀의 마음은 집을 나와 산과 언덕이 내려다보이는 곳으로 이동했다. 임을 그리워하는 마음에 임이 오시는 것을 볼 수 있는 곳으로 마음으로 마중나왔다는 것을 뜻한다. 그러나 임은 오지 않고 그 때마다 "일렁여오는 푸른 그리움"에 시달리면서 "흐느껴 물살짓는 어깨"만 수없이 반복되었을 것이다. 하루에도 몇 번씩 마음으로의 마중과 흐느낌의 반복은 오히려 춘향의 마음을 강하게 만든다. 그것이 기다림의 힘이다. 기다림의 힘 때문에 춘향의 눈물은 바람과 어울려 수정(水晶)빛으로 빛난다. 수정은 춘향의 눈물이 응결된 액체이다. 그것은 밤을 지내면서 아침마다 새로 맺는 이슬의 다른 이름이기도 하다. 결국 그 수정빛 이슬의 힘 때문에 춘향의 마음은 흔들리지 않고 임을 기다릴 수 있는 '집'이 되는 것이다. 그 집의 형상은 다음의 시에서 더욱 구체적으로 기술되고 있다.

저 칠칠한 대밭 둘레길을 내 마음은 늘 바자니고 있어요. 그러면, 훗날의 당신의 구름같은 옷자락이 不刻스레 보여 오는 것이어요. 눈물 속에서는, 반짝이는 눈물 속에서는, 당신 얼굴이 여러 모양으로 보여 오다가 속절없이 사라지는, 피가 마를 만큼 그저 심심할 따름이어요. 그러니 이 생각밖에는요.

「당신이 오실 땐 그 많은 다른 모양의 당신 얼굴을 한 얼굴로 다스리시고, 또한 대밭 둘레길에 사무친 恨의 내 눈물일랑은 당신의 옷자락에 載陽치듯 환하게 하시라」고요.

-「待人詞」전문

임에 대한 기다림과 그리움의 정서가 "대밭 둘레길"에서 서성이고 있다. 기다리는 마음을 강조하기 위해서 "-어요, -는 것이어요, -이어요, -는요, -라고요"의 종결어미를 이용하여 여성적 어조를 부각시키고 있다.[23] 여성적 분위기는 또한 "칠칠한, 둘레길, 마음, 늘, 훗날, 구름, 사라지는, 눈물일랑, 얼굴" 등에서 유음 'ㄹ'과 'ㄴ, ㅁ, ㅇ' 등의 유성음을 통해서 부드러움과 물 흐르는 듯한 자연스러움으로 전해진다.[24] 시의 도입부는 어둠 속에서 "저 칠칠한 대밭 둘

---

23) 김종호, 「현대시의 원형심상 연구: 박재삼, 박용래, 천상병의 시세계를 중심으로」, 강원대 박사논문, 2006, 176쪽.

레길을" "바자니"는 마음에서 시작되고 있다. 처음부터 임을 기다리는 조급한 마음이 집약적으로 잘 형상화되어 있다. 특히 "바자니다"라는 어휘는 부질없이 짧은 거리를 오락가락 거니는 심리적 분위기를 잘 담아내고 있다. 이때 대나무를 주목하게 된다. 대나무는 동양에서는 소나무와 비견되어 영생과 불변을 상징한다. 다른 한편으로 신을 부르거나 신이 타고 내려오는 '신대'로도 사용되어서 대나무 자체에 이미 신화적 상징성이 많이 포함되어 있다.25) 그러므로 시적 화자가 '대밭'을 선택한 것은 임에 대한 불변의 마음을 나타낸 것이면서, 또한 신을 불러들인다는 주술적 상징성에 의지해 볼 때 신의 도움을 받아서 임이 도래하기를 바라는 간절한 주술적 심정을 나타내는 장치를 염두에 둔 것이다.

그렇게 기다리는 심정은 환각을 보는 것으로 이어진다. 미리 앞질러서 "훗날의 당신의 구름 같은 옷자락이 불각스레" 보이게 될 것을 확신하게 된다. 대밭 주변에서 시적 화자는 구름 같이 떠도는 임이 불현듯 나타날 것을 확신하고 있다. 그러나 사랑하는 임은 오지 않고 오직 "눈물 속에서" 그것도 "반짝이는 눈물 속에서는, 당신 얼굴이 여러 모양으로 보여 오다가 속절없이 사라지는" 과정을 반복할 뿐이다. 여기에서도 피가 마르는 반복이 이어진다. 부질없는 것 같은 기다림의 반복은 오히려 거듭될수록 강렬한 힘으로 작용하게 된다. 이때 "피가 마를 만큼 그저 심심할 따름이다"라는 표현은 기다림에서 오는 외로움과 고통을 강하게 표현한 부분이면서, 기다림의 과정에서 얼마나 수많은 상상의 날개가 펼쳐졌을지를 짐작하게 한다. 기다림의 과정에서 오히려 시적 희열을 느낄 수 있는 것이다. 하지만 그 시적 희열에는 한이 뒷받침되고 있다. 화자의 슬픔은 한이 되어 대밭 둘레길을 감싸고 있다. 그러나 화자는 기다림의 끝에

---

24) 김종호, 「박재삼 시의 여성성 고찰」, 『어문연구』 제108권, 한국어문교육연구회, 2000, 195쪽.
25) 『한국문화상징사전』 1, 203~207쪽 참조.

서 "당신이 오실 땐 그 많은 다른 모양의 당신 얼굴", 즉 세월을 따라 이렇게 저렇게 변한 모습을 본래의 "한 얼굴로" 다스리길 바란다. 또한 "대밭 둘레길에 사무친 한의 내 눈물일랑은 당신의 옷자락에 재양(載陽)치듯 환하게 하시라"고 하는데, 이는 먼 길을 돌아온 임의 모시옷을 기다림의 눈물로 빳빳하게 다려드리겠다는 심정을 피력한 것이다. 이처럼 시적 화자의 '눈물'은 오히려 기다림의 고통을 이겨내게 하고 더 나아가 임의 도래를 기원하는 주술적 기도의 힘으로 작용하고 있다. 시적 화자의 사랑은 이처럼 기다림의 고통에서 기원하는 힘의 작용으로 표현된다.

> 뉘라 알리,
> 어느 가지에서는 연신 피고
> 어느 가지에서는 또한 지고들 하는
> 움직일 줄을 아는 내 마음 꽃나무는
> 내 얼굴에 가지 벋은 채
> 참말로 참말로
> 바람 때문에
> 햇살 때문에
> 못 이겨 그냥 그
> 웃어진다 울어진다 하겠네.
>
> ―「自然」 전문

이 시에서처럼 사랑이란 인위적으로 피고 지게 할 수 없는 일, 즉 자연스러운 과정에 속한다. "뉘라 알리"라는 표현이 그것을 잘 말해준다. 나도 모르게 "어느 가지에서" 꽃이 피는지 꽃이 지는지 알 수 없는 것이 사랑의 감정이다. 또한 사랑에는 항상 일면적인 희망이나 절망만이 있는 것이 아니다. 기쁨과 슬픔조차도 인위적으로 만들어 내거나 제거할 수 있는 성질의 것이 아니다. 꽃나무 중에서도 아주

특이한 꽃나무라 하겠다. 사랑하는 마음을 꽃나무에 비유하였을 때, 거기에는 심리학적인 배경이 뒤따른다. 융(Jung, C. G)에 의하면 나무는 이중적 기능을 행한다. 한편으로는 모성성 또는 여성성이 있고, 다른 한편으로는 남근적 상징이 예시되고 있어서, 양성적 성격이 부여된다는 것이다. 따라서 나무는 심리학적으로 성적 충동을 뜻하기보다는 인간 심성의 정신적 에너지, 생명력, 지향성을 상징하게 된다.26) 신화적 의미에서도 나무는 생명, 청춘, 불멸성, 지혜 등의 상징으로 자주 선택된다고 한다.27) 이 시의 화자에게도 나무는 시인 자신이 통제할 수 없는, 하지만 삶을 지탱하고 있는 힘을 나타내고 있다. 그러므로 "어느 가지에서는 연신 피고/어느 가지에서는 또한 지고들 하는" 양태를 자신조차 통제할 수 없다. 사랑의 감정이란 저절로 생기고 저절로 사라지는 것이기 때문이다. 그런 의미에서 사랑하는 순간 시적 화자는 저절로 피고 저절로 지는 꽃나무가 되어 있다. 시인의 마음에는 통제할 수 없는 어떤 생명력이 분출하고 있다는 것이다. 사람이 사랑을 통해서 꽃나무로 변한다는 신화적 상상력이 드러난 대목이다. 이와 유사한 꽃나무를 신화에서 찾는다면 그것은 '만종수(萬種樹)'28)에 비견된다. 이 나무는 그저 바라보기만 해도 사람을 젊어지게 만드는 힘을 가지고 있으며, 그 가지를 해와 달을 향해 뻗어 있으면서 나무 안에서 여러 기운이 하나로 녹아들어 끊임없이 세계창조를 이룩하는 생명력을 발휘하는 나무이기 때문이다. 이처럼 시적 화자는 기다림의 힘으로 무한한 생명력을 가진 꽃나무가 되어 바람 같은 임, 즉 언제 올지 알 수도 없는 임을 기다린

---

26) 위의 책, 139쪽 참조.
27) 엘리아데, 이동하 역, 『성과 속』, 학민사, 1989, 115쪽.
28) 동유럽 집시들 사이에서 전설로 내려오는 만종수(萬種樹)는 그저 바라보기만 해도 사람을 젊어지게 만들며, 무당들은 가뭄에도 만종수에서 새로 파종할 씨앗을 얻어 올 수 있으며, 식물이 열매를 맺지 못하고 시들어도 만종수가 존속하는 한 푸르른 세상은 소생할 여지가 있다고 한다. 미르치아 엘리아데·세르기우스 골로빈·조지프 캠벨, 이기숙·김이섭 역, 『세계 신화 이야기』, 까치, 2001, 112쪽 참조.

다. 춘향전에서 그 기다림의 현장은 '옥중'에서 이루어져 더욱 애절해진다.

> 흐느낌으로 피던 살구꽃 等屬이 또한 흐느끼며 져버린 것을 어쩌리요.
> 세상은 더욱 너른 채 소리내어 울고 있는 綠陰을,
> 언제면 蘇復 본단 말이요.
> 피릿구멍 같은, 獄에 내린 달빛서린 하늘까지가 이내 몸에 파고들어
> 가쁜 命줄로 앓아쌓는 저것을 어쩌리오.
> 이런 때, 天地는 입덧이 나 후덥지근하고,
> 笞杖끝에 피멍진 賤妾 春香의 全身滿身 캄캄한 살 위에도 병 생기는 아픔을 ……
> 만일에도 이한밤 당신이 서서 계신다면은
> 어느 별만 우러러 아프게 반짝인다 하리오.
> ―「綠陰의 밤」전문

이 시에서는 옥중에서의 외로움과 슬픔[29]을 춘향이를 화자로 하여 독백적으로 진술하고 있다. 1행에서 5행까지는 시적 화자인 춘향이 자신이 옥중에서의 고달픔을 한탄조로 표현하고 있다. 옥중에서의 삶은 "흐느낌"에서 시작해서 "흐느낌"으로 마무리된다. 흐느낌의 반복으로 구성되어 있는 것이다. 그것은 마치 살구꽃처럼 피었다 지는 자연의 반복으로 표현되어 있다. 그렇게 흐느낌으로 이루어진 꽃나무의 녹음의 울음이 언제쯤 회복될지 알 수 없는 일이다. 끝을 알 수 없는 반복이 이어지고 있다. "피리구멍"처럼 작은 옥의 구멍으로 겨우 "달빛"을 받아서 목숨줄을 이어가고 있는 급박한 상황을

---

[29] 천이두는 옥중가의 의미를 다음과 같이 말한다. "옥중가에서 춘향은 부당한 핍박에 정면으로 대결하지는 않으나, 그렇다고 그 핍박에 굴하거나 거기에 타협하거나 하지도 않는다. 뿐만 아니라, 이 핍박을, 자신이 감당해야 할 일정한 과정으로 받아들이고 있다. 이 고비만 잘 넘기면 구출이 된다는 믿음을 가지고 있다. 여기에 그녀의 비탄 가운데 낙관주의가 있다. 이 단계에 있어서 스스로 한탄하는 부분이 '옥중가'이다."(천이두, 앞의 책, 177쪽)

강조하고 있다. "저것을 어쩌리오"라는 말처럼 비관적인 상태를 보여준다. 하지만 6행에 오면 춘향의 마음이 다시 가다듬어져 낙관으로 변환되고 있다. 이런 비관적인 상황조차도 당당하게 맞아들이겠다는 의지에서 비롯된 것이다. 천지는 후덥지근하고, 태장 끝에 피멍이 든 춘향의 살 위에도 병이 생기는 아픔에서 새로운 기운이 싹트는 것이다. 그것은 어디에선가 임이 이 한밤 서서 저 밤하늘을 보고 있을 터인데, 그때 "어느 별만 우러러 아프게 반짝인다"는 것을 알아챌 수 있을 것이기 때문이다. 저 하늘에서 아픈 별로 반짝이고 그것이 사랑하는 임의 눈에 닿을 수 있다는 소망이 힘을 준 것이다. 그러나 그 별은 그냥 반짝이는 것이 아니라 "아프게" 반짝인다. 옥중에서도 춘향의 마음은 언제나 "당신"이라고 부르는 임으로부터 고통을 삭이는 힘을 얻고 있다. 제주도 신화에서는 별빛이 오히려 해와 달보다 먼저 존재한 우주의 광명을 상징하는 사례가 있다.30) 그처럼 화자의 별빛 그리움은 햇빛과 달빛을 능가하는 원초적 힘인 것이다. 그것은 물론 기다림의 힘인 것이다.

　　목이 휘인 채 꽃진 꽃대같이 조용히 春香이는 잠이 들었다. 칼 위에는 눈물방울이 어룽져 꽃이파리의 겹쳐진 그것으로 보였다. 그렇다, 그것은 달밤일수록 영롱한 것이 오히려 아픈, 꽃이파리 꽃이파리, 꽃이파리들이 되어 떨고 있었다.

　　참말이다. 春香이 一片丹心을 생각해 보아라. 願이라면, 꿈속엔 훌륭한 꽃동산이 온전히 제 것이 되었을 것이다. 그리고, 그것을 가꾸는 슬기 다음에는 마치 저 하늘의 달에나 비길 것인가, 한결같이 그 둘레를 거닐어

---

30) "제주도 신화 천지왕 본풀이에, 세상의 맨 처음은 암흑과 혼돈이었다. 혼돈에서 차차 개벽의 기운이 감돌아 하늘에서 청이슬이 내리고, 땅에서는 물이슬이 솟아올라 세상에 만물이 만들어졌다. 그 중에서 별이 가장 먼저 생겨났다. 동, 서, 남, 북으로 여러 별들이 자리를 잡자, 구름이 생기고 천황닭이 울자, 먼동이 트기 시작하였다. 이어 옥황상제가 해와 달을 보내 광명 세상이 되었다."(『한국문화상징사전』 1, 342쪽 참조)

제자리 돌아오는 일이나 맘대로 하였을 그것이다. 아니라면, 그 많은 새 벽마다를 사람치고 그렇게 같은 때를 잠깨일 수는 도무지 없는 일이란 말이다.

—「華想譜」부분

일차적으로는 칼을 차고 잠든 춘향이를 한 송이 꽃에 비유하고 있다. 한밤중에 춘향이는 "목이 휘인 채 꽃진 꽃대같이" 잠들어 있다. 그 모습을 제3자가 관찰하듯 그려내고 있다. 이때 꽃다운 나이의 춘향은 피어나는 꽃이 아니고 "꽃진 꽃대같이" 서글픈 이미지를 하고 있다. 그렇게 잠든 춘향이의 눈물에서 오히려 꽃이 보이고 있다. 그것은 "칼 위"의 "눈물방울"로서, 그것은 마치 "꽃이파리의 겹쳐진 그것"처럼 보인다. 이슬과 수정, 그리고 달빛으로 표현된 눈물이 여기에서는 '꽃이파리'로 그려진다. 그것도 "달밤일수록 영롱한 것"으로 그려진다. 이때 꽃을 비추는 달의 기능이 부각된다. 여기서 "달"31)은 춘향의 눈물을 더욱 신비스럽게 만드는 매개적 기능을 수행하며, 그래서 그 눈물에 신성성이 부여되게 만든다. 달과 식물의 관계에 대해서는 신화적 해석이 많다. 예컨대 식물의 성장이 달에 의해 가능해진다는 설 때문에 달을 '풀'의 어머니라고 부르는 경우가 많다. 그만큼 달에는 식물의 성장을 돕는 영험한 기운이 내재한다는 것이다.32) 이처럼 춘향의 눈물조차도 꽃이파리로 묘사되는 데서 식물의 성장을 돕는 달의 기운을 느낄 수 있다. 춘향의 눈물은 영험한 달의 기운을 받아서 꽃으로 피어나는 것이다.

그런데 그렇게 피어난 꽃들이 한 둘이 아니라는 것이다. 그렇게 잠들면서도 눈가에서 만들어낸 꽃들이 "훌륭한 정원"을 이루고 있

---

31) "동양에서 달은 일월성신(太陽群, 太陰群, 紫薇群) 가운데 하나로 달을 숭배하는 것은 국가적 공식 종교였다. 달은 고대 문학에서 기다림의 정과 더불어 기구(祈求)의 환기자로서 노래되고 있다. 신라 향가 '원왕생가'에서 서방정토의 달은 서방 정토와 사람 사이의 매체, 또는 구원자로 나타난다."(『한국문화상징사전』 1, 194쪽)
32) 엘리아데, 이은봉 역, 『종교형태론』, 한길사, 1996, 234~236쪽 참조.

다. 새벽마다 잠 깨어 그 정원을 가꾸었던 것이다. 그러나 달이 없었다면 그 모든 일은 불가능했을 것이다.

2연에서 화자는 "참말이다."라는 단정적 어조로서 청자의 공감을 유도하고 있다.33) 또한 대체로 단언투의 어조를 사용하여 1연에서의 담담한 서술적 어조에서 벗어나 다소 흥분된 어조로 긴장감을 표현하며 심정적 공감을 얻으려 하고 있다. 이러한 진술사의 특성은 판소리의 창자가 해설자와 작중인물들을 겸한 다중적인 목소리를 통해 청중과 교감하는 방식을 박재삼이 변용하여 시에 쓰면서 그의 어조에 부여된 독특한 시적 효과인 것이다. 여기에서 춘향이 가꾼 꽃동산은 하늘의 달의 도움을 받아서 가꾼 것인데, 춘향은 새벽마다 그 꽃동산 둘레를 돌아 나오는 일을 빠짐없이 반복하고 있다. "한결같이 그 둘레를 거닐어 제자리 돌아오는" 춘향이의 마음은 여전히 반복과 되풀이의 힘을 믿고 있는 것이다. 반복과 되풀이에 주술적 효과가 실려 있다는 것은 잘 알려진 사실이다. 또한 반복적으로 지구를 돌고 있는 달의 힘을 빌게 되면서 기다림의 반복적 행위에 주술적 힘이 강화되고 있다. 임을 중심으로 돌고 있는 춘향의 "일편단심"은 지구를 중심으로 돌고 있는 달의 우주적 질서와 같은 것이다.34) 옥중에서도 꿈속에서 임을 기다리며 눈물의 꽃동산을 가꾸고 반복적인 기다림의 효과에 의지하는 모습을 잘 형상화하고 있다. 천이두는 이 장면을 '몽중가'35)로 명명했다. 이 시는 판소리의 몽중가에서처럼 옥중에서도 희망을 놓지 않고 있는 춘향의 낙관적 의지를 반영한다.

底底히 할말을 뇌일락하면 오히려 사무침이 무너져 한정없이 멍멍한

---

33) 이때 화자의 어조 변화를 이경수는 '권유 → 추정 → 자문 → 확신 → 확신에 대한 부연'의 과정으로 정리하고 있다. 이경수, 「서정주와 박재삼의 '춘향'모티프 시 비교 연구」, 『민족문화연구』, 고려대학교민족문화연구소, 1996, 167쪽 참조.
34) 장만호, 「박재삼 초기시의 공간유형과 의미」, 『한국문학이론과 비평』 제30집, 2006, 214쪽.
35) 천이두, 앞의 책, 178쪽.

거라요. 문득 때까치가 울어오거나 눈은 이미 장다리꽃밭에 홀려 있거나 한 거라요. 비오는 날도, 구성진 생각을 앞질러 구성지게 울고 있는 빗소리라요. 어쩔 수 어쩔 수 없는 거라요. 우리의 할말은 우리의 살과 마음 밖에서 기쁘다면 우리보다도 기쁘게 슬프다면 우리보다도 슬프게 확실히 쟁쟁쟁 아리랑이되어 있는 거라요. 참, 그때, 아무도 없는 端午의 그네 위에서 아뜩하였더니, 절로는 옷고름이 풀리어, 사람에게 아니라도 부끄럽던 거라요. 또는 卞學道에게 퍼부을 말도 그때의 杖毒진 아픔의 살이, 쓰린 소리를 빼랑빼랑 내고 있던 거라요. 허구헌날 서방님 뜻높을진저 바라면, 맑은 정신 속을 구름이 흐르고 있었고, 웃녘에 돌림病이 퍼져 서방님 살아 계시기를 빌었을 때에도 웃마을의 복사꽃이 웃으면서 뜻을 받아 말하고 있던 거라요. 그러니 우리가 만나 옛말 하고 오순도순 살 일이란 것도, 조촐한 비개인 하늘 밑에서 서로의 눈이 무지개선 서러운 산등성 같은 우리의 마음일 따름이라요.

-「無縫天地」전문

이 시에서는 화자의 소망이 부드러운 여성적 말투와 구어체를 사용하여 생동감 있게 표현되고 있다. 앞서와 마찬가지로 "거라요", "라요" 등의 종결어미 처리를 통해서 친밀감을 통해서 화자인 춘향과 동질감을 유도하는 기능을 한다. 막상 사랑하는 사람을 만나게 된다면 할 말도 못하고 "오히려 사무침이 무너져 한정없이 멍멍"해 질 것을 알고 있다. 그때는 할 말도 못했는데 "문득 때까치가 울어오거나" 눈동자는 엉뚱하게 "장다리꽃밭에" "홀려 있"을지도 모른다. 혹여 비라도 올라치면 차라리 빗소리가 "구성적 생각을 앞질러 구성지게 울고 있"을지 모른다. 그러나 그 모든 일이 "어쩔 수 어쩔 수 없는" 것이라 생각한다. 오히려 할 말이 말로 표현되지 못한다 하더라도 만남으로 충분한 것이 아닌가.

이러한 미래적 비전을 제쳐 두고 화자는 과거를 회상하고 있다. 단오 그네에서 님을 만났던 옛 일을 회상하기도 하고 변학도에게 태장을 맞으면서도 언제 어디서나 서방님 뜻을 좇고, 전염병이 돌았을 때조차 자기 자신보다는 임이 무사하기만을 빌었던 일을 회상하기도 한다. 하지만 그러한 마음조차도 어차피 직접 전해지는 일은 없었다. 그때마다 변학도에 퍼부을 말은 "아픔의 살이" 말을 대신했고, 서방님의 뜻을 기릴 때도 "맑은 정신 속을 구름이 흐르고 있었고", 전염병에 무사를 기원할 때도 "복사꽃이 웃으면서 뜻을 받아 말하고 있던" 것이었기 때문이다. 어차피 직접적으로 말을 전하지 못하더라도 다른 방편으로 사방에서 말을 대신하고 있었던 것이다. 자연은 춘향의 말을 대신하고 있는 기호였던 것이다. 그리하여 만약 "우리가 만나 옛말"을 하게 될 때라도, 그것은 직접 말로 표현되지 않아도 "서로의 눈이 무지개선 서러운 산등성"을 바라보는 것으로 충분한 것이 아닌가. 이처럼 하늘과 땅 사이에 있는 모든 사물은 서로 연결되어 있는 것이다. 시의 제목이 "無縫天地"인 까닭이 여기에 있다.

마지막에 표현된 '무지개'는 신화에서 천상세계에서 지상세계로 통하는 다리를 상징한다.36) 또한 기독교 전통에서는 풀 수 있는 힘과 묶을 수 있는 힘을 상징37)하며 동유럽 사람들은 무지개가 하늘과 땅을 영원한 부부로 맺어주는 일종의 '결혼반지'라고 상상했다.38) 서로의 눈이 무지개를 바라본다는 것은 말로 표현할 수 없는

---

36) "무속 신화에 바리공주가 서천 서역국을 가는 도중, 날짐승의 깃도 가라앉는다는 삼천리 강물을 건너려고 아래위로 방황하였다. 그러다가 아미타불이 이른 말이 생각났다. 바리공주는 가지고 있던 금지팡이를 높이 들어 강물 위로 던지자, 무지개다리가 놓였다. 그리하여 그 무지개를 타고 강을 건넜다."(『한국문화상징사전』 1, 277쪽)
　　브라질 원주민 중 움반다(Umbanda)와 칸돔블레(Condomblc)죽은 쿠바의 산테리아(Santeria)인들과 마찬가지로 지금의 나이지리아인 요루바(Yoruba)에서 기원한 부족신앙을 가지고 있어 무지개의 신인 오슌마레(Oshunmare)가 우주의 높은 곳과 낮은 곳 사이를 연결시켜 준다고 믿는다. 이들 사회에서 전해내려오는 가르침에 따르면 오슌마레는 자연의 남성적인 측면과 여성적인 측면이 합쳐진 존재로 뱀처럼 물결치는 움직임으로 땅과 하늘 사이의 연결고리가 되어준다고 한다(나다니엘 앨트먼, 황수연 역, 『물의 신화』, 해바라기, 2003, 215~218쪽 참조).
37) 데이비드 폰태녀, 최승자 역, 앞의 책, 52쪽.
38) 미르치아 엘리아데·세르기우스 골로빈·조지프 캠벨, 이기숙·김이섭 역, 앞의 책, 102쪽.

희망의 표현이고, 결혼반지처럼 맺어짐을 의미하기도 한다. 물론 그것은 "서러운 산등성"을 배경으로 한다. 고통의 순간을 통과했을 때 무지개의 의미가 더욱 강조될 것은 말할 것도 없다.

형틀에 매여 원통하던 일을 이승에서야 다 풀고 갔으련만
저승에 가 비로소 못잊겠던가
春香이 마음은 조롱조롱 살아 다시 열렸네.

저것은 가냘피 아파 우는 소리였던 것을,
저것은, 여릿이 구슬 맺힌 눈물이던 것을,
못 견딜 만큼으로 휘드리었네.

우리의 무릎을 고쳐, 무릎 고쳐 뼈마치는 소리에 우리의 귀는 스스로 놀라고,
절로는 신물이 나, 신물나는 입맛에 가슴 떨리어,
다만 우리는 或時 刑吏의 손아픈 後裔일라……

그러나 아가야, 우리에게도 비치는 것은
네 눈이 葡萄라, 살결 또한 葡萄라……

―「葡萄」 전문

만물이 서로 연결되어 있다는 생각은 춘향이의 마음이 포도로 열리는 것도 가능케 한다. 하지만 그것은 '저승'에서 이루어진 열매이다. 포도송이는 "이승에서 다 풀고" 가지 못한 "춘향이 마음"이 "저승에 가"서도 풀리지 않고 "다시 열"린 것을 가리킨다. 그것은 이승에서 "가냘피 아파 우는 소리"였으며, "구슬 맺힌 눈물"이었고, 포도송이가 무게에 못 이겨 늘어진 것은 태장으로 휘둘린 상태를 표현한다. 한마디로 포도송이에는 춘향이의 한이 응집되어 형상화되어

있다. 그 포도송이를 앞에 두고, 무릎에서 "뼈마치는 소리"에서 형틀에 매인 춘향의 신음소리를 듣는 듯 스스로 놀라고, 포도의 신맛은 목을 타고 넘어오던 신물인 듯 춘향의 고통을 생각나게 하며, 혹시 자신이 춘향을 태형질한 "형리의 손아픈 후예"일지도 모른다는 상상에 도달하게 된다. 이것은 청각과 시각, 촉각과 미각의 온 감각이 춘향을 향해 열려 있는 상태에서 가능한 것으로, 포도송이에서조차 춘향이 마음을 읽어내는 동화의 정점을 말해준다. 그러나 마지막 연에서는 반전을 이루며 "그러나 아가야"의 다정한 어조로 춘향을 위로하고 있다. "우리에게도 비치는 것은/네 눈이 포도라, 살결 또한 포도라"는 것이다. 춘향의 눈과 그 살결이 맑고 순수한 포도의 그것을 통해 잘 말해주고 있는 것이다. 왜 하필 포도였을까. 이것을 신화적 의미로 해석하자면, 전통적으로 동양에서 포도는 풍요와 생명력을 상징하며 풍요로운 열매는 또한 희망을 상징하고 있다.[39] 따라서 춘향을 포도에 견준 것은 춘향의 한이 오히려 풍요로운 열매를 맺게 한 원동력이었음을 강조하는 것이다.

이처럼 춘향의 슬픔이 임과의 사랑을 방해하는 사회나 운명에 대한 체념과 원망에서 그치는 것이 아니라 전통적 한의 미학으로 승화될 수 있는 것은 전통적인 신화적 소재의 차용이 한몫한다.[40]

---

[39] 또한 포도는 '금단의 열매'를 상징하기도 하는데, "고서 '부도지(符都誌)'에 의하면 태고적에 지상에서 가장 높은 마고성(麻姑城)에 여신 마고가 살고 있었다. 마고성은 에덴동산처럼 죄악이 없는 낙원으로, 포도가 많이 자랐다. "넓고도 크구나, 천지여,/내 기운이 능가한다./이 어찌된 일인가./포도의 힘이로다."라는 노래로 불려지기까지 했다. 어느 날 사람들이 이 열매를 따 먹은 후부터 이가 크게 나며 사나워졌다. 이에 화가 난 여신이 성 안에 홍수가 나게 하여, 사람은 멸종 위기에 처하게 되었다. 이 설화는 성서의 창세기 설화와 유사한 것으로, 포도가 금단의 열매로 나타나고 있다." 여기에서도 마고성에 살고 있는 사람늘이 포도를 먹은 후부터 이가 크게 나고 사나워졌다는 것은 포도의 생명력과 풍요를 상징하고 있기 때문이다. 한국문화상징사전편찬위원회, 『한국문화상징사전』 2, 1995, 714~717쪽 참조 (앞으로 이 책의 인용시에는 '『한국문화상징사전』 2'로 기록하고 쪽수만을 기록한다).

또한 인간의 생존을 가능케 해 준 식량이 되는 두 식물은 밀과 포도나무이다. 그 중에서도 포도나무는 구세주의 식물로 여겨졌는데 포도주는 식물과 동물, 인간까지 포함한 우주 전체의 다산을 촉발하는 것이었다. 뤽 브느아, 박지구 역, 『기호·상징·신화』, 경북대학교 출판부, 2006, 88~89쪽 참조.

[40] 차영주, 「현대시에 나타난 춘향모티브 연구」, 순천대 석사논문, 2005, 41쪽.

오늘은 언덕 위에 靑靑한 한그루 임 같은 소나무에 오를까보다. 鶴같이야 깃을 쳐 못 오른다 할지라도 스미어 스미어서 오를까보다.

강물로 우리는 흘러가다가 마음드는 자리에 숨어 와보면, 머언 그 햇볕 아래 강물 만큼은 반짝인다 반짝인다 할 것 아닌가.

솔잎을 보아라, 알 것 아닌가.

우리의 몸이 요모 조모 구멍난 벌집이 되었을 때, 우리는 먼저 마음가는 데 두고는 그냥 못 있는다.

그리하여 드디언 푸른 것에 녹아가 정신나간 채로 우리는 안 지치는 한 그루 소나무가 될 것 아닌가.

無時로 낭패하기 쉬운 어지럼病이 우리를 잡아가, 우리는 썩어질 몸밖에 안 남는다 할지라도, 우리의 울음의 구슬 속에는, 문득 반짝이는 소나무가 한 그루 正確하게 서 있던 게 아닌가.

잘 다스려 보아라. 안 그렇던가.

―「한낮의 소나무에」 전문

위의 시에서 시적 화자는 "소나무"가 되고자 한다. 대나무, 꽃잎, 포도송이 등의 식물적 상징이 활용되는 사례의 연장이다. 특히 "우리"라는 시어를 자주 사용하면서 화자는 자신의 생각에 청자를 끌어들이는 어조를 취하고 있다. 임과 나는 이미 푸른 소나무와 같은 존재이다. 신화적 의미에서 중국에서는 소나무가 '행복한 혼인'을 상징하기도 한다.[41] 그런 의미에서 "청정한 한 그루 임 같은 소나무"에 학처럼 고귀하게는 오르지 못할지라도 천천히 스미어서 언젠가는 올라가 보자는 것에는 임과의 간절한 만남이 투사되어 있다. 이렇게 둘이 뒤섞여서 "강물로 우리가 흘러가다가 마음 드는 자리에 숨어 와 보면" 언제나 "그 햇볕 아래에 강물 만큼은 반짝이지 않

---

[41] "중국에서 고송은 숭배와 존경을 받는다. 태산 기슭의 한 그루 고송은 일찍이 진시황에게서 오품관(五品官)의 봉작을 받았다. 소나무는 잎이 모두 짝으로 되어 있어서 행복한 혼인을 상징하기도 한다."(『한국문화상징사전』 1, 431~434쪽 참조)

던가." 강물의 반짝임은 고난 속에서도 희망을 잃지 않게 만든다. 그렇게 되면, 비록 우리들의 몸이 고통에 시달리어 "요모 조모 구멍 난 벌집"이 되었다 할지라도, 더구나 우리의 육체의 한계 때문에 "썩어질 몸밖에 안 남는다 할지라도" 우리들의 마음에는 "문득 반짝이는 소나무"가 한 그루 정확하게 서 있게 되는 것이다. 여기서도 "우리들의 울음"은 그들을 소나무에 오르게 하는 매개가 되는 역할을 한다. 그러므로 마음을 "잘 다스려 보"는 것은 무엇보다도 중요한 일이다. 마음으로 흘리는 눈물이야말로 육체적 고통을 능가할 수 있는 유일한 소나무인 것이다.

우리 마음을 비추는
한낮은 뒷숲에서 매미가 우네.

그 소리도 가지가지의 매미 울음.
머언 어린날은 구름을 보아 마음대로 꽃이 되기도 하고 잎이 되기도 하고
친한 이웃아이 얼굴이 되기도 하던 것을.

오늘은 귀를 뜨고 마음을 뜨고, 아, 임의 말소리, 미더운 발소리, 또는 대님 푸는 소리로까지 어여삐 기뻐 그려낼 수 있는
明明한 明明한 매미가 우네.

-「매미 울음에」 전문

여기에서 임을 향한 춘향의 기다림을 대신해주는 소식통은 '매미'가 담당한다. 매미의 "明明"한 소리는 비록 보지는 못해도 임을 향해서 언제나 열려 있는 마음의 눈을 명시적으로 표현한 것이다. 왜 하필 매미가 이러한 전달자의 기능을 하게 되었을까. 매미는 신화에서 여러 가지 상징적 요소를 지니고 있다.[42] 가장 흔한 경우는 '부

활'과 '재생'을 상징한다는 것이다. 그렇기 때문에 매미소리는 임의 환생을 대리한다. 또한 임의 소식을 전하는 매개물로 구름이 빠지지 않는다. 바슐라르는 구름을 가리켜서 대낮에도 꿈꿀 수 있는 몽상의 대상이며, 몽상하는 사람이 변신을 하도록 돕는다고 하였다.43) 성인이라면 어린 시절 구름을 보면 그것이 "꽃이 되기도, 잎이 되기도 하고" 때로는 "친한 이웃아이 얼굴이 되기도 하던 것"을 기억하고 있다. 그러므로 연인을 기다리는 사람의 어린 아이 같은 심정은 매미소리와 구름에서 사랑하는 사람의 목소리를 듣고 그 형상을 읽어 낼 수 있는 것이다. 그렇다면 사방에서 "임의 말소리, 미더운 발소리, 또는 대님 푸는 소리"까지 들을 수 있게 된다. 굳이 임이 곁에 없다고 할지라도 온갖 자연 사물들이 그 소리와 형상의 전달자가 될 수 있기 때문이다. 물론 그 조건은 사랑하는 사람을 향한 간절한 기다림의 힘이다. 그것이 모든 감각을 예민하게 조직한다. 이렇게 되면 소리의 상상력은 '통합하는 감각'으로 변하여 소리를 통해 모든 것을 눈으로 그릴 수도, 마음으로 들을 수도 있는 역동적인 상상력으로 변모될 수 있는 것이다.

　　어지간히 구성진 노래 끝에도 눈물나지 않던 것이 문득 머언 들판을 서성이는 구름그림자에 눈물져 올 줄이야.

---

42) "매미는 햇볕을 피하여 허물을 벗음으로써 외각을 탈피하여 부활과 탈속의 상징으로 찬미되었다. 신선이 변신하거나 고승이 해탈할 때 선세라 했는데, 매미가 허물을 벗는다는 뜻이다. 또한 太陰원리, 여성 원리를 상징하며, 불사와 재생의 관념을 표상한다. 선연(嬋娟=嬋娟)이라는 단어는 매미의 조촐한 모양에서 곱고 예쁘다는 뜻으로 쓰이는 말로서, 매미의 신화적 여성 원리를 나타내고 있다. 우리 선조들은 매미 허물을 약재로 사용했다. 매미 허물에 재생의 주술적 기운이 서려 있다고 생각했기 때문이다. 중국의 민간에서는 사람이 죽어 매장 할 때, 비취로 조각한 매미를 입에 물리는 습속이 있다. 이는 부활, 재생을 바라는 염원에 기인한다. 또한 우리 조상들은 임금이 정무를 볼 때에 쓰던 익선관에 매미 날개 모양의 뿔이 붙어 있다. 이는 매미의 오덕(오덕: 文, 淸, 廉, 儉, 信)을 잊지 말아야 한다는 의에서 시작되었다. 또한 매미 蟬은 신선 선과 음이 같고, 또 이슬을 먹고 산다 하여 매미는 神仙의 상징이 있다."(『한국문화상징사전』1, 264~266쪽 참조).
43) 가스통 바슐라르, 정영란 역, 『공기와 꿈』, 이학사, 2000, 332쪽.

사람들아 사람들아,

우리 마음 그림자는, 드디어 마음에도 등을 넘어 내려오는 눈물이 아니란 말가.

— 문득 李道令이 돌아오자, 참 가당찮은 세월을 밀어버리어, 天地에 넘치는 바람의 화안한 그림자를 春香은 눈물 속에 아로새겨 보았을 줄이야.

-「바람 그림자를」전문

임에 대한 그리움이 여기에서는 그림자로 표현된다. 직접적으로 임을 만나볼 수 없는 화자의 간절함이 그림자에 투영되어 나타나는 것이다. 임의 모습은 그리하여 "머언 들판을 서성이는 구름그림자"를 통해 간접적으로 현시된다. 이때 구름은 눈에 비칠지 몰라도 구름 그림자는 그 특성상 "마음 그림자"에 투영될 것이다. 눈물로 바라볼 수 있는 것이기 때문이다. 이때 마음의 그림자는 심리학적으로 자아의 분신이며 인격의 무의식적 부분을 상징한다. 다시 말해서 그림자는 의식을 통해서 알려지지 않는 자아의 속성을 나타낸다. 이 속성은 개인에게 습관처럼 따라붙는 것으로서 일시적인 것이 아니라 고유한 것으로 자리잡고 있다.44) 임과의 만남이 그림자를 통해서 이루어진다는 것은 기다림의 영속성을 나타내는 것이다. 그러므로 구름 그림자는 기다림에 대한 화자의 열망의 크기가 반영된 것이다. 그 크기를 측정하는 것은 '마음의 그림자', 즉 '눈물'이다. "머언 들판을 서성이는 구름 그림자"를 알아채는 것은 "눈물"인 까닭이다. 그래서 시적 화자는 이렇게 말한다. "사람들아, 사람들아" 우리들의 "마음 그림자"는 "등을 넘어 내려오는 눈물"이라고 말이다. 마음으로 흐르는 눈물은 기다림의 극한에서 그리운 사람을 만나는 유

---

44) 융, C. G 외, 이윤기 역, 『인간과 상징』, 열린책들, 1996, 168쪽.

일한 방식인 까닭이다. 드디어 춘향이 그토록 그리워하던 이도령을 만났을 때, 그토록 고통스러웠던 "가당찮은 세월을 밀어버리"고, "천지에 넘치는 바람의 화안한 그림자"를 "눈물 속에 아로새겨" 볼 수 있게 된다. 지난 세월의 고통은 모두 눈물 속에 그림자로 가라앉아 있는 것이다. 만남의 기쁨은 오직 기다림으로 인내한 세월의 그림자 속에서만 강렬해질 것이기 때문이다.

이처럼 박재삼은 '춘향이'는 춘향이의 기다림의 고통이 우주적 울림을 얻고 있다는 것을 시적으로 실현해보여주고 있다. 이는 자연물에 투사된 시인의 마음이라는 고전적 서정의 원리를 현대적으로 계승한 사례라고 할 수 있다. 그러므로 박재삼은 춘향전의 줄거리나 사건을 제시하기보다는 그 기다림의 마음 상태에 집중하고 있는 것이다. 시의 부제인 '춘향이 마음'이 그런 것처럼 임과의 헤어짐 이후 다시 만남을 이루기까지 춘향의 '마음'에 시인의 상상력이 집중되어 있는 것이다. 임과 다시 만나기 전까지의 기다림의 시간은 단지 고통의 순간에 그치지 않고 상상의 세계를 통해 만남을 준비하는 모습을 보여주고 있다. 온갖 자연 사물과의 소통의 가능성은 이처럼 기다림의 간절함에서 기원하는 것이다. 이처럼 우주적 소통의 가능성 속에서 반드시 임을 만날 것이라는 확신, 그리고 기다림의 의지를 보존할 수 있었던 것이다. 따라서 여기에서 춘향의 마음은 '칠칠한 대밭 둘레길', '꽃나무', '우물집', '물방울', '칼 위의 겹쳐진 물방울', '달', '살구꽃 등속', '포도', '강물' 같은 식물이나 물의 이미지와 쉽게 소통할 수 있었던 것이다. 기다림의 열망을 통해서 온통 신화적 소통의 공간으로 화해진 것이다. 그런 반면에 이도령은 천상의 이미지인 '바람', '구름'이 되어 나타나기도 하고, '매미울음 소리'로 들려오기도 하고 '햇살'이 되어 내려 쬐기도 하며, 한 그루 청청한 '소나무'로 서 있기도 한다. 이처럼 춘향의 마음을 대변하는 자연물들은 어떤 주술적인 힘을 발휘하여서 현실의 어려움과 고난을 극복하게 만든다. 이를 통해 알 수 있듯이, 시인 박재삼은 의식적으로 자신의 시적 아니마의 대상으로 여성화자인 '춘향'을 내세웠다. 그것은 춘향이라는 인물이 임을 기다리는 지고지순한 사랑의 표상이면서, 또한 우리 민족의 보편적인 정서를 압축적으로 보여주는 사례이기 때문이다. 사랑하는 임을 기다리는 지고지순한 마음은 기다림의 고통을 감내하면서 결코 절망하지 않는 힘이 되며, 언젠가 임을 만나겠다는 기다림의 열망으로 인해서 온 우주는 신화적 공간으로 화하게 된다.

또한 부드러운 여성적 어조와 친화적인 판소리 어조는 시적 화자의 마음을 전달하는 데 있어서 신뢰감을 주며, 눈물어린 고통의 흔적에 쉽게 공감하게 만든다. 그것들이 우리들의 무의식에 잠재하는 아니마를 자극하기 때문이다. 그리고 이는 비단 특정한 시대적 공감에서 그치지 않고 후대의 독자에게도 마음에 '울림'의 감동을 줄 수 있게 한다. 그 이유는 '춘향의 차용' 자체가 고전의 단순한 복원에 머물지 않고 고전의 독창적 변용을 통해 새롭게 창조해낸 결과에서 기인한다.

2. 흥부처: 가난의 축복

신화적 인물의 차용은 주제를 구현하는 적극적인 장치이며, 상상력으로 인한 주제전달의 측면에서 배가의 효과를 올리는 능동적인 장치라고 할 수 있다.[45] 신화는 원형적 상상작용(Archetypal Imagining)이 플라톤에 있어서 이데아의 세계와 프로이트의 무의식의 세계에서 발상을 얻은 것으로 융이 말한 무의식과 같은 뜻으로 개인의 의식을 떠나 집단적, 신화적인 공동체에서 기능하는 상상력[46]이기 때문

---

45) 이명희, 앞의 논문, 2002, 70쪽.
46) 오세영, 『문학과 그 이해』, 국학자료원, 2003, 588쪽.

이다. 설화적 사건의 수용은 인류의 원형적 사건의 세계로 돌아감을 의미하는데, 이러한 원형적 시간은 역사적 시간을 뛰어넘어 영속적 의미를 갖는다. 그 점에서 인간 자신이 역사적 순간을 초월하고 원형을 되살리고픈 욕망을 터뜨리면, 인간은 종합적 보편적 존재로서 자신을 실현하게 된다.[47] 그의 작품에서 흥부는 서민들의 가난을 대표하는 인물이면서 가난한 자신의 현재의 모습이라고 할 수 있다. 그러나 화자는 자신이 깨닫지 못했던 삶의 철학을 시 속의 흥부 부부를 통해 조금씩 알게 되고 가난을 극복하는 재창조된 화자의 아니마를 만나게 된다. 흥부처는 화자의 아내로서의 아니마적 표상이라고 할 수 있을 것이다. 흥부 부부는 서로에게 거울 같은 존재로 흥부의 내면과 흥부처의 내면은 같은 것이다. 또한 화자의 삶에 늘 상 함께 했던 가난은 흥부 부부의 웃음살을 통해서 가난을 초탈한 낙관적인 모습으로 재창조된다.

  소슬한 찬바람이 유달리
  그의 지붕에 많이 돌던 날
  박을 타다가 흥부는
  이것이었던가 이것이었던가
  金銀寶貨로 울었다.

  흥부 마누라도
  이마에 머리카락이 두어 날 흐르면서
  울음살에 젖었다.

  수수한 박나물로 한배 채우고
  그러면 족한데요 제왕님!

---

[47] 엘리아데, 이재실 역, 『이미지와 상징』, 까치, 1998, 41~42쪽.

부잣집 밥먹듯 굶은
이 浮黃은 내 얼굴에
天命으로 印찍힌 것인데요.

이 일을 어쩔꼬, 흥부는
짓지도 않은 죄를 떠올리고
벼락 맞듯이 흠칫하였다.

그의 마당에 내려앉은 가을 하늘 한 자락
그것을 이어간 아득히
생시의 꿈,
공중에는 기러기 울음도 떴다.

-「흥부의 가난」 전문

흥부의 가난을 밀도 있게 그려 낸 시이다. 1연에서 3연은 흥부네 가난한 생활의 묘사이다. 2연에서는 흥부마누라도 박을 타면서 금은보화를 꿈꾸고 있다.

"부잣집 밥먹듯 굶은/이 浮黃은 내 얼굴에/天命으로 印찍힌 것"이라는 구절은 가난의 절정으로 가난을 운명으로 생각하는 화자의 체념적 태도를 읽을 수 있다. 그러다가 "짓지도 않은 죄를 떠올리고/벼락 맞듯이 흠칫하였다."는 것에서 가난한 화자 부부가 흥부전의 박처럼 무상으로 금은보화를 꿈꾼다는 것이 마치 죄인양 느껴졌다는 것으로 화자의 무의식적 '그림자'48)에 대한 스스로의 반성이라고도 할 수 있다. 5연에서는 "그의 마당에 내려앉은 가을 하늘 한

---

48) "그림자는 우리가 수치스러워 무의식 속에 파묻어버리고자 하는 비천하고 반사회적인 욕망을 나타낸다. 그것은 우리가 그것에 대한 단단한 통제력을 잃기라도 하면 우리를 어두운 행동으로 몰아갈지도 모른다고 느껴지는 내적 공포이다. 근대적 전설에는 자신의 학문생활에 염증을 느끼고 악마와 계약을 맺었던 파우스트, 혹은 자기가 만든 약을 먹고 하이드씨로 변한 지킬 박사이다."(데이비드 폰태너, 앞의 책, 17쪽)

자락이 생시에 이어간 꿈의 공중에 기러기 울음이 떴다는 것"에서 기러기는 동양문화에서 행복한 결혼을 상징[49]하는데 여기서는 홍부 부부의 상징으로 가을이라는 계절의 성스러운 이미지의 신화적 상징성,[50] 하늘이라는 운명, 창조자의 신화적 상징성[51]과 맞물려 그토록 처절한 가난에도 행복의 꿈을 꾼다는 마무리를 하고 있다고도 볼 수 있다.

　골목골목이 바다를 향해 머리칼 같은 달빛을 빗어내고 있었다. 아니, 달이 바로 얼기빗이었었다. 홍부의 사립문을 通하여서 골목을 빠져서 꿈꾸는 숨결들이 바다로 간다. 그 程度로 알거라.

　사람이 죽으면 물이 되고 안개가 되고 비가 되고 바다에나 가는 것이 아닌것가. 우리의 골목 속의 사는 일 중에는 눈물 흘리는 일이 그야말로 많고도 옳은 일쯤 되리라.
　그 눈물 흘리는 일을 저승같이 잊어버린 한밤중. 참말로 참말로 우리의 가난한 숨소리는 달이 하는 빗질에 빗어져, 눈물 고인 한 바다의 반짝임이다.

-「가난의 골목에서는」 전문

　가난한 골목에 달빛이 비치고 있는데 화자는 이를 얼기빗이라고 했다. 빗은 신화에서 '징표'의 상징성[52]을 갖는다. 얼기빗은 '얼레

---

[49] "중국이나 일본에 있어서 기러기의 상징적 의미는 우리의 그것과 유사하다. 중국에서 기러기는 원앙, 봉황과 마찬가지로 행복한 결혼의 표시가 된다. 기러기는 언제나 짝을 지어 생활하므로 기러기 그림은 가장 적합한 결혼예물로 사용한다."(『한국문화상징사전』 1, 104쪽)
[50] "고대 국가에서 행한 제천의식은 가을에 시행 되었는데 이러한 점은 가을은 인간 세상과 하늘이 감응하고, 수호신 등을 섬기는 성스러운 계절임을 표상한다."(『한국문화상징사전』 1, 10쪽)
[51] "하늘은 신화적으로 창조자 초월적 존재자라는 상징성을 갖으며, 동양 문화에서는 창조자, 운명의 상징성을 갖는다."(『한국문화상징사전』 1, 623~628쪽 참조)
[52] 『한국문화상징사전』 1, 352쪽.

빗'의 방언이다. 화자가 달빛을 얼기빗이라고 표현한 것은 달빛이 동양문화에서 천신과 풍요라는 상징53)으로 미루어 '천신의 상징'으로 볼 수도 있다. 골목은 달빛을 받으며 바다를 향하고 있다. "흥부의 사립문"은 '가난의 출입구'와 같으며 만물을 똑같이 비추는 꿈꾸는 달빛의 숨결은 가난의 출구를 빠져나와 바다로 간다. 여기서 바다는 꿈과 희망과 용기와 용서 같은 모든 것이 들어 있는 신화적 장소54)가 된다. 화자에게 바다는 구원의 이상향이며, 현실과의 화해의 공간이기도 하다. 이 바다에 도착한 달빛은 모든 것을 새로 만드는 부활과 재생의 도구가 된다.

"사람이 죽으면 물이 되고 안개가 되고 비가 되고 바다에나 가는 것이 아닌것가."라는 구절에서 우리는 '물 → 안개 → 비 → 바다'로 가는 화자의 순환적인 시간관의 신화적 상상력을 읽을 수 있고 죽음을 넘어선 초월의 경지를 읽을 수 있다. "우리의 골목 속의 사는 일 중에는 눈물 흘리는 일이 그야말로 많고도 옳은 일쯤 되리라"라는 것은 우리네 인생사에는 '가난 때문에 눈물을 흘리는 일 말고도 눈물 흘리는 일이 많고도 옳다'는 뜻으로 가난이 인생에 있어서 큰 문제가 되지 않으며 이 외에도 눈물 흘리는 일은 많이 있고 그것이 옳다는, 가난을 초탈한 인생관, 눈물을 초탈한 인생의 달관자적인 자세를 읽을 수 있다. 그의 가난은 "눈물고인 한 바다"이다. 그것은 바다라는 넓은 공간이 눈물로 고일만큼 가난이 극심하다는 것이다. 그러나 그의 가난의 숨소리는 '달빛'이라는 신성성에 빗질되어 "눈물고인 한 바다의 반짝임"으로 승화되었다. 이렇게 '눈물'은 바다라는 신화탄생의 공간에서 달빛을 받아 '반짝임'으로 승화되었다.

이 시를 신화론적 전개유형55)으로 살펴보면 흥부의 세상으로 나

---

53) 『한국문화상징사전』 1, 192~196쪽 참조.
54) M. 엘리아데는 물은 가능성의 우주적인 총체라고 하였다. 그것은 일체의 존재가능성의 원천이며, 저장고이다. 그것은 모든 형태에 선행하며 모든 창조를 뒷받침한다. 엘리아데, 이동하 역, 『성과 속』, 학민사, 1989, 100쪽.

타나는 홍부네 골목은 가난하여 눈물 흘리는 일이 그야말로 많고도 옳은 일이라고 생각한다는 '문제제기' → 사람이 죽어서 물, 안개, 비가 되어 바다에 도착하는 것처럼 홍부네 가난의 골목은 달빛에 빗질되어 바다에 도착한다는 것은 '해결의 시도' → 가난한 숨소리는 '눈물고인 바다의 반짝임'이 되었다는 '해결'의 순차적 과정의 구도를 갖는다. 이러한 홍부네와 같은 우리들의 가난한 숨소리가 바다에서 죽음을 통한 통과의례56)를 겪으며 '바다의 반짝임'으로 다시 탄생한 것은 이중탄생의 신화적 원리라고 할 수 있다.

    홍부夫婦가 박덩이를 사이하고
    가르기 前에 건넨 웃음살을 헤아려 보라.
    金이 문제리,
    黃金 벼이삭이 문제리,
    웃음의 물살이 반짝이며 정갈하던
    그것이 확실히 문제다.

    없는 떡방아소리도
    있는듯이 들어 내고
    손발 닳은 處地끼리
    같이 웃어 비추던 거울面들아.

---

55) 신화는 보통 공통된 전개유형을 가진다. '문제의 제기', '해결의 시도', '해결'의 순차적 과정이다. 예를 들어 "남매혼설화"의 경우에는 대홍수를 만나 모두가 죽고 남매만 살아남아 絶孫의 위기에 직면하는 것은 '문제의 제기'이다. 맷돌을 굴리거나 연기를 피워 올려 하늘의 뜻을 묻는 것은 '해결의 시도'이다. 하늘의 許婚徵表에 의해 남매는 결혼하여 인류의 시조가 된다(나경수, 『한국의 신화연구』, 교문사, 1993, 285~293쪽).

56) 통과의례란 출생·입사·결혼·타계 등 일생의 삶의 과정에 따르는 의례적인 장치이다. 이것의 일반적인 절차는 분리와 통합의 원칙에 따라 pre-liminal에서 liminal을 거쳐 post liminal에 이르는 것이다(위의 책, 310~325쪽 참조).

웃다가 서로 불쌍해
서로 구슬을 나누었으리.
그러다 금시
절로 面에 온 구슬까지를 서로 부끄리며
먼 물살이 가다가 소스라쳐 반짝이듯
서로 소스라쳐
本웃음 물살을 지었다고 헤아려 보라,
그것은 확실히 문제다.

-「흥부 夫婦像」전문

이 시는 흥부전에서 박을 타는 장면에서 그 모티프를 따온 것이다. 그러나 정작 박을 타는 장면은 중요치 않다. 어찌 박을 탔는지, 박에서 무엇이 나왔는지는 정작 중요한 일이 아니라는 뜻이다. 시의 초점은 단지 박을 타기 전에 흥부 부부 사이에 오고간 마음 상태에 집중되어 있다. 그 마음의 나눔을 통해서 부부란 무엇인지를 간접적으로 현시하고 있다. 흥부 부부를 보면, 그들은 없는 떡 방아 소리도 마음으로는 있는 듯이 만들어낼 줄 안다. 얼마나 손발이 잘 맞는지 서로가 "거울" 같은 존재들인 것이다. 시적 화자는 부부가 일심동체란 말의 전형적인 사례를 흥부부부에서 발견한 것이다. 흥부의 마음은 곧 흥부처의 마음일 것이다. 가난하지만 행복할 수 있었던 것은 그들이 서로 "거울"인 까닭에서 연유한다. 그들은 "웃다가"도 서로의 얼굴을 보며 "서로 불쌍해"져서 "구슬"을 교환했을 것이다. 그러다가 서로를 쳐다보며 "서로 부끄리며" "소스라쳐" 놀랐을 것이다. 가난하다고 해도 서로를 사랑하는 마음을 담고 살아가는 부부, 그러나 정작 사랑을 표현하는 일에는 부끄러워하는 앳된 부부의 모습이 그려져 있다. 그리하여 결국에 다시 "本웃음"으로 되돌아오게 된다. 그 웃음은 "황금 벼이삭"을 보고 웃는 탐욕스런 웃음이 아니다. 가난하지만 거울처럼 서로 의지하면서 살아갈 수 있는 마음 상태가 웃음의 근본인 것이다. 그들이 박을 사이에 두고 나누었던 진정한 웃음은 박이 없더라도 본래부터 가지고 있었던 자산이라고 할 만하다. 실제로 가난을 몸소 체험했던 시인으로서 가난의 진정한 의미를 강조하고 있는 작품이라 하겠다. 이처럼 흥부 부부가 박덩이를 사이하고 가르기 전에 건넨 "웃음살"은 금이나 황금 벼이삭 같은 물질적 풍요를 기대하는 웃음보다도 소중하고 값진 것이며, 그것이 "本웃음"이라는 메시지는 다음과 같은 작품에서 다시 반복된다.

千石꾼 萬石꾼의 재산 불어나는
그 기쁜 인생도
저 햇빛과 바람이 짜 올리는
씨와 날의 밝고 넘치는 것을
당할 수야 없으리.

하늘이여
저 햇빛과 바람이 짜내는 엄청난 재산을
누구나 골고루 갖게는 하되
욕심많은 놀부한테보다 더 많이
흥부한테는 눈물 섞어
그것을 갖게 하는 곡절을
나는 오늘 비로소
마태복음에서 읽어낸 참이노라.
— 「흥부의 햇빛과 바람」 전문

햇빛과 바람이 짜 올리는 밝고 넘치는 자연은 어느 만석꾼의 재산 불어나는 인생보다도 아름답다는 화자의 자연관이다. 이러한 자연은 누구에게나 골고루 나눠진다. 자연은 부자나 가난한 자나 모두에게 공평한 것이다. 바람은 신화적 상징으로 볼 때 우주의 숨이요,

풍요이다[57] 그러나 흥부에게 햇빛과 바람을 "눈물 섞어 갖게 하는 곡절"을 이제야 알았다는 것은 자연이 화자가 '가난'이라는 시련을 겪고 난 후에야 햇빛과 바람이 만들어내는 우주의 풍요로움 같은 삶의 진리를 깨닫게 해 주었다는 것이다.

> 南海岸 어디쯤이던가
> 夫婦바위가 마주보며
> 살아오고 있었다.
> 어느 햇가는
> 아내바위가 얼굴 가득
> 진달래를 피우더니
> 곁들여 부끄러움도 타면서 어느새
> 저쪽 건너의 다른 숫바위에 대하여
> 눈짓을 주고 고개를 돌리는 것 같더니,
> 그래서 남편 바위가
> 제발 그러지 말라고
> 달래는 것 같더니,
> (이럴 때도 그 夫婦바위가
> 내 마음엔 예쁘게 비쳐 왔다)
> 상당한 세월이 지나자
> 이제는 그런 일이 없었던 듯
> 조용히 다시 마주보며
> 주름진 얼굴로 살아오고 있다.
> (이럴 때도 그 夫婦바위는
> 역시 내 마음엔 아름답게 비쳐 왔다.)
>   -「夫婦바위」전문

---

57) 『한국문화상징사전』 1, 301쪽.

위의 시는 사랑이 어려움을 겪기도 하지만 끝내는 어려움을 이기고 변하지 않는 사랑의 길을 간다는 마을의 전설을 형상화 한 시다. 부부간의 사랑을 '바위'라는 사물에 이입하여 사랑의 견고함과 변함없음을 나타내는 시로 화자의 부부애를 나타낸 것이라고도 할 수 있다. "아내 바위가 얼굴 가득/진달래를 피우더니/곁들여 부끄러움도 타면서 어느새/저쪽 건너의 다른 숫바위에게 눈짓을 주고 고개를 돌리는 것 같더니"라는 표현은 아주 잔잔하면서도 정감어린 표현으로 부부간의 사랑의 시작을 다감하게 표현하였다. 얼굴 가득 진달래를 피운다고 한 것은 아내의 사랑을 분홍의 한국적 정서인 진달래꽃에 빗대어 나타낸 것이며, 곁들여 부끄러움도 띄운다는 것은 아내의 순박함과 천진함을 나타낸 것이라고 할 수 있다. "저쪽 건너의 다른 숫바위에게 눈짓을 주고 고개를 돌리는 것 같더니,/그래서 남편 바위가/제발 그러지 말라고/달래는 것 같더니"는 한국 남편의 무뚝뚝하면서도 깊은 속내를 들키고 싶지 않은 화자의 발상이다. "상당한 세월이 지나자/이제는 그런 일 없었던 듯/조용히 다시 마주보며/주름진 얼굴로 살아오고 있다."는 것은 세월과 함께 서로에게 익숙해져 눈빛만으로도 서로의 사랑을 아는 흥부전의 부부애를 화자의 부부애로 승화시킨 것으로 "주름진 얼굴"에서 전통적인 우리 정서인 속 깊은 부부간의 정을 느낄 수 있게 해준다.

지금까지 살펴 본 바와 같이 흥부와 흥부처는 서로 거울 같은 존재들로서 흥부처는 가난을 극복하는 아니마로서의 표상이라고 할 수 있다. 화자는 시 속에서 흥부 부부의 삶과 그들의 마음을 따라가 보면서 삶의 철학을 조금씩 깨닫게 된다. 흥부 부부에게 가난은 문제가 되지 않는다. 흥부 부부상을 통해 웃음의 물살이 반짝이며 정갈하던 마음을 알아내고, 어떤 물질보다도 햇빛과 바람 같은 자연이 만드는 엄청난 풍요와 우주의 숨결을 깨닫게 된다. 세상사 눈물을 흘리는 일은 많고도 옳은 일이며, 흥부 부부의 가난의 눈물은 바다에 이르러 달빛을 받아 '반짝임'이라는 승화된 깨달음으로 전환된다. 화자의 부부는 가난이라는 천명 같은 슬픔에도 웃음의 물살을 지으며 바위처럼 단단하고 변함없이 서로 마주보면서 주름살을 늘리며 살아가는 것이다.

3. 심청: 죽음의 극복

 신화는 인간이 현실에서 실현하고자 하는 꿈의 구현이자 주술적인 공간으로 그것은 인간의 한계를 실감한 현존자의 슬픈 노래이거나 희망을 갈구하는 절규가 되기도 하며, 나지막한 목소리로 전하는 은근과 끈기의 고백으로 나타나기도 한다. [58] 오탁번이 "좋은 시야말로 진정한 우주적 존재이며, 무의식과 신화의 세계 깊숙이 숨어 있는 인간적 소망을 비유와 상징으로 잡아당겨 완벽한 작품으로 재현하는 시인들의 몽상이야말로 기막힌 마법이 아닌가!"[59]라고 말한 것처럼 천상과 지상의 깊숙한 우주적인 존재의 무의식을 끌어내어 인간의 심리를 비유와 상징으로 나타내는 시는 인간이 현실에서 실현하고자 하는 꿈을 신화적 세계에서 찾으려고 한다. 심청전은 심청이 효를 위해 바다에서 한 번 죽은 후 부활하여 마법 같은 신분의 상승으로 행복을 찾는 우리의 고전이다. 이러한 고전을 시로 차용한 것은 심청이 바다라는 저승을 한 번 다녀왔다는 죽음과 재생의 신화소 때문이다. 신화 속에서 죽음은 끝이 아니다. 죽음이 삶의 꼬리를 물고 있는 우로보로스의 뱀의 형상을 띠고 있다는 말이다. 따라서 신화 속에서 죽음은 장소가 바뀐 또 다른 삶이다.[60] 죽음은 신화에서 통과의례가 된다. 통과의례는 인간이 자연적인 인간을 넘어서고

---

58) 이명희, 앞의 논문, 10쪽.
59) 오탁번, 「시를 사랑하는 젊은이들에게」, 홍성원·오탁번·김명인·최동호 편, 『문학을 사랑하는 젊은 이들에게』, 고려대학교 출판부, 1998, 5쪽.
60) 표정옥, 『현대문화와 신화』, 연세대학교 출판부, 2007, 47쪽.

어떤 의미로는 폐기된 다음에야 비로소 완전한 인간이 되는 것을 말해 준다. 통과의례는 역설적이고 초자연적인 죽음, 부활, 혹은 제2의 탄생으로 요약될 수 있는데 시련과 상징적인 죽음 및 부활을 포함하는 통과의례의 제의는 신, 문화적 영웅, 신화적인 조상에 의해 정착된다. 따라서 이들 제의는 초인간적 근원을 가지며, '신참자'는 그것을 수행함으로써 초인간적이고 신적인 행위를 모방하게 된다.61)

이것은 우리의 고전 바리데기에도 나타나는 신화로 세계 여성신화의 대표적인 테마이다. 바리공주가 무조신이 된 이유는 저승 세계에까지 가서 부모의 병을 고칠 약수를 구해 온 데 있었다.62) 이렇게 저승을 다녀와 신성성을 획득한 신화적 사유는 수메르의 '이난나 신화'나 바빌로니아의 '이슈타르 신화'에서도 나타난다.63) 또한 심청은 대지의 여신이며 곡물의 신 데메테르의 딸, 페르세포네와 대비될 수 있다. 융이 페르세포네를 포함한 그리스 신화의 신성한 소녀 코레에게서 본 영웅소녀와 같은 면을 심청의 이미지가 가지고 있다고 볼 수도 있다. 이러한 영웅소녀의 신화소는 미래의 가능성을 간직한 채 발전 분화되기를 기다리는 아니마 원형상이다. 따라서 심청과 바리공주의 이야기는 자기실현의 과정을 상징적으로 보여준 것이라고도 볼 수 있다. 왜냐하면 심청이 아버지에 대한 사적인 인정과 의존을 넘은, 보다 큰 원칙에 자기를 맡기고 보다 큰 사명에 봉사하려고 하는 비장한 각오가 엿보이며 그것은 천상의 신에 봉사하려는 자만이 할 수 있는 일64)이기 때문이다. 이것은 심청을 주술적 능력을 가진 무속적인 신으로 본 것이라고도 볼 수 있다. 박재삼의 시에서는 이러한 신화적 사유에서 심청전의 줄거리를 생략하고 결과만을 차용하여 우리에게 심청전 같은 일들이 나타나기를 바란다.

---

61) 안진태 『엘리아데·신화·종교』, 고려대학교 출판부, 2005, 476~477쪽 참조.
62) 김화경, 『세계 신화 속의 여성들』, 도원미디어, 2003, 277~279쪽 참조.
63) 위의 책, 278~290쪽 참조.
64) 이부영, 『아니마와 아니무스』, 한길사, 2003, 266~272쪽.

울고 웃는 것이 한가지
결국은 한 바다로 오는 것인가.

우리의 사는 길은 아리아리
골목이 엇갈린
햇볕 半 그늘 半,
바다에도 그런 골목길이 있는가.

애타는 一萬肝臟이 다 녹으면
때와 곳이 없는가,
아무것도 없는가.

아무것도 없는 데서 차라리
우리나라의 바다여!
沈淸傳속의 크낙한 꽃이
다시 솟아서
끝장이 좋을 날은 없는가,
오롯한 꿈으로서 묻노니.

－「꿈으로서 묻노니」 전문

  가난한 심청이 연꽃으로 존재가 변하는 것은 주술적 상상력이라고 할 수 있다. 변화한 연꽃이 우리 앞에 나타났듯이 우리네 삶에 그러한 날, 끝장이 좋을 날이 있기를 화자는 심청전의 결말을 연상하며 바라고 있다. 칼 크레니가 "물은 원소들 가운데 가장 신화적인 것이다"라고 쓸 때 예감하는 것은 물이 부드러운 몽환 상태의 요소이기 때문이라고 하였다.65) 물은 설화적 인물들에게 신화를 만든

---

65) 가스통 바슐라르, 김웅권 역, 『몽상의 시학』, 동문선, 2007, 225쪽.

다. 서양에서는 마술사가 마술을 부리기 위해 테이블 위해 존재, 사랑, 지혜, 깨달음을 상징하는 물건을 놓는다고 한다.66) 위의 시에서도 "울고 웃는 것은 한가지"라는 인생의 깨달음과 "우리의 사는 길은 골목이 엇갈린 햇볕 ₩ 그늘 ₩"의 세상이라는 깨달음을 얻은 후에 이 바다라는 창조의 공간에서 주술적 힘을 발휘하는 것이다. 다시 말하면 "울고 웃는 것이 한 가지/결국은 한 바다로 오는 것"이라는 것은 세상의 기쁨과 슬픔의 이치가 한가지로 같으며 결국은 하나의 종착점인 바다에 도착한다는 뜻이다. 인생의 종착점을 '바다'로 보고 있는 것이다. 여기에 이르러 애타는 일만 가지 간장이 바다에 다 녹아 때와 곳도, 아무것도 없는 데서, 즉 無의 상태에서 심청전 속에 나왔던 크낙한 꽃이 다시 솟아나길 바라는 화자의 마음이다. 심청전 속의 꽃은 연꽃이다. 연꽃은 문화권에 따라 다양한 상징을 함축한다.67) 특히 동양에서는 재생과 윤회, 환생의 종교가 되며 이것은 신화의 단초가 된다. 그리고 서양에서는 혼란한 물질로부터 분명한 깨달음 속으로 올라가는 영혼을 나타낸다.68)

　바다는 "애타는 일만 간장"을 다 녹인 후 하나의 커다란 연꽃으로 다시 탄생시킨 주술적 장소가 된다. 여기서 "애타는 일만 간장"은 심청이의 내면에 간직된 설움으로 인한 내재적 열기로 볼 수 있다. 흔히, 주술적 종교적 힘은 매우 생생한 열기로 표현되는데 그 능력을 '불타는' 것으로 표현했다. 초기의 주술사와 마법사들이 소금물

---

66) 데이비드 폰태너, 최승자 역, 앞의 책, 172쪽.
67) "중국에서 연꽃은 부처의 상징 이전부터 태양보다 높은 존재인 天帝를 상징하였다. 불교 전래 후 연꽃은 빛의 상징이며, 생명의 근원으로 인식되기 시작하였다. 인도에서 1000장의 꽃잎이 있는 연꽃은 중심, 최후의 계시를 상징하였다. 한국에서 연꽃은 불교의 교리를 상징하는 만다라로 상징된다. 그리고 윤회와 환생이라는 상징적 의미로 많이 사용되었다. 심청전에서 인당수에 빠진 심청은 연꽃으로 다시 인간 세상에 태어났는데, 이때의 연꽃은 환생을 상징하며, 민중의 집단적인 소망을 표현한 것이다. 이집트에서 연꽃은 불사조와 탄생과 재생이라는 상징성을 지닌다. 이집트에서 연꽃은 태초에 물에서 태어난 최초의 꽃이며, 태양은 이 꽃에서 탄생하였다. 또한 왕위를 상징하기도 하는데 그리스 신화에서 연꽃은 헤라와 제우스의 사랑의 침대이다."(『한국문화상징사전』 1, 476~480쪽 참조)
68) 데이비드 폰태너, 최승자 역, 앞의 책, 105쪽.

이나 고춧가루를 탄 물을 마시거나 극도로 자극적인 식물을 먹었던 것은 그들 내부의 '열기'를 증폭시키기 위해서였다고 한다.[69]

일만 가지 애타는 설움을 안고 바다에 뛰어든 심청이 아무것도 없는 바다에서 크낙한 연꽃으로 다시 솟아나서 이후의 모든 일들이 일시에 해소되고 행복한 결말을 맺었던 것처럼 우리에게 심청전 같은 일들이 나타나기를 바라는 화자의 소망이다. 대개의 신화에서 여성신이 겸비한 것은 지혜와 용기를 갖은 신성성의 모습으로 생산력의 소유자로 나타나기도 한다. 심청은 일만 가지 불타는 근심을 가지고 바다에 녹아들었으니 그 용기가 신화적이며 연꽃으로 환생하여 세상을 환하게 만들었으니 생산력의 소유자인 것이다. 그래서 심청이는 화자에게 여신 같은 존재이며 화자는 이러한 존재가 나타나기를 간절히 바라고 있다.

> 말이 될까 몰라, 가령 하늘속같이 맑은 기운이
> 마음의 곳간을 넘치는 사람이 몇은 살아서
> 봉사잔치나 본받아서 몰라,
> 미친 사람도 대접할 날 있을까 몰라.
>
> 잘못되어 눈감은 沈봉살까,
> 희안케 눈뜨고 딸 만나고 榮華한 것 본받아서
> 잘못 미친 사람들도 맑은 기운을 맑은 기운으로
> 바로받게 할 날이 없을까 몰라.
>
> 하늘맑고 물맑고 바람맑고 수풀맑고 千萬年을 그럴진대,
> 그것을 서나 누으나간에 바라보아 어질어질 사람이면 조금은 미칠만도 한 것을.

---

69) 엘리아데, 강웅섭 역, 『신화·꿈·신비』, 숲, 2006, 182~183쪽 참조.

그러나 그렇게 곱게 미쳐가기 전에 鐵板대기에 햇빛 아울러
마음 꺾이어 미쳐버린 사람들을.
그 미쳐버린 사람들을 무성히 두고, 글쎄,

아직도 성한 사람은 안 게을리
마음의 꽃밭에 가끔 손잡고 가서
잔치에나 대접하는 마음으로 몰라.
맑은 기운이나 바로받게 기름부어 줄 날이 있을지 몰라.

―「無題」 전문

  이 시는 심청전의 심봉사를 몽상의 대상으로 삼고 있다. 심봉사가 눈감은 것은 뭔가가 "잘못되어서" 그런 것이고 그래서 심봉사는 답답함에 미쳐 있다고 재구성하고 있다. 이것은 화자의 답답함을 심봉사를 통해 드러낸 것으로 "하늘 속같이 맑은 기운이/마음의 곳간을 넘치는 사람이 몇은 살아서/봉사잔치나 본받아서 몰라./미친 사람도 대접할 날 있을까 몰라."라고 하면서 언젠가는 심봉사 같이 소외된 사람들도 행복하게 사는 날이 있기를 소망하고 있다. 이것은 화자가 현재적인 자아에서 끊임없이 벗어나기를 시도하며 새로운 질서로 편입되기를 희망70)하는 초월적인 시간의 상상력으로 보여주고 있다. 또한 심봉사가 눈을 뜬 것은 심청이 때문이었기 때문에 심봉사가 눈을 뜨고 잔치에서 대접받듯 그런 날이 오기를 바라는 소망이 들어 있다. 이러한 세상을 만들어 주는 심청을 주술적 능력을 가진 여신으로 본 것이다. 이것은 심봉사를 세상에서 소외받는 박재삼의 또 다른 분신이라고 보았을 때 여기에 나오는 심청은 화자의 아니마상으로 죽음을 통한 희생정신71)으로 주술성을 획득하여 연

---

70) 심재휘, 『한국현대시의 시간』, 월인, 1998, 112쪽.
71) 이부영, 『자기와 자기실현』, 한길사, 2002, 262쪽.

신으로까지 승격되는 주술적 요소의 가미로 화자, 즉 박재삼의 자기 혁신을 촉구하는 의미가 담겨 있다고도 할 수 있다.

지금까지 살펴 본 바와 같이 심청전을 차용한 화자의 의식 속에 심청이는 주술사로서 존재했다고 할 수 있다. 왜냐하면 심청이는 불만족스런 이 세상을 단번에 바꿔줄 수 있는 엄청난 힘을 갖고 있기 때문이다. 그래서 심청이는 신화적 창조에서 여신으로 승격된다. 그리고 주술사는 동일한 원인이 언제나 동일한 결과를 낳는다는 것을 의심하지 않고 적절한 주문과 더불어 적절한 의식을 거행하면 반드시 바라는 결과가 나온다는 것을 믿기 때문에 화자는 심청이 주술을 행할 날이 꼭 올 것이라고 믿는다. 이것은 동종주술로서 유사의 법칙에 의한 주술이다. 이것은 죽음을 초극하고 주술적 동일성을 획득한 심청이를 생산의 소유자로 보면서 보다 큰 원칙에 자기를 맡기고 보다 큰 사명에 봉사하면서 온갖 고난을 극복하고 자기성취의 모습을 갖는 화자의 아니마적 표상이라고도 볼 수 있다.

4. 남평문씨 부인: 새로운 신화

신화는 모든 사물에 신성성과 함께 인간적인 모습을 재생시킨 이야기들의 구현체이다. 또 시인의 기억 속에 남은 유년의 흔적들의 표상이자 근원적 그리움의 무의식이기도 하다. 이 때 기억은 순환적인 상상력의 산물로서 상징소들을 드러낸다.72) 노트롭 프라이가 그의 원형상징론에서 '영원한 여성(eternal famale)'이란 자기희생을 통해 무한의 사랑을 실현하고 또한 자기희생을 통해서 타자를 구원시키는 여성이라고 말했던 것과 같은 것이 된다. 아니마는 남자의 마음을 올바른 내적 가치와 합치도록 하여 보다 깊은 마음의 심부에 이르는

---

72) 이명희, 앞의 논문, 68쪽.

길을 열어주는 역할을 한다. 이러한 내적 안내자가 될 수 있는 여성상으로 단테의 천국에서의 베아트리체나, 황금의 당나귀(The Golden Ass)의 유명한 저자인 아풀레이우스(Apuleius)를 보다 고귀하고 더욱 영적인 삶으로 인도하기 위해 그의 꿈에 나타난 여신(女神) 이시스가 있다.73) 박재삼에게는 이러한 아니마로 다른 시인들과는 다른 독특한 여성상이 창조되었다. 그것은 '남평문씨'라는 허구적 인물이다. 이는 융이 말하는 아니마가 발달하는 단계74)로 말한다면 세 번째와 네 번째 단계로 성모마리아와 소피아와 같은 상이다.

신화학에 '원수(源水)'라는 개념이 있다. 세계의 원천이요, 만상이 거기서 생겨난 시원이란 뜻이다. 태초에 먼저 물이 있고 그 물에서 인간계며 자연계가 형성되었다는 우주론이다. '원수'는 모든 생명의 으뜸이란 뜻을 갖춘 만물의 어머니 인물이란 뜻이다.75) 만상의 생의 원천으로 간주된 물의 표상은 우리 민속에서도 많이 찾아 볼 수 있다. 아기를 못 낳는 부인이 아기를 갖게 해달라고 우물이나 강에 비는 습속이나 우물에 던져진 달그림자가 용이 낳은 알이라는 은유76)는 물을 생명의 원천으로 생각하는 집단 무의식의 표출이다. 화자의 독특한 아니마의 표상인 남평문씨는 언제나 물과 함께 존재한다.

—

　　화안한 꽃밭같네 참.

---

73) 칼 구스타프 융, 이부영 역, 『인간과 무의식의 상징』, 집문당, 1985, 186~190쪽 참조.
74) 융은 아니마가 발달하는 단계를 네 가지로 말한다. 첫째는 원시적·성적 수준의 여성의 단계로 이브나 괴테의 『파우스트』의 그레트헨, 둘째는, 낭만적 사랑의 수준으로 헬레나나 클레오파트라와 같은 존재, 셋째, 천상적인 종교적인 사랑의 수준으로 성모마리아와 같은 존재, 넷째, 영원한 여성상으로 지혜의 여신인 소피아와 같은 것이다. 이부영, 『자기와 자기실현』, 한길사, 2002, 142쪽.
75) 김열규, 앞의 책, 161쪽.
76) 아기를 못 낳는 부인이 아기를 갖게 해달라고 우물이나 강에 비는 습속, 우물에 던져진 달그림자가 용이 낳은 알이라는 은유, 약수의 신 '물할미', 巫祖로 일컬어지는 법우화상(法祐和尙)의 妻神 등등. 김열규, 『한국인의 신화』, 『한국인의 신화』, 일조각, 2006, 161~170쪽 참조.

눈이 부시어, 저것은 꽃편 것가 꽃진 것가 여겼더니, 피는 것 지는 것을 같이한 그러한 꽃밭의 저것은 저승살이가 아닌것가 참. 실로 언짢달것가. 기쁘달것가.
거기 정신없이 앉았는 섬을 보고 있으면,
우리가 살았닥해도 그 많은 때는 죽은사람과 산사람이 숨소리를 나누고 있는 반짝이는 봄바다와도 같은 저승 어띠쯤에 호젓이 밀린 섬이 되어 있는 것이 아닌것가.

二

우리가 少時적에, 우리까지를 사랑한 南平文氏 夫人은, 그러나 사랑하는 아무도 없어 한낮의 꽃밭 속에 치마를 쓰고 찬란한 목숨을 풀어헤쳤더란다.
確實히 그때로부터였던가. 그 둘러쌌던 비단치마를 새로 풀며 우리에게까지도 설레는 물결이라면
우리는 치마 안자락으로 코훔쳐 주던 때의 머언 향내 속으로 살달아 마음달아 젖는단것가.

*

돛단배 두엇, 해동갑하여 그 참 흰나비같네.

— 「봄바다에서」 전문

이 시는 어린 시절의 한 사건이 시의 배경이 된다. "사랑하는 아무도 없어 한낮의 꽃밭 속에 치마를 쓰고 찬란한 목숨을" 끊은 남평문씨 부인, 그녀는 우리의 이웃에서 사랑이 그리워 목숨을 끊은 외로운 여인을 형상화 했다고도 할 수 있다.
이 시에 등장하는 '남평문씨'는 실제로 어린 시절 박재삼의 이모를 형상화 한 것으로 실제의 이름은 아니며 그 이름이 읽기가 편하고 발음이 좋아서 붙인 것이라고 한다.[77] 이러한 시작의 동기가 설화의 특징[78]인 구전성, 산문성과도 일치하는 것으로 화자가 어린

시절 말로써 들은 이야기를 시로 창작하는 설화적 상상력을 보여주고 있다.

1연에서 남평문씨가 빠져 죽은 바다를 "화안한 꽃밭"으로 표현한 것은 자살한 바다를 죽음의 음울한 공간이 아닌 아름다운 추억을 환기시켜주는 공간으로 미화한 것이다. 물은 정화와 파괴의 상징적 의미를 갖는다. 봄바다는 "꽃다운" 사람을 지니고 있는 아름다운 공간으로 자살이라는 어두운 사건을 '꽃밭'으로서의 봄 바다와 연결하여 봄바다를 '개화의 공간'으로 승화시켜 서러움을 초월한 경지에 도달하게 함으로써 부인의 한을 승화시킨다. 이 꽃밭을 정신없이 보고 있으면 산 자와 죽은 자가 숨소리를 나누는 저승의 어디쯤 남평문씨 부인이 호젓이 앉아 있는 '섬'이 되어 있는 것이 보인다. 리처드 뱅즈(Richard Bangs)의 말처럼 "섬은 인간과 그들의 욕망이 빚어낸 자연파괴로부터 살아남은 성역"79)며 또한 신화의 세계에서는 이상국을 나타내며 동양문화에서는 신선이 사는 仙界를 상징한다.80) 이 섬은 부인이 이룩한 새로운 낙원이며 신화가 된다. 2연에서 남평문씨 부인은 사랑이 너무 많아 우리까지 지극히 사랑해 주었는데 정작 당신은 아무도 사랑해 주는 사람이 없어 봄바다에 치마를 둘러쓰고 빠져죽었다. 부인의 외로움을 우리는 알지 못했던 것이다. 그

---

77) "저의 이모가 있었는데, 그 분이 물에 빠져 죽었어요. '남평문씨 부인'은 그 분을 대상으로 한 것인데, 사실 그 사람 이름이 '남평문씨 부인'은 아니고 그 이름이 읽기가 편하고 발음이 좋아서 그렇게 붙인 거예요. 그 분이 저를 특별히 사랑해 주셨거나 귀여워해 준 것은 아니고 물에 빠져 죽었다는 사실과 그 이름이 좋아서 그것을 시로 쓴 것이죠."(고형진, 「시와 시인을 찾아서: 박재삼 시인편」, 『시와 시학』 가을호, 1995, 25쪽)

78) 설화의 특징은 口傳性, 散文性, 구연 기회의 무제한성, 話者와 聽者와의 對面性이 있다. 김광순 외, 『국문학개론』, 새문사, 2003, 261~265쪽.

79) 나다니엘 앨트먼, 황수연 역, 앞의 책, 206쪽.

80) "섬생성 신화에 〈장길손 신화〉〈선문대 할망신화〉 등이 있다. 경남 김해의 망산도(望山島)는 가락국 김수로왕의 비허황옥이 처음 뭍에 오른 곳으로, 섬은 새 사람이 새로이 시작하는 창조를 의미한다. 이 밖에도 도교에서는 이상향을 뜻하는데 혼돈과 광란의 바다로부터의 안전한 피난처를 상징한다. 특히 섬과 삼신산을 결부시켜 仙界를 상징한다. 또한 수의(壽衣)를 만들 때 섬을 문양으로 하는 수가 많은데 이것은 죽은 사람이 선경(仙境)에 이르러 안식하기를 바라는 풍속이다."(『한국문화상징사전』 2, 418~421쪽 참조)

러나 그 때부터 봄바다의 물결은 부인의 '비단치마'의 모습처럼 비쳐졌고 우리에게까지 설레는 물결로 그리움을 안겨주었다. 즉, 우리는 우리의 아니마가 죽은 후에야 봄바다의 물결을 보며 그에 대한 사랑과 그리움을 알게 되었다는 것이다. 그 물결은 머언 소시적, 부인의 치마 안자락으로 코 훔쳐 주던 때의 향내 속으로 그리움을 갖게 한다. 그리고 이제 돛단배 두엇이 날아가는데 "해동갑하여" 간다. 해동갑이란 "어떤 일을 해 질 무렵까지 계속함"의 의미이다. 그것은 마치 남평문씨가 환생한 흰나비 같다. 죽은 사람의 영혼이 나비로 환생하는 설화81)는 한국적인 윤회사상을 나타내는 것으로 나비는 속담, 불교의 나비춤, 선덕여왕설화, 춘향전, 고시조 등에서 주요 소재로 등장 하는데 그 밑바탕엔 주술적 힘이 자리하고 있다. 여기서 흰나비가 "해동갑"하여 한 마리가 아닌 두엇인 것은 이제 남평문씨는 더 이상 외롭지 않고 연분을 만나 "해가 질 때까지 계속" 한다는, 즉 일생을 함께 하게 되었다는 것이라고도 할 수 있다. 이처럼 박재삼은 주술적 상상력의 세계로까지 확장하는데 그에게 바다는 죽음의 세계이지만 어두운 공간이 아닌 꽃밭처럼 환한 공간이며 '코스모스'의 세계에서 '카오스'의 세계로 환원시켜 주는 곳이다. 바다는 '나비'로 환생하는 곳인 것이며 그리움을 불러일으키는 곳이다. 바슐라르적 상상력으로 보면 남평문씨는 오필리아가 될 것이다.82) 남평문씨는 물 속에 죽기 위해 태어난 인간이며 물에서 다시

---

81) "죽은 사람의 영혼이 나비로 환생하는 설화가 우리나라에는 많다. 어느 마을의 처녀가 혼약 후 결혼식을 치르기 전에 남자를 잃었는데, 그의 무덤 앞에 엎드려 슬피 울자, 봉분이 양쪽으로 갈라졌다. 같이 따라간 한 마을 처녀가 말릴 새도 없이 처녀는 무덤 속으로 뛰어들었다. 그러자 무덤은 도로 닫혔고, 미처 들이가지 못한 치맛자락이 나비로 변하여 날아갔나고 전한다. 이 외에도 '아랑설화'가 전하는데 역시 죽은 처녀가 나비로 환생한다. 중국에서 나비는 부부 간에 금실이 좋음을 상징하는 큐피트격의 상징성을 갖는다. 나비가 연인을 나타내거나 꽃의 관계인 연인 사이의 행복을 상징하는 것은 동양에서 공통적으로 쓰이는 은유이다. 그러나 홀로 떨어진 나비는 서러움을 상징한다."(『한국문화상징사전』 1, 142~145쪽 참조)

82) 오필리아는 여성적 자살의 상징이 된다. 그녀는 참으로 죽기 위해 태어난 인간이며, 섹익스피어가 말한 것처럼 그녀는 거기에서 자기 자신의 원소를 발견하는 것이다. 물은 젊고 아름다운 죽음, 꽃다운 죽음의 원소가 된다. 가스통 바슐라르, 이가림 역, 『물과 꿈』, 문예출

자기 자신의 원소를 발견하는 것이다. 이러함 심상은 남평문씨의 심상에서 대부분 나타난다. 이것은 남평문씨를 통해 우리의 외로움의 아니마적 한을 푸는 것이며 또한 남평문씨로 대변되는 화자의 "구원의 여성"의 아니마가 화자의 시적 영감에 계속 살아 있다는 것을 의미하기도 한다.

또한 이 시는 신화적 전개유형을 잘 보여주는 작품이다.

(二)에서 남평문씨는 사랑하는 사람이 아무도 없어 외로운 사람이었다는 '문제의 제기'라고 할 수 있다. 그래서 남평문씨는 외로움에 지쳐 물에 빠져 죽었다는 것은 그 나름의 '해결의 시도'라고 볼 수 있다. 그리고 부인이 죽자 한 쌍의 해동갑한 흰나비 같은 돛단배가 나타났다는 것은 '해결'의 순차적 과정이다. 이것은 부인의 외로움이 죽음을 통해 해소되었음을 나타낸다. 여기서 남평문씨가 물에 빠져 죽은 것은 일종의 통과의례이며 흰나비로 다시 탄생한 것은 이중탄생의 신화적 원리[83]라고 할 수 있다.

(一)에서는 '문제의 제기'와 '해결의 시도' 가 생략되었다. 그것은 (二)의 시에 드러났기 때문이다. (一)의 시에서는 화자의 내면에 있는 여러 가지 상황의 '난장'이 설정되어 있다. 그것은 남평문씨가 빠져죽은 바다가 화안한 꽃밭 같기도 하고, 눈이 부시며, 꽃피는 것과

판사, 1998, 156쪽.

83) 신화론적 원리는 첫째, 순환형 시간관이다. 이것은 시간은 늘 일정한 간격을 두고 순환되며, 이에 따라 우주 역시 소멸과 갱생이 반복되는 것으로 믿는다. 원시심성의 사회에서는 우주의 기원을 창조형과 개벽형으로 나눈다. 우리 나라의 경우는 개벽형의 우주기원을 믿어 왔다. 천지가 본래 하나의 덩어리로 있던 상태였다는 것이다. 모든 신화는 카오스에서 코스모스로의 전향을 설명한다. 그래서 신화란 기원을 설명하는 것이라고도 한다. 둘째, 난장과 인격전환이다. 난장(orgy)은 종교학 용어로 본래 디오니소스에게 제사하는 고대 희랍의 orgia에서 나온 말이다. 고등종교의 제의는 경건하며, 자연종교의 그것은 대단히 시끄럽다. 그래서 자연종교의 속성상 의례기간 중 일종의 축제 분위기가 어우러져 娛神을 위한 행사가 치루어지게 되는데 이렇듯 신화 속에서의 난장은 카오스와 코스모스라는 양 극단을 형식적으로는 연계시키면서 내용적으로는 窮卽變 變卽通의 변증법적인 상황을 실천함으로써 그 목적을 실현한다. 셋째, 통과의례와 이중탄생의 절차를 갖는다. 통과의례란 출생·입사·결혼·타계 등 일생의 삶의 과정에 따르는 의례적인 장치이다. 이것의 일반적인 절차는 분리와 통합의 원칙에 따라 pre-liminal에서 liminal을 거쳐 post-liminal에 이르는 것이다. 나경수, 『한국의 신화연구』, 교문사, 1993, 310~325쪽 참조.

지는 것을 같이하는 저승살이 같기도 하다. 그것을 바라보는 화자의 마음은 실로 언짢기도 하고 기쁘기도 하다. 이러한 복잡한 난장의 과정을 거친 후 화자에게는 '해결'의 결과인 "섬"의 형상을 보게 된다. 이제 화자에게 바다는 마음의 통과의례를 거쳐 "죽은 사람과 산 사람이 숨소리를 나누고 있는 반짝이는 봄바다"로 느껴진다. 그것은 "화안한 꽃밭"처럼 느껴진다.

> 겨우 예닐곱 살 난 우리를 그리 사랑하신 南平文氏 夫人은
> 서늘한 모시옷 위에 그 눈부신 동전을 하냥 달고 계셨던 그와도 같이
> 마음 위에 늘 또하나 바래인 마음을 冠올려 사셨느니라.
>
> 그것 때문에,
> 우리를 사랑하신 그것 그 짐 때문에,
> 어이할까나,
> 갈앉아지기로는,
> 몸을 풀어 사랑을 나누기로는
> 바다밖에 죽을 데가 없었느니라.
>
> 魂도 어여쁜 魂은, 우리의 바다에 살아 바다로 구경나선 눈썹위에서, 다시 살아 어지러울 줄이야……
> 밝은 날, 바다밑이 이 세상 아니게 기웃거려지는 閑麗水道를 크고 너른 꽃하나로 느껴보아라. 우리는 한시도 가만 못 있는 지껄이는 이파리 되어, 누구에게 손 잡혀 따라가며 따라가며 크고 있는가.
> ―「어지러운 魂」 전문

융은 모든 남자는 여성상을 유전적으로 가지고 있으며, 무의식적으로 일정한 기준을 만들고, 여기에 큰 영향을 받아 특정한 여자를 받아들이거나 거부한다고 한다. 아니마의 최초의 투영은 언제나 어

머니에 대해 행해지게 되며 후에 남자는 긍정적 혹은 부정적 감정을 일으킨 여자에게 아니마를 투영한다. 남자가 어떤 여자에게 '정열적인 매력'을 느꼈을 겨우, 그 여자는 그의 아니마의 여성상과 같은 특성을 갖고 있는 것이 분명하다. 또한 아니마는 여성 속에 있는 공허하고 무력하고 변덕스럽고 무심한 모든 것에 대해 선입관적 호감을 갖고 있다[84]고 한다. 화자는 자신의 아니마적 표상에 의해 남평문씨를 회상한다고 할 수 있다. 화자의 기억 속에 있는 남평문씨가 "겨우 예닐곱 살 난 우리를 그리도 사랑하셨다"는 것은 남평문씨가 사랑이 많은 사람이었다는 것이다. "서늘한 모시옷 위에 눈부신 동전을 하냥 달고 계셨다"는 것은 '고결하고 정숙한 분이었다'는 이미지를 나타낸 것이다. 그러나 그와 같은 분이 마음 위에는 "바래인 마음을 冠올려 사셨다"는 것은 항상 마음이 외로웠다는 것이다. "바래인 마음"은 빛이 바랜 마음, 삶에 지친 마음, 사랑에 지친 마음, 함께 나누지 못하는 마음 등 그 모든 슬픈 마음을 상상하게 한다. 그리고 그것을 冠, 즉 인격과 고귀함처럼 갖고 사셨다. 그것 때문에 몸을 풀어 사랑을 나눌 곳은 바다밖에 없었다는 것은 남평문씨 부인이 그처럼 외로운 사람이었다는 것이면서 바다라는 공간이 포용과 관용의 공간이라는 것이다.

그런데 2연에서는 그러한 남평문씨 부인이 어느 밝은 날 한려수도의 바다에서 다시 살아나서 "크고 너른 꽃 하나"로 느껴진다. 꽃은 식물이다. 식물은 물과 빛을 흡수하고 합성함으로써 자신의 생명력을 최고조로 발현하며 꽃을 피워낸다. 꽃이 피어남은 하나의 공간이 열림을 의미하며 그 공간 속에는 식물의 염원이 담겨 있다.[85] 이것은 화자의 아니마가 물 속에서 꽃이라는 식물로 다시 살아났다는 것이다. 이제 바다는 꽃이라는 식물적 생명력으로 충만하게 된다.

---

84) C. S. 홀(외), 최현 역, 앞의 책, 62쪽.
85) 장만호, 「박재삼 시의 공간 상상력 연구」, 고려대 석사논문, 2000, 217쪽.

융은 아니마가 반드시 어떤 인물에게만 투사되는 것이 아니고 예술가나 시인은 자기의 아니마, 아니무스를 이름 모를 새, 비둘기, 학, 혹은 태양과 달 속에 아니마, 아니무스의 원형을 그려내기도 한다고 하였다.86) 다시 살아난 '꽃'은 외로움을 초극한 화자의 새로운 아니마가 될 것이다. 이 아니마는 물과 빛을 흡수하여 충만한 생명력을 보유하고 있다. 이 꽃 옆에서 "우리는 한시도 가만 못 있는 지껄이는 이파리"가 된다는 것은 꽃이 주는 생명력을 따라 꽃에 매달린 이파리처럼 지껄이며, 즉 생기발랄하게 따라가고 있는 것이다.

위의 시에서도 신화적 전개유형을 살필 수 있다. 남평문씨가 바래인 마음을 관올리고 사셨다는 것은 '문제의 제기'라고 할 수 있다. 그래서 남평문씨는 몸을 풀어 나누지 못한 사랑 때문에 바다에 빠져 죽었다는 것은 그 나름의 '해결의 시도'라고 볼 수 있다. 이것은 신화의 원리로 본다면 통과의례이며 그 후에 나타나는 어여쁜 혼이 우리의 바다에 살아나서 바다로 구경나선 눈썹 위에서, 다시 살아 어지러운 것 그리고 "우리는 한시도 가만 못 있는 지껄이는 이파리 되어, 누구에게 손 잡혀 따라가며 따라가며" 크는 것은 '난장의 원리'이다. 그리고 한려수도(閑麗水道)를 "크고 너른 꽃 하나로 느껴 본다"는 것은 신화의 전개과정 중 '해결'의 과정이며 또한 이중탄생의 신화적 원리라고 할 수 있다. 이제 화자는 바다 밑이 이 세상 아니게 기웃거려진다. 그것은 바다 속이 남평문씨가 숨쉬고 있는 꽃밭의 공간이며 화자가 남평문씨가 있는 공간과 마음으로 함께 하는, 산 자와 죽은 자가 소통하고 공존하는 세계가 되었다는 것이다. 바다는 신화의 세계에서 가장 크고 넓은 상징성을 갖는다. 바다는 생명의 원천이며, 생명의 공간이며 풍요와 번영의 원천이며 환생의 현장이다. 또한 현대에는 새 시대, 희망, 힘을 상징하기도 한다.87) 바슐라

---

86) 이부영, 『분석심리학: C. G. Jung의 인간심성론』, 일조각, 1992, 73쪽.
87) 『한국문화상징사전』 1, 297~300쪽 참조.

르는 바다가 때로는 하늘과 맞닿아 있거나 대지와 맞닿아 있어 상호 교류적인 모습으로 상징화되고 있어 순환적인 상상력의 세계와 연계될 수 있다고 하였다. 이것은 수평의 세계와 수직적인 세계의 융화로 지상과 하늘의 융화라고 할 수 있다.

> 시방도 안 죽은 것 같은
> 南平文氏 夫人의 마음가에 사랑일로서
> 햇무리로 손잡고 놀던 날 생각하면
> 왜 안기뻐, 세상은 왜 안기뻐야.
>
> 하늘 가운데 해 있고
> 그 밑에 바다는 자고 있는데,
> 자다가도 우리 생각 해설까, 웃으시던 그 부인의,
> 보면 알거, 보면 알거,
> 바다는 때로 때로 반짝이누나.
>
> 그 물살 엷은 잠 오는 바닷가에서
> 손가락 활짝 편, 어린 부끄럼이 해 가리고,
> 이승끝이랴, 잠자는 정신이 벋은 가지 끝
> 우리는 눈부신 은행잎으로 달린 것일까.
>
> ─「光明」전문

이 시는 남평문씨 부인에게 사랑을 받던 과거의 회상으로부터 시작된다. 햇무리로 손잡고 놀던 일, 우리를 생각하며 자다가도 웃으시던 부인의 미소 등 이 모든 회상은 바다로부터 비롯된다. 그래서 부인이 죽은 바다는 부인의 미소처럼 때로 "반짝이고 있다"고 생각한다. 이것은 해로 표상되는 천상의 세계와 바다로 표상되는 지상 사이에서 산 자와 죽은 자가 대화를 나누는 신화성의 이미지이다.

그 물살 엷은 잠 오는 바닷가에 가면 우리는 손가락으로 해를 가리던, 즉 남평문씨 부인의 외로움을 몰랐던 어린 시절의 부끄럼, 즉 철없던 시절을 만날 수 있다. 이승의 끝, "잠자는 정신이 벋은 가지 끝"이라는 것은 우리의 의식의 끝을 쫓아간다는 것이고 그곳에서 우리는 남평문씨 부인을 만나는데 부인은 죽어서까지 우리를 잊지 못하고 우리를 "눈부신 은행잎"으로 달아 놓은 것처럼 부인의 바다는 반짝인다고 상상한 것이다. 은행잎은 그 상징성으로 인해 장수를 의미한다. 부인이 죽은 바닷가에서 우리는 부인에게 부인의 못 다한 꿈과 삶을 사는 '은행잎'으로 다시 반짝이고 있는 것이다.

죽은 南平文氏 夫人의
밀물결 치마의 사랑에
속절없이 묻어버리게 마련인
모래밭에 우리의 소꿉질인 것이다.

우리의 어린날의
날 샌 뒤의 그 夫人의
한결로 새로웠던 사랑과 같이
조촐하고 닿을길없는 살냄새의
또다시 썰물진 모래밭에

우리는 마을을 완전히 비워버린 채
드디어는 무너질 宮殿 같은 것이나
어여삐 지어 두고
눈물 고인 눈을 하고 있던 일이다.

―「밀물결 치마」 전문

화자는 밀려오는 바다의 물살에서 어린 시절 남평문씨 부인의 치맞자락을 연상하고 있다. 이때 치마는 신화적인 의미에서는 여성의 정조를 나타내지만, 전통적으로 여성의 이미지를 대체하여 동양에서는 복종과 순종을, 서양에서는 자궁과 풍요를 상징하기도 한다.[88] 여성성에 경도된 박재삼의 시적 편향에 비추자면 파도에서 여성의 치마를 연상하는 장면은 여러 번에 걸쳐서 반복된다. 그 근본적 이미지는 남평문씨 부인의 치마에서 유래하는 것이다. 따라서 이 시에서 치마 이미지는 「어지러운 魂」에서 나타난 것처럼 부인에 대한 화자의 애틋한 감정이 투사되어 있는 것이다. 화자를 사랑으로 감싸주었음에도 불구하고 끝내 고독 속에 바다에 투신할 수밖에 없었던 부인에 대한 기억은 "눈물 고인 눈"으로 표현된다.

하지만 남평문씨 부인이 화자에게 쏟아준 사랑이란 "속절없이 묻어버리기 마련인" 어떤 것이다. 어린 시적 화자로서는 채워줄 수 없는 근본적인 고독에 연루되어 있기 때문이다. 그것은 마치 어차피 사라질 수밖에 없는 모래밭의 소꿉질과 같은 것이었다. 그래서 결국 남평문씨 부인의 죽음과 함께 부인의 치마 속에 묻어버린 것이다. 부인의 손길에서 느껴지는 "조촐하고 닿을 길 없는 살냄새"는 부인의 사랑에 대한 아련한 기억이다. 하지만 그것은 "닿을 길 없는" 먼 거리에 있는 사랑이었다. 그리하여 "또 다시 썰물진 모래밭에" "무너질 궁전같은 것"이나 지어둔다 한들 이미 그것은 여전히 무의미한 일이다.

남평문씨 부인은 도달할 수 없는 거리에 있는 유년의 사랑이라는 점에서 박재삼 시인의 또 다른 아니마를 구성하고 있는 것이다. 일반적으로 남성의 창조적 재능은 남성 내면의 성장과 창조를 위한 여성적 능력과 직접적으로 연관되어 있다고 한다. 그래서 괴테는 "영원한 여성이 남성을 앞으로 나아가게 만든다."[89]고 한 것이다.

---

88) 『한국문화상징사전』 2, 676~679쪽 참고.
89) 로버트 A 존슨, 고혜경 역, 『신화로 읽는 남성성 He』, 동연, 2006, 58~59쪽 참조.

이처럼 시적 화자는 비록 성립될 수 없는 사랑이라 할지라도 "무너질 궁전"을 짓는 일이 결코 헛되지 않았음을 증명하고 있다. 그것이 무의식에 잠재하면서 참다운 사랑의 열정을 가르쳐주고 있기 때문이다.

지금까지 살펴본 바와 같이 남평문씨는 화자가 새롭게 창조해 낸 인물로 바다와 함께 유년의 내면에 간직된 아니마적 표상이다. 남평문씨는 서늘한 모시옷 위에 눈부신 동정을 하냥 달고 계신 정숙한 분이면서 마음엔 늘 바래인 관을 올려 사셨으나 아무도 사랑하는 사람이 없어 물에 빠져 죽은 비극적 아름다움을 표상한 오필리아적 아니마이다. 그러나 부인이 죽자 한 쌍의 해동갑한 흰나비 같은 돛단배나 크고 너른 꽃 하나, 호젓한 섬이 나타난 것은 부인의 외로움이 바다라는 공간에서 해소되었다는 것이다. 신화적 전개과정으로 보았을 때 이러한 '해결'의 결과로 나타난 것은 "돛단배", "크고 너른 꽃 하나", "눈물 고인 눈", "은행잎" 등이 있다. 그리고 남평문씨는 밀려오는 물살인 "밀물결 치마"의 형상으로 화자에게 모성적 아니마로 다시 나타나 화자의 슬픔을 감싸주는 풍요로운 마음의 소유자로 나타난다. 이것은 화자의 마음을 구원하는 영원한 여성상 베아트리체와 같은 아니마이다. 이러한 아니마적 표상은 '바다'라는 공간에서 지상에서 천상으로, 아픔에서 반짝임으로 향하는 수직적 상상력을 이루면서 화자의 아니마적 외로움의 한을 극복하고 화자의 마음을 구원하는 양상으로 드러나고 있다.

제4장 유기체적 상상력과 미메시스의 시학

　동서양을 막론하고 시는 자연의 모방에서 시작되었다. 특히 서정시는 인간이 자연을 삶의 모범으로 삼고 자연에 순응하면서 살아가던 시절을 기억하고 있는 장르이다. 이때 자연이란 눈에 보이는 현상적 자연뿐 아니라 그 이면에 존재하는 자연적 혹은 초자연적 질서까지도 포함하는 개념을 가리킨다. 이처럼 인간이 자연의 물리적 질서에 복종할 수밖에 없음은 틀림없는 사실이지만, 그것이 도덕적 규범으로까지 승격될 때는 사정이 달라진다. 물리적 자연 법칙에 순응하기 위해서는 자연에 대한 객관적 관찰의 자세가 요구된다. 이른바 이것이 과학적 태도이다. 하지만 자연이라는 도덕적 질서에 순응하고 살아가기 위해서는 자연과 특별한 관계를 맺어야만 한다. 거리를 두고 관찰하는 것이 아니라 자연과 일체감을 형성해야 하기 때문이다. 다시 말해서 자연과 동화되어야 한다. 이때 자연은 죽은 사물들의 집합체가 아니라 살아 있는 생명체로 간주되어야 한다. 이것이 자연에 대한 서정시인의 오래된 관습인 것이다.

　이처럼 서정시인은 자연을 하나의 생명체로 간주하며 자연과 일체가 되는 경험을 중시한다. 이것은 자연을 지배와 관리, 그리고 착취의 대상으로 바라보는 현대인의 태도와 극렬히 대립된다. 그러므로 고대의 자연관을 기억하고 있는 서정시인은 자연과 일체가 되는 동화의 체험을 통해 무한한 상상의 가능성을 모색한다. 자연과 일체가 되기 위해서는 인간이 대자연의 일부라는 생각이 전제되어야 한다. 자연과 인간은 전체와 부분의 유기적 관계를 통해 맺어져 있어야 한다. 이것이 바로 유기체적 상상력으로 이어진다. 그것은 인간과 자연의 유기적 관계를 전제할 때에만 가능한 상상의 세계인 것이다.

유기체적 상상력은 존재의 모든 양식들이 유기적으로 연결되어 있다는 연속성의 원리를 바탕으로 한다.[1] 그것은 제국주의와 근대주의에 의해 파괴되고 분열된 '불연속'의 현실과 대조를 이룬다. 따라서 유기체적 상상력은 잃어버린 유기적 전체성에 대한 시적 갈망을 내포한다. 더 나아가서 삶의 형태들이 자연발생적 통합성을 지니고 있는 사회구성체와 미학적 구성체, 즉 구성원간의 조화로운 상호의존성의 특징을 지닌 통합된 체계를 지향하게 된다.[2] 퇴행적이고 원시적인 것처럼 보이는 유기체적 상상력은 어쩌면 근대주의라는 악으로부터 주체를 지키려는 이상주의적 담론이라고 할 수 있다. 그것 자체가 잃어버린 순수의 공간 혹은 조화의 공동체에 대한 향수[3]이기 때문이다.

하지만 그러한 유기체적 상상력이 동양에서는 가장 최근까지 보존되어 살아 있는 전통으로 작용함을 보게 된다. 이때 유기체적 상상력에 근접한 표현으로 동양에서는 '자연'이라는 표현대신 '도(道)'라는 개념이 널리 쓰인다. 그것은 "자연만이 아니라 인간과 우주를

---

[1] 구모룡, 「서정시학·유기론·제유의 수사학」, 최승호 외, 『서정시의 본질과 근대성 비판』, 다운샘, 1999, 231쪽.
[2] 구모룡, 『문학과 근대성의 경험』, 좋은날, 1998, 52~53쪽.
[3] 위의 책, 56쪽.

포함하여 조화와 통일을 이루고 있는 질서"이며, "우주의 원칙 즉, 만물의 유일한 원칙이며 모든 존재의 전체"4)를 가리키기 때문이다. 도(道)라는 말은 표면적인 자연을 뛰어넘어서 살아 있는 우주적 통일체를 전제하는 사고방식을 잘 담고 있다. 이외에도 초자연적 질서를 가리키는 개념으로 '천(天)'이 있다. 하늘은 모든 자연을 대표하는 대자연의 기호로 자주 등장한다. 하늘로서의 자연은 인간의 삶을 규제하는 법칙을 제공하는 역할을 담당한다. 따라서 하늘과 인간은 도덕적인 관계를 맺고 있는 것이다. 이처럼 자연과 인간 사이에 있는 초자연적 질서에 대한 존중은 유기체적 상상력에서 근본을 이룬다. 천인합일(天人合一)이라는 말이 있다. 그것은 하늘이 만물의 법칙이며 생활의 규범이라는 뜻을 포함한다. 이때 하늘을 닮은 인간의 품성을 '천성'이라고 한다. 천성을 통해서 인간이 하늘과 연결되어 있음을 알게 되는 것이다.5) 이때 하늘과 인간의 합일을 중재하는 것이 바로 '경치'인 것이다.

> 인간과 자연이 합일(合一)함에 있어서, 즉 인성(人性)과 천리(天理)가 합일함에 있어서, 불가와 도가에서는, 사람과 자연은 무매개로 합일한다. 그러나 유가에서는, 사람은 일용처(日用處)를 매개하여 자연과 합일한다. 유가의 자연관은, 산수 경치(일용처로서의 산수 경치)에 대한 시적 감동을 매개하여 인간과 자연의 합일을 기(期)한다.6)

그러나 산수 경치 속에서 하늘과 인간의 합일이라는 것도 저절로

---

4) 홍문표, 『현대시학』, 양문각, 1987, 27쪽.
5) 그런데 유학에서는, 인간은 하늘에서 부여 받은 性에 후천적 습득인 習을 가하여, 이를 확충함으로써 하늘에 合一할 수 있다고 보았다. 이것은 性을 불완전한 것으로 본 때문이다. 이렇게 되면 天과 性 사이에는 간격이 있고, 이 간격을 메우는 후천적인 習에 인위적 의의(意義), 즉 규범(規範)이 부여되게 마련이다. 최진원, 『한국고전시가의 형성성』, 성균관대학교 대동문화연구회, 1996, 122쪽.
6) 위의 책, 50쪽.

되는 것이 아니다. 그 사이에는 도덕적인 수양의 절차가 요구된다. 물론 억지로 그렇게 하려 한다고 해서 도달할 수 있는 것도 아니다. 경치를 통해서 천인합일의 경지에 도달하기 위해서는 스스로 '시인'이 되어야 하는 것이다. 그래서 선조들은 시를 통해서 마음을 비우고 이기심을 버리고 자연과 더불어 진정한 물아일체가 가능함을 보여주었던 것이다.

한편 도덕적 수양의 자세를 가리켜서 노자는 '인위(人爲)'와 '무위(無爲)'의 대립을 내세웠다. 만물의 근본에 도달하기 위해서는 인위를 떠나 무위에 도달해야 한다는 것이다. 다시 말해서 의식, 작위성, 고의성을 벗어나 자연히 저절로 그렇게 되는 것과 같은 의식 없는 작용, 작용이 없는 작용, 주체가 없는 작용에 도달하는 것이 수양의 목적이다. 이른바 '무위자연'의 경지에 도달하게 되면 미/추, 선/악 따위의 모든 인위적 차별이 무의미해지며 일체가 평등을 이루는 세계가 전개된다.7) 주체와 객체, 자연과 인간의 구별이 없음을 말할 필요도 없다. 심지어 모든 세계가 일체가 되어 마치 새로 태어난 것 같은 체험에 도달하게 된다. 이처럼 노자는 유기체적 상상력을 통해서 의식의 통제를 받지 않는 순수한 자연, 무의식의 경지에 도달할 수 있으며, 거기에서 만물이 일체가 되는 경지에 도달할 수 있음을 입증하고 있다.

이처럼 유기체적 상상력은 동양의 전통적인 사고방식에 가장 근접하면서도, 서정시의 근본원리에 적합한 정신의 능력을 보여주고 있다. 이러한 유기체적 상상력은 정지용에서 시작되어서 해방 이후에는 조지훈을 통해서 계승되어 전통 서정시의 근본 원리로 정착되었다. 특히 조지훈의 유기체적 상상력은 시를 도(道)의 차원으로 끌어올린 정신주의의 한 정상을 보여주고 있다.8) 이렇게 성숙한 전통

---

7) 오세영, 『20세기 한국시 연구』, 새문사, 1991, 296쪽.
8) 박남희, 「조지훈 시의 유기체적 상상력 연구」, 『한국문예비평연구』, 2007, 7쪽.

서정시의 근본 원리는 소멸하지 않고 박재삼을 통해서 계승될 수 있었던 것이다. 그처럼 박재삼의 시는 동양의 전통적 유기체적 자연관에 기초하여 자연을 통한 이상향의 추구를 제시하고 있기 때문이다. 다시 말해서 박재삼은 자연의 만물을 통해서 인간사의 기미를 포착할 줄 알았던 시인이었다.9) 이것이야말로 시는 자연의 모방이라는 전통적 시관의 가장 모범적인 사례에 해당한다.

이처럼 전통적으로 동양의 자연관에서는 자연과의 조화 속에서 행복과 평화를 이루는 것을 궁극적인 이념을 삼았다. 이러한 자연관은 서양에서 생산된 근대적 세계관과 어울리지 않는다. 서양의 근대적 자연관에 따르면 자연은 이미 죽어 있으며, 물리적 법칙이 지배하는 냉혹한 기계장치에 불과하기 때문이다. 이러한 관념에 따라서 자연은 인간과 분리되어 지배, 관리, 그리고 착취의 대상으로 전락한 것이다. 동양적 관점에서 보면 이러한 자연관은 인간의 도덕적 품성마저도 황폐하게 만들게 된다. 따라서 이러한 근대적 자연관의 부정성을 극복하기 위해서 서양에서는 유기체적 관점이 재조명된 사례가 많다. 그 가운데 화이트헤드(Whitehead)가 있다.

 화이트헤드는 살아 있는 유기체로서 자연의 근원적 기본 실체로서, 종래의 불활성적인 원자 개념을 폐기하고, 그 대신 우주 생활사의 내역을 머금은 채 살아 움직이는 '경험의 방울'들인 현실적 존재를 제시한다. 그것들은 우주와 인생의 전 영역에 밀접하게 관련되어 있는 궁극적이며 실재적인 미시적 존재이다. 우리는 일상생활 속에서 이들 현실적 존재들의 결합체인 집·나무·사람들을 경험할 뿐이지만, 그 결합체의 구성 요소인 현실적 존재들은 전우주의 모든 현실적 존재(사물)들과 서로 영향을 주고받으면서 간단없이 새롭게 자신을 형성해 나가고 있는 것이다.10)

---

9) 오탁번, 『현대시의 이해』, 나남출판, 1998, 118~131쪽.
10) 고목, 『화이트헤드의 유기체 철학과 불교』, 시간과공간사, 1999, 15~16쪽.

이처럼 전 우주를 관통하지만 물리적 관계만을 선사하는 '원자론'을 대신해서 전 우주를 관류하면서 우주 전체를 하나로 엮어주는 유기적 '물방울'이 그 자리를 차지하고 있다. 그 물방울을 통해서 인간과 우주는 비로소 유기적인 관계를 복원할 수 있는 것이다. 박재삼의 시에서도 자연은 저 물방울의 역할을 담당한다. 자연을 통해서 우주적 법칙에 연결되어 있으며, 자연을 통해서 삶의 진리에 도달할 수 있기 때문이다.

이처럼 자연을 인간적 관점으로 재단하지 않고 자연에 대해서 모방적 태도를 취하는 것을 가리켜서 벤야민(W. Benjamin)은 '미메시스'라는 개념을 제시했다.11) 이것은 자연에 대해서 거리를 유지하며 그것을 관찰하고 연구하여 자연의 숨은 법칙을 발견하고자 하는 근대적 과학적 태도와 정반대의 접근법을 유지한다. 유아적 단계에서부터 인간은 스스로 나무나 벌레 '되기'의 경험을 가지고 있다. 자연을 관찰하는 것이 아니라 스스로 자연이 되는 체험을 누구나 가지고 있는 것이다. 이처럼 모든 인간에게는 비록 자연 자체와 '감각적'으로는 유사한 점이 없다고 할지라도 '비감각적'으로는 유사성을 발견할 수 있는 능력이 있다. 성인이 되면서 그러한 능력이 퇴화되는 것처럼 고대인들에게 가능했던 미메시스의 체험이 근대인들의 의식에서 사라졌을 뿐이다. 다만 그것은 오로지 꿈과 같은 무의식의 세계에서 다시 반복해서 나타날 수 있는 것인데, 시라는 것은 그러한 의미에서 보면 '백일몽'에 가깝다고 하겠다. 유기체적 상상력을 통해서 우리는 꿈에서나 경험할 수 있는 '비감각적 유사성'을 체험할 수 있는 것이다. 이것이 자연과의 태곳적 관계로 우리를 인도하는 박재삼 시의 비밀이다.

그러므로 그의 자연관이 성인의 관점을 극구 부인하는 것은 극히 자연스럽다. 성인의 관점이란 가장 근대적인 관점이기 때문이다. 자

---

11) 최성만, 「언어, 번역, 미메시스」, 『문예미학』, 1996 참조.

연을 대하는 태도에 있어서 유아적 관계와 성년의 관계는 극단적인 방식으로 대립하고 있다. 예컨대 다음의 시를 보자.

① 바닷가를 정신없이 쏘다니곤 했다
그럴 때 햇빛이 눈부시게
우리 뒤를 따라다니고 있었다.

그때의 그 햇빛이 변함없이
오늘도 정신없이 내리붓고 있으련만
나는 이제 아는 것이 너무 많아
부끄럽고 서글픈 것이여.

-「追憶에서·37」부분

② 나는 아직도 꽃을 노래하는 마음으로
찬란한 노래를 하고 싶습니다만
저 새처럼은
구슬을 굴릴 수가 없습니다.

나는 아직도 놀빛 물드는 마음으로
빛나는 사랑을 하고 싶습니다만
저 단풍잎처럼은
아리아리 고울 수가 없습니다.

나는 아직도 빈 손을 드는 마음으로
부신 햇빛을 가리고 싶습니다만
저 나무처럼은
마른 채로 설 수가 없습니다.

아, 나는 아직도 무언가를
자꾸 하고 싶을 따름,
무엇이 될 수는 없습니다.

- 「나는 아직도」 전문

시인은 고백한다. 이제 성년이 되어서 "무엇이 될 수는 없습니다." 더 이상 "저 새처럼", "저 단풍잎처럼", "저 나무처럼" 될 수 없다는 것, 즉 성년이 되어 자연에 대한 미메시스의 능력이 퇴화되었음을 한탄하는 것이다. 그 까닭은 ①에서 고백하고 있듯이, "이제 아는 것이 너무 많아" 그런 것이다. 지식이 늘어간다는 것은 자연에 대해서 객관적이고 과학적인 태도를 취할 수밖에 없다는 것을 뜻한다. 거리를 두지 않고 어떻게 대상의 정체를 파악할 수 있을 것인가. 그러나 그렇게 해서 늘어난 지식 때문에 다시는 자연처럼 될 수 없는 지점에 오게 된 것이다. 그러므로 성년이 된다는 것은 "부끄럽고 서글픈" 일이다. 이처럼 근대적 지식 체계와 맞서는 지점에서 그의 유기체적 상상력은 날개를 펴게 된다.

산은 항상 말이 없고
강은 골짜기에 갈수록 소리내어 흐른다.
이 두 다른 갈래가
그러나 조화를 이루어
얼굴이 다르지만 화목한 營爲로
나가고 있음을 본다.
세상에 생기고부터
짜증도 안내고 그런다.
이 가을 햇빛 속에서
단풍빛으로 물든 산은
높이 솟아 이마가 한결 빛나고

강물은 이리저리 몸을 뒤틀며
반짝이는 노릇만으로
그들의 존재를 없는 듯이 알리나니
이 千篇一律로 똑같은
쳇바퀴같은 되풀이의 日月 속에서
그러나 언제나 새로움을 열고 있는
이 비밀을 못캔 채
나는 드디어 나이 오십을 넘겼다.

−「日月속에서」전문

자연은 단순한 자연에 불과한 것이 아니다. 자연은 이미 그의 삶을 향해 비밀스런 진리를 제공하는 규범이기도 하다. 예컨대 "이 千篇一律로 똑같은/쳇바퀴같은 되풀이의 日月 속에서/그러나 언제나 새로움을 열고 있는" 자연은 일상의 쳇바퀴 속에서 어떻게 살아야 하는지를 알려지는 지침서이기도 하다. 이는 다시 면면히 이어져 흐르는 전통의 물결에서 어떻게 새로움을 계속 건져 올릴 것인지를 궁구하는 시인의 고민과 그 해답을 담고 있는 것이기도 하다. 전통과 새로움의 대립을 해소하면서, 자연과 인공의 대립이 사라지게 만드는 것이 그의 서정시가 지향하는 세계인 까닭이다. 유기체적 상상력은 비단 옛것을 계승한다는 차원이 아니라 근대 사회의 부정성에 대립하면서도 전통을 통해 새로운 삶의 비전을 제시한다는 높은 포부를 동반하고 있는 것이다. 하지만 그렇게 높은 포부에도 불구하고 자연 앞에서 항상 겸손한 자세를 잃지 않아야 하는데, 그것은 무한한 자연 앞에서 인간의 유한성을 경험함으로써 가능해진다.

겨울을 이겨 낸 나무들은
일제히 하늘로만 향하여
가늘게 가늘게

가지들을 뻗으며
벌 받듯이 섰는데
거기에 봄비가
안개와 함께 어려
연방 쓰다듬고 매만지고 달래고 있는,
그러면서 드디어 울면서 속삭이고 있는,
이 기척을 너는 보았는가.

실상은 우리도
그런 과정을 통하여
하나하나 벅찬 인생의 층계를
남몰래 쌓아왔던 것에
지나지 않느니라.

―「차창에서」 전문

"겨울을 이겨낸 나무"는 우리에게 인생이 무엇인지를 알려준다. "봄비"의 위로를 기다리며 "벌 받듯이" 서 있는 쓸쓸한 나무의 염원이 겨울을 이겨나게 하는 힘인 것이다. "벅찬 인생의 층계"를 쌓는다는 것은 냉혹한 겨울과 따뜻한 봄비가 반복된다는 이치와 닿아 있다. 이처럼 자연은 인간의 삶에 빛을 비춰주는 무한한 상상력의 창고인 것이며, 진리의 저장고인 것이다. 이것이야말로 박재삼이 평생에 걸쳐서 자연을 상대하였던 이유 중의 하나이다.

1. 동양적 자연합일의 경지

동일성의 시학의 고전적 사례는 동양적 전통에 해당하는 자연합일의 경지에서 발견된다. 이때 동양적 자연합일은 서양에서 유래한 낭만주의적 동일성과 많은 차이를 보인다. 낭만주의적 동일성은 주체와 대상의 우열관계를 전제하는 경우가 많기 때문이다. 낭만주의는 주체가 우위를 차지한 상태에서 대상을 주관적으로 포섭하는 형식이다. 그런 의미에서 객관성보다 주관성이 강조되는 것이다. 하지만 동양적 자연합일은 주체와 대상의 동등한 결합을 강조하며, 더 나아가서 객체의 우위를 전제하는 경우가 많다. 객체, 즉 자연은 인간 주체를 능가하는 위치에서 인간의 삶을 보살피고 인도하는 역할을 담당하고 있다. 인간은 자연이 제공해준 순리에 복종하면서 살아가는 것을 최고의 덕목으로 삼는 경우가 많다.

하지만 오늘날처럼 산업화된 세계에서는 동양의 전통적 자연합일의 경지가 무의미해진다. 자연에 대한 지배와 착취가 일상적으로 발생하는 현대사회에서 자연은 더 이상 인간의 삶보다 우위에 있다고 생각할 수 없다. 그런 의미에서 전통적인 자연관을 유지하고 있는 박재삼의 시도는 오히려 '반근대적' 태도에 닿아 있다. 전통 서정시는 현대 사회를 지배하는 자연관을 부정하고 전통적으로 계승된 동양적 자연관을 보존하고 있는 것이다. 박재삼의 시는 자연과 인간의 관계를 새롭게 바라보게 만든다.

이처럼 박재삼의 전통 서정시에서 복원되는 전통적 자연관을 유심히 살펴볼 필요가 있다. 이는 유기체적 상상력의 기반이 바로 자연관에 잘 나타나 있기 때문이다. 박재삼의 시에서 자연은 크게 빛, 물, 식물 등으로 크게 구별된다. 이때 빛은 하늘, 물은 바다, 식물은 대지를 가리킨다는 것을 알 수 있다. 하늘과 대지, 그리고 바다의 관련성을 통해서 그는 거대한 우주적 유기체를 구성하고 있는 것이다. 이 과정에서 박재삼의 서정시가 기억하고 있는 유기체적 세계를 재구성해볼 수 있을 것이다. 그리고 전통적 자연관이 현대적 서정시에서 안착되는 과정도 살펴볼 수 있다.

1) 빛: 자연의 초자연성

　동서를 막론하고 빛은 어둠을 밝혀주는 길잡이로 알려져 있다. 빛과 어둠의 대립은 은유적으로 확산되어 진리와 오류, 선과 악의 대립을 강조하는 데서 사용되곤 한다. 이 경우 빛과 어둠의 대결적 구도를 통해서 사회의 부조리를 비판하는 것은 아주 보편화되어 있다. 그렇기 때문에 시의 소재로서 빛을 도입하는 경우 어둠과의 대립구도를 이용하고자 하는 유혹에 쉽게 굴복하게 된다. 하지만 박재삼의 시에서 빛은 결코 어둠과 대립하는 이미지로 쓰이지 않는다. 빛은 그 자체만으로 다른 사물을 비춰주는 기능을 하고 있으며 어둠과 대립한다거나 대결한다는 의미로 사용되는 경우는 없다. 따라서 빛은 오로지 '태양'에서만 발산되는 것이 아니며 어둡다고 해서 빛이 없는 것은 아니다. 가난에서도 행복을 발견하는 시인의 역설적 태도에서도 알 수 있듯이 어두운 곳에서도 그는 빛을 발견하고 있기 때문이다. 물론 빛은 대낮의 태양에서 뿜어져 나오지만, 어두운 밤에는 달빛과 별빛을 통해서 보존되며, 대지의 식물과 바다의 물비늘을 통해서 끊임없이 되살아나고 있음을 보게 된다. 어둠은 순수한 어둠이 아니며 항상 빛을 어둠 속에 숨겨져 있음을 알 수 있다. 이와는 반대로 빛에도 어둠이 스며들고 있으며, 빛과 어둠의 적절한 배합은 항상 되풀이된다.

　　晉州南江 맑다 해도
　　오명가명
　　신새벽이나 밤빛에 보는 것을,
　　울엄매의 마음은 어떠했을꼬,
　　달빛 받은 옹기전의 옹기들같이
　　말없이 글썽이고 반짝이던 것인가.

　　　　　　　　　　　　　―「추억에서·96」 부분

앞에서도 살펴보았듯이 시인의 어머니는 가난한 집안 식구들을 먹여 살리기 위해 새벽부터 시장에 나가 생선을 팔고 밤늦게 귀가하는 생활을 되풀이했다. 그러므로 그 어머니의 가난은 '밤'과 어울린다. 그래서 어머니는 수백 번도 더 넘나들었으면서도 진주남강의 아름다움을 구경할 수 없었던 것이다. 하지만 어머니의 가난에는 언제나 "반짝이던 것"이 있다. 그것이 눈물인지 달빛인지 알 수는 없지만, 반짝이게 만들어주는 무언가가 항상 어머니의 마음에 존재했던 것이다. 가난을 이겨내게 만들어주는 눈물의 힘이고 밤을 견디게 하는 달빛의 힘이기도 하다. 빛은 이처럼 어둠 속에서도 언제나 반짝이면서 자신의 존재를 입증한다.

사실상 심리학적으로 빛을 받는다는 것은 빛의 근원을 자각한다는 것, 다시 말해서 정신적 힘을 자각한다는 의미를 지닌다.12) 박재삼의 시에서 빛은 이처럼 순수한 가난, 순수한 어둠이 존재하지 못하게 하는 힘의 근원이고 삶의 동력으로 기능하고 있다. 그러므로 그 빛은 태양에만 숨겨져 있는 것이 아니라 하늘에 있는 달과 별, 지는 노을에서 시작해서 대지를 적시는 강과 시내, 그리고 바닷물에도 퍼져 있고, 다시 꽃과 나무와 같은 식물의 이파리에서도 반짝이는 '편재성(遍在性)'을 과시한다. 빛은 한 마디로 모든 물리적, 정신적 중심으로 반짝이는 '자연 중의 자연'인 것이다. 따라서 빛은 자연이면서도 자연을 능가하는 초자연의 모습을 하고 있다. 빛에 축복의 요소가 내재하는 것도 그런 까닭이다.

千石꾼 萬石꾼의 재산 불어나는
그 기쁜 인생도
저 햇빛과 바람이 짜 올리는
씨와 날의 밝고 넘치는 것을

---

12) 이승훈 편저, 『문학상징사전』, 고려원, 1995, 248쪽.

당할 수야 없으리.
-「흥부의 햇빛과 바람」 부분

흥부의 경우 인간사회의 부자됨보다 자연이 제공하는 부자됨이 더욱 중요한 역할을 하고 있다. 햇빛과 바람, 다시 말해서 빛과 공기는 이 세상 어느 곳에도 침투되어 있는 보편적인 자산이라고 할 만하다. 어디에서나 충만해 있는 "밝고 넘치는 것"과 소통하지 못한다면 그것이 축복이라는 것을 알지 못한다면 물질적인 부자가 무슨 소용이 있겠는가. 이처럼 가난한 사람에게는 햇빛과 바람의 의미가 더욱 가깝게 느껴지지만 부유한 사람들에게 햇빛과 바람은 그 가치를 상실할 우려가 있다. 따라서 시인은 온 우주에 충일해 있어서 애써서 벌어들일 필요가 없는 햇빛과 바람의 혜택과 축복을 만끽하지 않는 인생에 희망이 없다는 것을 말해주고 있다.

모든 자연에 편재해 있는 축복의 중심으로서 햇빛과 바람은 이처럼 서로 연결되어 나열되는 경우가 많다.

바람과 햇빛에
끊임없이 출렁이는
나뭇잎의 물살을 보아라.
사랑하는 이여,
그대 스란치마의 물살이
어지러운 내 머리에 닿아
노래처럼 풀려가는 근심,
그대 그런 것인가.

사랑은 만 번을 해도 미흡한 渴症,
물거품이 한없이 일고
그리고 한없이 스러지는 허망이더라도

아름다운 이여,
저 흔들리는 나무의
빛나는 사랑을 **빼**면
이 세상엔 너무나 할 일이 없네.

―「나무」 전문

나무는 지금 "바람과 햇빛"으로 인해서 끊임없이 "출렁"인다. 나무는 바람과 햇빛의 존재를 알려주는 역할을 하는 것이다. 이처럼 바람과 햇빛은 그것을 만끽하고 받아들이는 사람들에게만 그 존재를 알려온다. 여기에서 바람과 햇빛을 받아서 반짝이는 나뭇잎을 가리켜서 시인은 "출렁"인다는 표현을 사용하고 있다. 바닷물이 햇빛을 받아서 반짝이는 장면과 서로 겹쳐지고 있는 것이다. 나뭇잎의 반짝임과 바닷물의 반짝임은 햇빛과 바람을 수용하는 데 있어서 동일한 자세를 취하고 있는 것이다. 그래서 나뭇잎의 반짝임을 통해서 햇빛과 바람은 마치 바닷물처럼 출렁이면서 '물거품'을 남기고 있다. 이때 햇빛과 바람을 통해서 끊임없이 출렁이며 물거품을 내는 것이 인생에 비유된다. 인생에서는 마치 바람 잦을 날이 없다는 말에서처럼 항상 "근심"으로 출렁이며 "물거품"을 만드는 경우가 많다. 이러한 근심들은 따지고 보면 "허망"한 것들이다. 그럼에도 불구하고 사람들은 끊임없이 허망한 "물거품"을 만들고 터뜨리는 물살에 시달리면서 산다.

그러나 시인은 그렇게 허망한 물거품을 끊임없이 생산하고 터뜨리는 인생의 덧없는 근심 걱정에 대해서 오히려 "빛나는 사랑"을 발견한다. 나뭇잎이 햇빛과 바람에 의해서 언제나 덧없이 반짝이는 것처럼 보이지만 그것이야말로 햇빛과 바람과 더불어 사랑을 교환하는 일이 아니겠는가. 삶을 사랑하지 않는다면 그의 인생은 결코 흔들리지 않을 것이다. 덧없는 인생의 근심조차도 오히려 삶을 사랑한다는 징표임이 증명된다. 그러므로 햇빛과 바람은 인생을 향해서 출렁이는 물결을 만들어내지만 햇빛과 바람을 받아들이는 인생에서만 그러한 출렁임이 가능한 것이다. 삶을 사랑하고, 햇빛과 바람의 존재를 인생의 출렁임과 반짝임을 통해서 증명하는 인생에 의미가 있는 것이다.

골목골목이 바다를 향해 머리칼 같은 달빛을 빗어내고 있었다. 아니, 달이 바로 얼기빗이었었다. 홍부의 사립문을 通하여서 골목을 빠져서 꿈꾸는 숨결들이 바다로 간다. 그 程度로 알거라.

사람이 죽으면 물이 되고 안개가 되고 비가 되고 바다에나 가는 것이 아닌것가. 우리의 골목 속의 사는 일 중에는 눈물 흘리는 일이 그야말로 많고도 옳은 일쯤 되리라.
그 눈물 흘리는 일을 저승같이 잊어버린 한밤중. 참말로 참말로 우리의 가난한 숨소리는 달이 하는 빗질에 빗어져, 눈물 고인 한 바다의 반짝임이다.

―「가난의 골목에서는」 전문

앞서도 보았듯이 홍부의 "가난한 숨소리"를 위로해주는 것은 "달이 하는 빗질"이다. '빛'과 '빗'의 음성적 유사성을 이용하여 달빛에 의한 "반짝임"을 달빛의 '빗질' 덕분으로 묘사하고 있다. 달빛은 가난한 홍부의 가정을 빗질하여 "머리칼 같은 달빛"으로 가득 채우고 있다. 그 머리칼 같은 달빛은 "눈물 흘리는 일"처럼 물기를 머금고 있다. 박재삼의 달빛에는 항상 어느 정도의 물기가 배어 있는 것이다. 앞서 보았듯이 시장에 나갔다가 돌아오는 어머니의 마음에서도 달빛은 항상 어머니의 눈물과 포개져 있다. 이는 달빛이 바다나 강과 같은 물 이미지와 쉽게 뒤섞이는 계기가 되고 있다. 다시 말해서 달빛에 의한 "반짝임"에는 항상 눈물의 반짝임이 포함되어 있다는 것이다. 가난과 어둠 속에서도 그것을 견디고 극복하게 만들어주는 것은 눈물의 반짝임이었다는 사실을 말해준다.

>산은 항상 말이 없고
>강은 골짜기에 갈수록 소리내어 흐른다.
>이 두 다른 갈래가
>그러나 조화를 이루어
>얼굴이 다르지만 화목한 營爲로
>나가고 있음을 본다.
>세상에 생기고부터
>짜증도 안내고 그런다.
>이 가을 햇빛 속에서
>단풍빛으로 물든 산은
>높이 솟아 이마가 한결 빛나고
>강물은 이리저리 몸을 뒤틀며
>반짝이는 노릇만으로
>그들의 존재를 없는 듯이 알리나니
>이 千篇一律로 똑같은
>체바퀴같은 되풀이의 日月 속에서
>그러나 언제나 새로움을 열고 있는
>이 비밀을 못캔 채
>나는 드디어 나이 오십을 넘겼다.

―「日月속에서」 전문

그러므로 "강"이 "골짜기에 갈수록 소리내어 흐"르는 이유를 알 수 있다. 이 시에서 산은 "이마가 한결 빛나는" 단풍을 달고 있는 머리 모양을 하고 있고, 그 아래로 강물은 몸처럼 흐르고 있다. 하지만 정작 이마가 빛나는 "산은 항상 말이 없"고, 몸으로 흐르고 있는 "강물은 이리저리 몸을 뒤틀며/반짝이는" 것으로 말을 대신하고 있다. '반짝인다'는 것은 그러므로 '언어적 표현'과 유사한 '자연의 언어'인 것이다. 달빛을 받아서 반짝이는 '강물'에 '눈물'의 이미지가 포개지는 것은 슬픈 사연의 반짝임을 뜻하고 있다. 가난한 살림살이에 언제나 반짝이는 눈물은 강물을 통해서 대신 그 표현을 얻고 있다. 이처럼 자연이 인간의 삶을 대신 말해줄 수 있는 까닭에 대해서 조지훈은 인간의 의식과 우주의 의식의 완전히 일치하는 체험에서 가능한 것으로, 인생의 괴로움이 자연의 사랑을 통해서 치유되는 것[13])이라고 진술했다. 이처럼 강물의 반짝임은 자연이 가난한 인생의 삶을 위로하고 있는 장면인 것이다. 이것은 자연과 인간의 삶이 유기적으로 연결되었을 때에만 가능한 상황이다.

> 산은 멀리 있지만
> 겨울을 벗어날수록
> 차츰 가까이 우리 곁에 오는 것 같고
> 헐벗었던 나뭇가지에서
> 파란 움을 돋게 하고
> 산에 들에 노랗고 빨간
> 개나리 진달래를 바쁘게 피워 놓더니,
> 여기에다
> 햇빛이 잘 내리고
> 바람까지 몸에 스미게 불더니,
> 바야흐로 멋지게 차린
> 床을 받듯이
> 眼福 하나를 無償으로 받는다.
>
> ―「꿈 같은 세월」 부분

---

[13]) 박남희, 앞의 글, 11쪽.

이처럼 봄이 되어서 "햇빛이 잘 내리고/바람까지 몸에 스미게 불"게 되면, 그것 자체만으로도 축복받은 풍경이 되는 것이다. 물론 봄의 풍경을 통해서 인간의 눈이 받게 되는 축복은 "무상"으로 주어진다. 박재삼의 경우 사계(四季)는 '봄에서 겨울로' 가는 경우와 '겨울에서 봄으로' 가는 경우로 크게 구별된다. 전자의 경우는 죽음으로 종결되는 허무한 인생의 노정을 강조하게 되고, 후자의 경우에는 일상의 반복되는 삶이 자연의 반복을 통해 활기를 얻게 되는 계기가 부각된다. 이와 마찬가지로 인용된 시에서도 '겨울에서 봄으로' 이행하는 자연의 반복이 전면화되고 있다. 이때 자연의 무한 반복은 인생의 덧없는 반복을 축복을 받아들이게 하는 역할을 한다. 인생은 비록 덧없는 일상의 반복으로 가득하지만, 그것의 소중함을 알려주는 것은 자연의 무한한 반복이다. 더 이상 소생할 수 없을 것처럼 보이는 겨울에서 새롭게 봄의 활기를 얻게 되는 장면을 통해서 인생은 새로운 활력을 얻게 되는 것이다. 그 활기의 동력은 이 시에서처럼 햇빛과 바람을 통해서 찾아온다. 그것들은 죽은 자연에 활력을 불어넣는 근본적인 동력이라 할 수 있다. 그런 의미에서 그것은 자연 중의 자연으로 작용하고 있는 것이다.

> 감나무쯤 되랴,
> 서로운 노을빛으로 익어가는
> 내마음 사랑의 열매가 달린 나무는!
>
> －「恨」부분

그러므로 이 시에서처럼 "서러운 노을빛"은 결코 소멸을 의미하지 않는다. 그것은 오히려 항상 다음날 찬란한 태양으로 다시 반복하리라는 자연의 약속을 드러내고 있다. 이는 아름다운 죽음, 아름다운 소멸의 의미를 알려주는 것이다. 슬픔을 통해서만 진정한 아름다움을 경험할 수 있다는 역설적 의미를 내포하고 있다. 시에 제목이 '한(恨)'인 것을 통해서도 알 수 있듯이, 맺힌 한은 반드시 풀리게 마련이다. 이 시에서도 살아서 이루지 못한 사랑은 죽어서 감나무를 통해서 열매를 맺고 있다. 맺힌 것은 반드시 풀린다는 한의 원리는 노을빛의 설움이 다음날 찬란한 태양으로 다시 뜰 것을 기약하고 있다. 어둠에는 반드시 빛이 있다는 생각, 가난에는 반드시 아름다움이 있다는 생각도 여기에서 기원하고 있다. 소멸은 소멸 그 자체가 아니며 반드시 그 안에 생성을 포함하고 있는 것처럼, 가난과 어둠 속에는 항상 빛이 내재해 있기 마련이다.

제삿날 큰집에 모이는 불빛도 불빛이지만
해질녘 울음이 타는 가을江을 보겄네.

저것 봐, 저것 봐,
네보담도 내보담도
그 기쁜 첫사랑 산골물소리가 사라지고
그 다음 사랑끝에 생긴 울음까지 녹아나고
이제는 미칠 일 하나로 바다에 다 와 가는
소리죽은 가을江을 처음 보겄네.

-「울음이 타는 가을江」부분

　제사와 노을, 사랑의 끝 등을 통해서 이 시는 온통 어둠이 지배하고 있다. 하지만 그것은 결코 어둠 그 자체가 아니다. 그것들은 온통 "울음이 타는 가을강"으로 수렴되고 있다. 인간의 죽음과 실패한 사랑, 그리고 기우는 태양 등이 모두 "가을강" 속에서 한 데 용해되고 있는 것이다. 이때 '가을'은 봄에서 겨울로 가는 인간의 허무한 삶의 과정을 상기하게 만들면서도, '강'을 통해서 울음이 빛으로 반짝이는 재생의 가능성까지 동시에 포함하고 있다. 그저 모든 것이 소멸해서 사라지는 것이 아니라 "울음이 타는" 과정을 거쳐서 반드시 빛으로 되돌아온다는 것을 말해주는 것이다. 그러므로 모든 소멸, 죽음, 실패한 사랑 등은 결코 그 자체로 머물지 않고 그것을 통과함으로써 더욱 더 아름답게 반짝이는 생을 준비하고 있다. 하지만 그것이 삶인 이상에는 반드시 이러한 슬픔의 과정을 통과하지 않을 수 없다. "울음이 타는" 과정을 거치지 않는다면 삶이라고 할 수 없다는 것이다. 인생의 비극은 빛이 그 자체로 주어지는 것이 아니라 어둠을 통과해서 주어진다는 데에 있다. 그러므로 그것이 비극인지 희극인지에 대해서 확실하게 답할 수 없는 것이 박재삼의 '빛'인 것이다.

2) 물: 생명의 근원

그러나 빛이 어둠을 통해서 다시 빛으로 되돌아오기 위해서는 반드시 다른 사물을 필요로 한다. 그 사물 중에서 으뜸의 기능을 하는 것이 '물'이다. 바닷가에서 성장한 박재삼의 이력은 그의 시에서 '물'의 중요성을 가정하게 만든다. 실제로 바다와 강의 이미지가 광범위하게 흩어져 있는 것이 박재삼 시의 중요한 특성으로 자리잡고 있다. 물은 태생적으로 박재삼의 출생과 관련되어 있는 것이다. 그런 의미에서라면 우선적으로 물이 생성의 이미지, 생명력의 근원으로 자리잡게 되는 것은 전혀 어색한 일이 아니다.

물이 생명력의 근원으로 작용할 수 있는 것은 그 물 안에 빛이 내재하기 때문이다. 물은 그 자체로 반짝이지 못한다. 물의 반짝임은 반드시 빛의 도움을 필요로 한다. 빛이 물에서 반사되는 작용을 통해서 물은 드디어 생명의 근원으로 태어나는 것이다. 빛이 스며들어 있는 물의 이미지는 박재삼의 시에서 자주 발견되는 현상이기도 하다. 이처럼 빛과 물의 상호 침투 현상으로 인해서 박재삼의 경우 물을 통해 발현되는 상상력은 서정적 특징을 갖게 되는 것이다. 따라서 물의 이미지에는 창조의 신비, 탄생과 죽음, 그리고 소생, 정화와 속죄 등14) 전통적으로 물에서 연상되는 의미가 집약되어 있다. 그 중에서도 특히 생성과 소멸, 삶과 죽음, 만남과 이별 등의 양면적 속성이 강조되는 경우가 많은데, 이것은 상고시대로부터 우리 민족의 서정 속에 깊이 자리하고 있었던 것이기도 하다.15) 또한 이러한 이미지는 비단 우리 민족만의 전통에 한정되지 않는다. 통상적인 우주론에서조차 태초에 먼저 물이 있었고 그 물에서 인간의 세계와 자연의 세계가 형성되었다는 내용은 흔하다.16) 물의 무정형성은 형상을 가지고 있는 모든 생명체의 근원적 질료처럼 여겨지고 있는 것이다.17) 그런 의미에서 물은 무언가가 만들어지고 형성되기 이전의 순수한 상태를 잘 반영하고 있다. 그것은 바슐라르가 말했던 질료의 원형적 상태를 반영하고 있다.18) 박재삼의 시에서 물의 이미지는 그러므로 고향인 삼천포 앞바다와 어머니가 넘나들었던 진주 남강 등의 유아적 상상력에 그 근원을 두고 있다고 할 수 있다. 유아적인 상태는 언제나 그렇듯이 어떻게 미래가 펼쳐질지 알 수 없는 잠재력의 상태를 반영한다. 마치 어떻게 모양이 이루어질지 알 수 없는 물의 유동성을 닮아 있는 것이다. 얼마든지 자유로운 형태 변화가 가능한 것이 물이기도 하다. 무한한 생성의 가능성에 주목한다면 물은 곧 모든 존재 가능성의 저장소이며 잠재성의 보편적 총

---

14) 김준오, 『시론』, 삼지원, 1997, 217쪽.
15) 예컨대 그러한 이미지는 「공무도하가」에서 시작하여 고려가요인 「서경별곡」, 정시상의 한시 「송인」을 거쳐 조선의 많은 시조를 비롯한 문학 작품의 소재가 되었고, 현대에 와서는 소월, 영랑, 목월로 이어지는 서정의 한 흐름이 되었다. 김재홍, 『한국현대시인연구』, 일지사, 2007 참조.
16) 나경수, 『한국의 신화연구』, 교문사, 1993, 112~116쪽.
17) 엘리아데, 이재실 역, 『이미지와 상징』, 1997, 165쪽.
18) 바슐라르에 의하면 '아르모니카'라는 물컵은 어떠한 기적으로 소리를 낸다고 한다. 여기서 모음의 a(아)는 물의 모음이라고 한다. 모음 a는 aqua(라틴어의 물이라는 뜻), apa(루마니아의 물이라는 뜻), Wasser(독일어로 물이라는 뜻)를 지배하는 것이다. 그것은 물에 의한 창조의 문제로 a는 최초의 물질을 표시한다. 그것은 우주적인 시편의 머리글자이며, 티베트의 신비주의에서는 '혼의 휴식의 문자'라고 한다. 가스통 바슐라르, 이가림 역, 『물과 꿈』, 문예출판사, 1998, 351쪽.

체를 상징한다고 할 수 있다.19) 예컨대 다음의 시를 보자.

> 물은 어떻든
> 길이 없는 듯이 보이지만
> 그러나 하늘의 뜻이
> 이슬로 위태롭게 맺혔다가
> 물방울로 발전하고
> 그것이 다시 모여
> 도도한 흐름을 이루어
> 굼틀거리고 가는 것.
> 〈法〉이란 글자를 보아라,
> 물이 가는 길이
> 순리를 따르는 원형이거늘,
>
> 우리는 한없이 연애를 하고
> 그럴 수 없이 아름다움을 누리지만
> 결국은 인생의 허무를 느끼는 데로
> 나아가게 마련인데,
> 물은 우리 눈 앞에서
> 그것을 넘어 또 다른
> 물방울로 의연히 반짝반짝 빛나기만 하네.
>
> —「물방울을 보며」 전문

 이 시에서도 물은 이미 빛을 머금고 있는 상태이다. "하늘의 뜻이/이슬"로 맺히고, 다시 "물방울로 발전하고" 그 다음에 강물로 흐르는 과정을 거치고 있다. 그렇기 때문에 물은 "반짝반짝 빛나기만"

---

19) 엘리아데, 이재실 역, 앞의 책, 165쪽.

하는 것이다. 모든 사물에는 반짝임이 스며 있다는 것을 입증이라도 하듯이 물방울은 반짝인다. 그러한 물방울(水)들이 모여서 흐르는 것(去)이 바로 세상의 이치(法)를 가르치고 있다. "순리를 따르는" 삶의 "원형"을 보여주고 있기 때문이다. 자연의 이치를 거스르고 살아가는 삶이 아니라 자연의 순리를 따라 살아가는 삶의 정당성을 노자는 '무위(無爲)'라고 했다. 이처럼 아무 일도 하지 않고 "의연히 반짝반짝 빛나기만 하"는 것처럼 보이지만 물은 무언가 길을 만들고 생명을 길러낸다. 반면에 인간의 삶은 "한없이 연애를 하고" 화려한 "아름다움을 누리지만" 결국에는 죽음의 "허무" 앞에 굴복하고 만다. 이때 죽음을 은폐하기 위한 화려한 시도는 자연을 거스르는 일과도 같다. 자연의 순리인 죽음을 받아들였을 때, 인생의 겨울에는 다시 봄이 찾아올 수 있는 것이다. 그러한 이치를 저 흐르는 물방울의 "도도한 흐름"은 말하고 있다. 무한한 생성의 가능성을 삶으로 초대하기 위해서는 죽음을 받아들여야 한다. 순리를 따르고 거스르지 않았을 때 무한한 생성의 흐름에 동참할 수 있는 것이다.

이러한 의미에서 물은 우리들의 삶의 밑바닥에서 끊임없이 흐르고 있지만, 우리는 그 흐름을 억제하고 은폐하는 삶을 살아가는 경우가 많다. 그렇게 되면 가난과 슬픔을 그 자체로만 바라보고 그 밑에 짓눌려서 삶을 허비하게 된다. 하지만 인생의 겨울에는 언제나 봄이 있다는 것을 '물'이 알려주는 것이다. 그런 의미에서 물은 언제든지 새 삶을 준비할 수 있게 해준다.

　①　추운 겨울에는
　　　언제 봄이 오나
　　　시냇물도 얼어서 막막한 것 같지만
　　　그 빙하 속에도
　　　물은 상기 살아 있어
　　　밑을 적시며 흐르는

이 엄청난 이치를 곰곰이 생각하면
큰 깨달음이 열릴 것일세.

그리하여
바짝 마른 풀잎 근처에 와서
한정없이 쓰다듬고
功을 들이고 하더니
가을은 풀잎 모가지를 타고
어느새 생명이 흐르고 있었던
무서운 驚異를 보게 되는 것을.
너희는 비로소
부활의 기지개를 켜게 되리라.

— 「부활의 기지개」 전문

② 당신이 푸른 빛과
별로 관계가 없는 것은
빤하고 분명하건만,
그러나 늘 그 근처에서
자나 새나
그리워하고 산 것은
너무나 확실하다.

저 햇빛에 반짝이는
무수한 이파리들 둘레에서
혼을 빼앗긴 채
멍청히 지냈던 사실을 헤아려 보라.

결국 이런 과정을 거치고
죽고 나면 어떻게 될까.
땅 밑에 묻혀
스미는 물로 변하여
그 이파리들을 타고
눈부시게 올라오기는 하리라.
아, 이것이 復活이 아니고 무엇인가.

─「復活의 생각」전문

    이 두 작품에서 물은 "부활"을 상징한다. 새 생명을 길어 올리는 역할을 하는 것이다. ①의 시에서처럼 물은 심지어 "빙하 속에도" "상기 살아 있어" 우리들의 가난하고 슬픈 인생의 "밑을 적시며 흐르"고 있는 것이다. 도저히 생명이 살아 있을 것 같지 않은 빙하기를 맞이한다고 할지라도 그 밑에는 항상 물이 흐른다. 도무지 생명체라고는 찾아볼 수도 없는 허허벌판에서도 그 밑을 흐르는 것이 물인 것이다. 인생의 겨울 밑바닥에서 봄을 예비하고 있는 것이 물이다. 그 물이 뿜어져 나오는 날 겨울은 가고 새롭게 봄을 맞아 온갖 생명체들이 다시 싹을 틔울 수 있는 것이다. 그 물이 "바짝 마른 풀잎 근처에 와서/한정없이 쓰다듬고" 하는 양을 보자면, 인생의 가을, 인생의 겨울이 찾아온다 한들 언제든지 물이 흐르고 있다는 "무서운 경이"에 감복하지 않을 수 없다. 이처럼 물을 통해서 인간은 죽음의 두려움과 짧은 인생의 허무를 벗어날 희망을 갖게 된다. ②에서처럼 "저 햇빛에 반짝이는/무수한 이파리들"을 보면서 이렇게 생각할 수 있다. "죽고 나면 어떻게 될까." 누구든 인생의 허무에 봉착하여 이런 질문을 던지게 된다. 하지만 박재삼의 경우 죽음은 반드시 물을 통해서 새로운 생명을 부여받게 된다. 모든 죽음은 "땅 밑에 묻혀/스미는 물로 변하여" 나무를 타고 햇빛을 받아 반짝이는 이파리로 다시 태어날 수 있는 것이다. 죽어서 물이 된다는 것은 자신의 삶에서 죽음이 물을 만났을 때 다시 태어나는 축복을 누린다는 뜻이기도 하다.

물은 이처럼 삶에서 죽음으로, 그리고 형상이 없는 상태에서 온갖 형상으로 변하는 '유동성'[20]을 특징으로 한다. 이때 물의 유동성은 '흐름'으로 표현되는데, 시간에 대해서도 사람들은 '흐름'의 이미지[21]를 부여하고 있다. 물의 흐름이 생명의 흐름과 겹쳐지고 있다는 사실을 직감적으로 알고 있는 것이다.

> 강물로 우리는 흘러가다가 마음드는 자리에 숨어 와보면, 머언 그 햇볕 아래 강물 만큼은 반짝인다 반짝인다 할 것 아닌가.
> ─「한낮의 소나무에」 부분

생명이란 유연함을 본성으로 한다. 그 유연함이란 무정형의 무한한 가능성을 뜻한다. 생명은 이런 모양 저런 모양으로 얼마든지 변화할 수 있는 무한한 잠재력을 가지고 있다. 그런 의미에서 우리들도 우리들의 시간도 강물처럼 흘러간다. 그렇게 '흐르는' 강물이기 때문에 우리들의 삶은 빛을 받아서 "반짝"일 수 있는 것이다. 반짝인다는 것은 햇빛이 강물에 스며드는 장면을 의미하는 것으로, 빛과 물의 만남을 통해서 죽음은 다시 삶의 근원으로 되돌아오게 된다. 이처럼 죽음을 삶으로 되돌려놓는 물의 궁극적인 형상이 바로 '눈물'이다.

> 마음도 한자리 못 앉아 있는 마음일 때,
> 친구의 서러운 사랑 이야기를
> 가을햇볕으로나 동무삼아 따라가면,
> 어느새 등성이에 이르러 눈물나고나.

---

[20] 물의 유동성에 대해서는 가스통 바슐라르, 이가림 역, 앞의 책, 44~90쪽 참조.
[21] 데이비드 폰태너, 최승자 역, 『상징의 비밀』, 문학동네, 1998, 112쪽.

제삿날 큰집에 모이는 불빛도 불빛이지만,
해질녘 울음이 타는 가을江을 보것네.

저것 봐, 저것 봐,
네보담도 내보담도
그 기쁜 첫사랑 산골 물소리가 사라지고
그 다음 사랑끝에 생긴 울음까지 녹아나고
이제는 미칠 일 하나로 바다에 다 와 가는
소리죽은 가을江을 처음 보것네.
―「울음이 타는 가을江」 전문

  봄나무, 여름나무가 따로 없는 것처럼 '여름강', '가을강'이 따로 있을 리 없지만, 박재삼은 나무와 강 앞에 계절을 붙이길 즐겨한다. 사계절에 대한 박재삼의 독특한 관심이 강물에 투사될 수 있기 때문이다. 일반적으로 '봄나무'가 겨울에서 봄으로 이행하는 과정을 전제할 때 사용되는 것처럼, '가을강'은 가을에서 겨울로 이행하는 과정을 강조할 때 사용된다. 그러므로 가을강은 인간의 삶에 견주자면 중년에 해당되는 시기라 할 수 있다. 중년에 접어든 사람들이 죽음의 공포에 시달리는 일은 충분히 짐작할 수 있는 일이다. 가을은 겨울로 접어드는 일생을 축약하면서 죽음을 동반하는 '허무'를 불러일으킨다. 그러나 가을이 '강' 이름 앞에 붙어 있다. '강' 혹은 '강물'은 앞서도 보았듯이 '죽음'을 뚫고 새 생명을 길어 올리는 놀라운 능력을 가지고 있는, 생명력의 상징이다. 인생의 여정은 겨울을 향하고 있지만, 설사 겨울이 온다 한들 '강물'은 겨울의 두터운 얼음층 밑을 흐르게 될 것이다. 겨울의 밑바닥에서 봄을 준비하는 것은 '강물'의 본래적 의미에 해당한다.
  이 시에서는 표면적으로 보았을 때 모든 것이 죽음과 소멸을 향하고 있다. "친구의 서러운 사랑 이야기", "가을햇볕", 그리고 "제삿날", "해질녘", 그리고 "가을강"은 모두 죽음을 향하고 있는 인간의 허무한 삶을 상징하고 있다. 마치 인생의 허무가 한 데 집결하고 있는 것처럼 보인다. 이렇게 허무한 인생이 "가을강"을 바라보고 있다. 그것도 "해질녘"의 가을강을 보고 있다. 이때 가을강을 바라보는 화자의 "울음"이 금방이라도 쏟아질 것처럼 극한에 달한 슬픔이 표현되고 있다. 그 울음이 저 가을강에 비치는 노을에서 타오르고 있는 것이다. 그러나 끝내 그 울음은 터지지 않고 "소리죽은" 가을강으로 타오르고 있을 뿐이다. 억제된 눈물의 극한을 보게 된다.22)

이때 화자의 '눈물'이 가을의 '강물'과 일체화되는 것을 볼 수 있다. 뜨거운 눈물이 가을강의 노을빛처럼 물들며 동일화되고 있는 것이다. "그 기쁜 첫사랑 산골 물소리가 사라지고", "그 다음 사랑 끝에 생긴 울음"이 복받쳐올 때, 드디어 "이제는 미칠 일"만 남는 극한의 상태에서 가을은 강물로 흘러간다. 눈물이란 그런 것이다. 가을에서 겨울로 이행하는 가을강의 물결이 햇빛을 받아 반짝이고 있는 것처럼, 슬픔의 극한에서 흐리는 눈물은 그 동안의 슬픔을 기억하면서 겨울을 보내고 봄을 맞이하기 위해서 준비된 마음의 강물인 것이다. 이처럼 눈물을 통해서 슬픔을 마음의 밑바닥으로 흘려보내지 않는다면 우리는 어떻게 새로운 내일을 살아갈 수 있을 것인가. 울음이 강물처럼 인생의 겨울 밑바닥에 스며드는 순간에 우리는 새로운 삶의 활력을 얻게 된다.23) 눈물이 바로 우리들의 가을 강물이라고 한다면, 소리 내지 않고 슬픔을 삭이는 눈물은 자연히 "울음이

---

22) 이 시에 대한 시인의 기억은 이렇다. "낯 해 선이다. 한창 재롱 피우는 나이로 내 사촌동생이 바다에 빠져 죽었다. 그런데 어찌 되었던 일인지 나는 눈물이 나지 않았다. 물론 그 슬픔이야 내 마음에 못을 파는 아픔이긴 했지만 왜 나는 다른 집안사람과 함께 울고 불고 하지 않았는지 모르겠다. 죽은 뒤, 그러니까 동네 사람들이 동생의 시체를 둘러싸고 웅성거리고 있는 등 뒤까지 가서도 눈물이 아니 나왔다. 내심 슬픔이 대단했는데, 참 모를 일이었다."(박재삼, 「눈물 나는 일」, 『슬퍼서 아름다운 이야기』, 경원, 1977)
23) 프라이는 물도 그 자체의 주기를 갖고 있다고 했다. 비에서 샘으로, 샘이나 분수에서 시내나 강으로 강에서 바다나 겨울의 눈으로, 그리고 다시 처음의 상태로 회귀한다는 것이다. 노스럽 프라이, 임철규 역, 『비평의 해부』, 한길사, 2000, 316쪽.

타는 가을강"일 것이다. 가을의 강물이 겨울의 밑바닥으로 슬픔을 실어 나르듯이, 인간사의 눈물은 의식의 밑바닥으로 슬픔을 옮겨놓으면서, 그곳에서 새로운 생명력이 기원하기를 기대한다. 슬픔의 근원인 눈물은 그 자체로 슬픔을 이기는 힘이 되는 것이다. 가난한 삶을 슬픔을 통해서 아름다움으로 승화시킬 수 있는 것도 바로 눈물인 것이다. 눈물을 통과하지 않는다면 슬픔은 슬픔 그 자체에 머물겠지만, 그것이 눈물을 통과하는 순간 슬픔은 삶의 활력으로 작용하게 된다. 따라서 이 작품에는 가난과 슬픔, 죽음의 의미를 강조했던 박재삼의 미학이 집약되어 있는 것이다.

인간의 마음 깊은 곳에서 흐르는 눈물은 재생의 동력이다. 눈물이 고여 흐르지 않는 인생은 진정한 삶의 아름다움을 체험할 수 없는 것이다. 그것이 가난한 삶이든, 평범한 자연 현상이든 삶의 주변에는 가난하고 보잘 것 없기 때문에 아름다움을 간직하고 있는 것들이 많다. 그럼에도 불구하고 그것들의 아름다움을 발견할 수 없는 것은 사람들의 마음 깊은 곳에 "울음이 타는 가을강"이 흐르지 않기 때문이다. 따라서 삶의 의미를 발견하고자 하다면 눈물이 강으로 흐르게 해야 한다. 속이 탄다는 말이 있듯이 "울음이 타는" 상태는 일면 극렬한 부정의 소리처럼 들리지만 구각(舊殼)을 벗고 새로운 경지로 건너가는 정제의 과정이며, 황금 같은 영원을 마련하는 자리이기도 하다.24) 슬픔은 다만 슬픔이고, 가난은 다만 가난에 불과한 것이 아니다. 슬픔과 가난은 울음을 통해서 삶의 동력을 제공하는 기능을 하게 된다. 이처럼 삶의 무정형성, 유동성을 깨닫게 하는 것들은 사방에서 '햇빛'과 '바람'을 맞아 흔들리며 반짝이고 있는 것이다.

솔잎 사이 사이
아주 빗질이 잘된 바람이
내 腦血管에 새로 닿아 와서는

---

24) 오용기, 「박재삼의 시와 恨」, 『한국언어문학』, 한국언어문학회, 2002, 16쪽.

그 동안 허술했던
목숨의 운영을 잘해 보라 일러 주고 있고……

살 끝에는 온통
금싸라기 햇빛이
내 잘못 살아온 서른여섯해를
덮어서 쓰다듬어 주고 있고……

그뿐인가,
시름으로 고인
내 肝臟 안 웅덩이를
세월의 동생 실개천이
말갛게 씻어주며 흐르고 있고……

친구여,
사람들이 돌아보지도 않는
이 눈물나게 넘치는 資産을
혼자 아껴서 곱게 가지리로다.

―「貞陵살면서」 전문

이 시에서처럼 "바람", "햇빛"이 삶을 위로하는 것처럼, 화자의 마음 속에는 "실개천"이 흐르면서 삶을 부추기고 있다. 그 실개천은 "시름으로 고"여서 생긴 것으로, 애간장이 녹아 만들어진 "가장 안 웅덩이"에서 "세월의 동생"으로 '흘러간다.' 그것도 그냥 흐르는 것이 아니라 "말갛게 씻어주며 흐르고 있"다. 시름에 겨운 눈물, 애간장을 녹이는 슬픔이 고여서 마음 깊은 곳에서 강물로 흐르는 것이 세월이다. 세월이란 이처럼 인간의 삶에서 겨울이 찾아온 흔적으로 그 밑바닥에 흐르는 '봄의 강물'로 이루어져 있는 것이다. 겨울의 얼음판 밑으로 흐르는 강물이 세월의 흐름을 뜻한다. 그러므로 얼마나 많은 슬픔으로 강물을 만들었느냐가 세월의 깊이를 말해준다. 그 세월의 깊이가 삶의 유동성, 삶의 가능성, 잠재성을 만들어낸다. 그러므로 몸속에서 물 흐르는 소리는 세월이 흐르는 소리면서, 살아 있다는 것을 알려주는 소리인 것이다. 그 소리에는 온갖 슬픔과 가난이 녹아 있지만, 그것들이 아니면 세월은 흐를 수조차 없었을 것이다. 무심하게 시간만 지나갔을 것이다. 이렇게 "눈물나게 넘치는 자산"을 사람들은 "돌아보지도 않는"다. 지난 시간의 설움과 가난을 누가 소중하게 기억할 것인가. 그러나 그것들이 의식의 밑바닥에서 눈물로 흐르지 않는다면 지금처럼 살아갈 수도 없었음을 시인은 상기하고 있는 것이다.

江바닥 모래알 스스로 도는
晉州南江 물맑은 물같이는,
새로 생긴 혼이랴 반짝어리는
晉州南江 물빛맑은 물같이는,
사람은 애초부터 다 그렇게 흐를 수 없다.

江물에 마음 홀린 사람 두엇
햇빛 속에 이따금 머물 줄 아는 것만이라도
사람의 흐르는 세월은
다 흐린 것 아니다, 다 흐린 것 아니다.

그런 것을 재미삼아 횟거리나 얼마 장만해 놓고
江물 보는 사람이나 맞이하는 심사로
막판에 江가에 술집 차릴 만한 세상이긴 한 것을
가을날 晉州南江 가에서 한정없이 한정없이 느껴워한다

―「南江가에서」전문

삶의 밑바닥을 흐르는 눈물은 "진주 남강 물 맑은 물 같이는" 맑은 물로 흐를 수 없다. 태평하게 유유히 흐르는 맑은 강물에 비한다면 "사람의 흐르는 세월", 그 흔적인 눈물은 결코 맑고 청정한 색으로 흐르지 않는다. 하지만 그렇게 삶의 밑바닥에서 눈물이 되어 '흐른다는 것'만으로도 우리들의 세월은 "다 흐린 것 아니다." 아무리 더러운 물도 흐르면서 맑게 정화되는 강물은 아닐지라도 삶의 밑바닥에 오물처럼 흐르는 눈물은 언젠가 맑게 정화되어 흐르게 되어 있다. 이처럼 슬픔의 눈물은 삶의 밑바닥에서 강물로 흐르면서 가난과 한 맺힌 삶을 정화한다. 그러므로 슬픔이 강을 이뤄 흐르는 장면을 바라보기 위해서 "이따금 머물 줄 아는 것"은 강물의 정화 작용을 감각적으로 보여주는 것이다. 지나간 가난한 삶이 만들어낸 눈물의 강물을 어느 순간 되돌아보게 된다면, 그것은 세월이 그만큼의 깊이로 맑게 정화되었다는 뜻이기도 하다. 하염없이 강물을 쳐다보는 사람들을 맞이하기 위해 "횟거리"를 장만해둔 "술집"처럼, 누구든지 자신의 삶의 끝에서도 '술집' 하나쯤은 만들 수 있어야 한다. 그것도 "가을강"을 눈 앞에 두고 있는 사람이라면 더욱 그러하다.

이처럼 가을강은 인간의 삶에 있어서 황혼을 준비하고, 죽음을 예감하는 장소로서 자주 등장한다. 하지만 그것은 때로 인간의 가난한 삶을 어루만져주는 모습을 보여준다. 죽음을 연상시키는 가을강의 세월은, 그런 의미에서 보면 바슐라르가 말했던 '부드러운 물'을 닮아 있다. 바슐라르에 따르면 부드러운 물은 '모성적 상상력'에 가까운 것으로 특히 어머니에 대한 추억이 무의식에 가라앉은 것이다. 예컨대 어머니의 젖에서 느껴지는 액체성이나 유동성의 이미지가 무의식을 지배하고 있을 때를 가리킨다.[25] 더구나 삼천포에서 유년 시절을 보냈다는 것, 그리고 유년 시절 어머니에 대한 기억이 남다르다는 점, 그리고 그것들이 슬픔의 눈물로 의식의 밑바닥에서 흐르

---

25) 가스통 바슐라르, 이가림 역, 앞의 책, 370~371쪽.

고 있다는 점을 상기한다면 박재삼의 물 이미지에 내재하는 여성성을 충분히 짐작할 수 있다. 그로 인해서 물 자체가 죽음에서 생명을 길어 올리는 부활의 이미지를 띠게 되는 것이다.

하지만 그의 시에서 물 이미지를 대표하는 것은 강물이 아니라 오히려 바다이다. 현대인들은 바다에서 거대한 물결, 격정적인 파도와 같은 남성성을 연상하겠지만 박재삼의 바다는 전혀 그런 남성적 이미지가 결여되어 있다. 그의 바다는 강물처럼 고요하고 잔잔하며 부드럽다.

    봄날 三千浦 앞바다는
    비단이 깔리기 萬丈이었거니
    오늘토록 疋을 대어 출렁여
    내게는 눈물로 둔갑해 왔는데,

    스무 살 무렵의
    그대와 나 사이에는
    환한 꽃밭으로 비치어
    눈이 아른거리기도 하고
    때로는 안개가 강으로 흘러
    앞이 흐리기도 하였다.

    오, 아름다운 것에 끝내
    노래한다는 이 망망함이여.
    그 잴 수 없는 거리야말로
    그대와 나 사이의 그것만이 아닌
    바다의 치數에 분명하고
    세상 이치의 치數 그것이었던가.

                             -「내 고향 바다 치數」전문

바다의 여성성은 대개 "고향 바다"라는 사실에서 기원한다. 거칠고 남성적인 바다가 아니라 부드럽고 포근한 바다의 이미지는 '고향'이 만들어내는 여성적 분위기에서 기원하는 것이다. 앞에서도 살펴본 것처럼 바다는 그 "잴 수 없는 거리", 즉 "망망함"으로 신비를 만들어낸다. 바다는 그렇게 측량할 수 없는 거리를 가지고 있기 때문에 아름답다. 그러나 바다의 아름다움은 몇 필(疋)인지도 알 수 없는 비단결 무늬로 펼쳐져 있다. 여기에서 바다의 여성성이 압축적으로 드러난다. 바다는 측정할 수 없는 거대한 길이의 여성용 옷감처럼 누워 있다. 바다는 어머니의 치맛자락처럼 펄럭이고 있는 것이다. 그렇기 때문에 바다는 "오늘토록 필을 대어 출렁여" "눈물로 둔갑해" 오는 것이다. 바다의 치수는 그러므로 어머니가 흘린 눈물의 치수이며, 그 눈물을 회상할 수 있을 정도로 흘러버린 세월의 치수이기도 하다. 이처럼 과거를 되돌아본다는 것은 의식의 밑바닥으로 흐르는 눈물의 바다, 그 크기를 잰다는 것이다.

> 모래밭에 물결이
> 밀려왔다 밀려가는 것을 보고 있으면
> 꼭 주름살을 폈다 오무렸다 하는
> 사실과 너무나 흡사하다고 느꼈다.
> 千萬날로 되풀이하는 바다가
> 우리 어머니나 누이의
> 치맛단을 설마 닮은 것이랴,
> 그들이 생겨나기 전부터
> 아득히 있어온 물결이라면
> 곰곰이 이제야 알겠다.
> 우리 어머니나 누이들이
> 물결의 그리움을 담아 아슬아슬하게
> 치마를 만들었다는 그 순서를.

그 치마 속에서는
빨간 珊瑚를 빗기도 하고
하얀 眞珠를 뿜어내기도 하는
요컨대 눈부신 공사를 열심히 하고,
아무 것이나 마구 만진 흙장난으로
우리의 더러워진 코하며 얼굴을
치마 안자락으로 말끔히
꿈같이 훔쳐 주는 것이었다.

-「추억에서·41」 전문

　화자는 바닷가에 밀려드는 파도에서 '치마 주름살'을 목격한다. 파도 자체가 "우리 어머니나 누이의/치맛단"을 닮았다는 것이다. 이는 바다의 여성성이 한 눈에 드러나는 장면이다. 하지만 파도와 치마 사이에서 발견된 유사성은 비단 모양과 형태의 유사성에서 도출된 생각이 아니다. 박재삼의 바다는 그 상징적 의미에서조차 생명 및 재생과 관련되어 있다는 점에서 이미 여성성과 친화적이다. 그런 점에서 박재삼의 바다 이미지는 거칠고 포악한 바다의 파괴적 성향과 멀리 떨어져 있다. 하지만 화자는 어머니나 누이의 치마가 파도의 모양을 닮은 것이 아니라, 파도 자체가, 즉 "그들이 생겨나기 전부터/아득히 있어온 물결"이 오히려 어머니와 누이의 치마를 닮았다고 말한다. 치마가 파도를 닮은 것이 아니라 파도가 치마를 닮아 있다는 것이다. 이는 치마의 모델 자체가 파도였다는 사실을 간접적으로 강조하고 있다. 여성들은 "물결의 그리움을 담아" "치마를 만들었"던 것이다. 덧없이 매일 반복되는 여성들의 삶을 보면 알 수 있다. 주름 잡힌 여성들의 치마는 그들의 반복되는 삶을 닮아 있다. 그래서 그 치마에서는 바다 냄새가 나는 것이다. 치마에는 "빨간 산호", "하얀 진주"가 있으며, "흙장난"으로 "더러워진 코"를 "훔쳐 주"던 "치마 안자락"도 있다. 바다를 가장 많이 닮은 치마 안자락이 어린 박재삼에게는 가장 큰 안식처였던 것이다.

> 누님의 치맛살 곁에 앉아
> 누님의 슬픔을 나누지 못하는 심심한 때는,
> 골목을 빠져나와 바닷가에 서자.
>
> 비로소 가슴 울렁이고
> 눈에 눈물 어리어
> 차라리 저 달빛 받아 반짝이는 밤바다의 質正할 수 없는
> 괴로운 꽃비늘을 닮아야 하리.
> 天下에 많은 할 말이, 天上의 많은 별들의 반짝임처럼
> 바다의 밤물결되어 찬란해야 하리.
> 아니 아파야 아파야 하리.
>
> 이윽고 누님은 섬이 떠있듯이 그렇게 잠들리.
> 그때 나는 섬가에 부딪치는 물결처럼 누님의 치맛살에 얼굴을 묻고
> 가늘고 먼 울음을 울음을
> 울음 울리라.
>
> ―「밤 바다에서」전문

그러나 어린 박재삼은 누이의 치마에서 묻어나는 그리움이 무엇인지 알지 못하였다. "누이의 슬픔을 나누지 못하는" 어린 박재삼은 슬픔에 잠긴 누이를 뒤로 하고 그저 "심심"하였으므로 "골목을 빠져나와 바닷가"로 달렸을 것이다. 이제 나이가 들어서 그때의 "밤바다"에 서게 되니, "비로소 가슴 울렁이고/눈에 눈물 어리"게 된 것이다. 진정으로 누이를 이해하기 위해서는 달빛을 받아 "반짝이는 밤바다"의 아름다우면서도 "괴로운 꽃비늘"이 되어보아야 한다. 그래서 바다의 "밤물결"되어 "섬"처럼 덩그마니 떠 있는 누이의 고독

과 그 슬픔을 어루만져 보아야 한다. 파도를 닮은 누이의 치마를 이해하기 위해서는 그 자신이 밤바다의 파도가 되어보아야 하는 것이다. 그렇게 되면 누이는 "섬"이 되고 화자는 그 "섬가에 부딪치는 물결"이 되어, 드디어 어린 시절 누이의 "물결"을 이해할 수 있게 된다. 누이의 아름다운 "꽃비늘"이 어째서 "괴로운 꽃비늘"인지 이해할 수 있는 것이다. 누이로 대표되는 여성들은 "천하에 많은 할말"을 다 하지 못하고 "별들의 반짝임"을 닮은 "바다의 밤물결"이 되어 서럽게 울었던 것이다. 지금은 비록 아름답게 반짝이는 밤물결인 것처럼 보이지만, 그 아름다움 뒤에서 얼마나 많은 울음이 바다를 이루며 흐리고 있는지 화자는 비로소 알게 되는 것이다. 이때 비로소 "누님의 치맛살에 얼굴을 묻고/가늘고 먼 울음을" 울 수 있게 된다. 유년의 바다에서 가난을 등에 지고 살았던 어머니와 누이의 고단하고 고독한 삶을 밤바다 앞에서 회상하고 있는 화자의 쓸쓸함이 묻어나는 작품이다. 어린 시절 누이의 삶을 이해하기 위해서 스스로 누이가 닮아 있는 바다의 물결이 되고자 하는 상상력은 자연에 대한 미메시스적 발상에 닿아 있다.

그러나 시인의 바다에는 여성들의 한이 서려 있는 죽음의 이미지가 충일하다. 심청이나 남평문씨 부인처럼 바다에 몸을 던져서 죽어간 여성들의 한과 설움이 바다의 반짝임을 통해서 드러나 있는 것이다. 그 대표적인 것으로 두 작품을 보도록 하자.

　一

　화안한 꽃밭같네 참.
　눈이 부시어, 저것은 꽃핀 것가 꽃진 것가 여겼더니, 피는 것 지는 것을 같이한 그러한 꽃밭의 저것은 저승살이가 아닌것가 참. 실로 언짢달것가, 기쁘달것가.
　거기 정신없이 앉았는 섬을 보고 있으면,
　우리가 살았닥해도 그 많은 때는 죽은사람과 산사람이 숨소리를 니누고 있는 반짝이는 봄바다와도 같은 저승 어디쯤에 호젓이 밀린 섬이 되어 있는 것이 아닌것가.

二

우리가 少時적에, 우리까지를 사랑한 南平文氏 夫人은, 그러나 사랑하는 아무도 없어 한낮의 꽃밭 속에 치마를 쓰고 찬란한 목숨을 풀어헤쳤더란다.

確實히 그때로부터였던가, 그 둘러썼던 비단치마를 새로 풀며 우리에게까지도 설레는 물결이라면

우리는 치마 안자락으로 코홈쳐 주던 때의 머언 향내 속으로 살달아 마음달아 젖는단것가.

*

돛단배 두엇, 해동갑하여 그 참 흰나비같네.

 —「봄바다에서」 전문

② 우리의 바닷마을에 옛날엔 바람난 가시내가 있었다 한다. 바닷바람이 무서웠더란다. 치마 끝에도 이는 바람은 꼭 鬼神소리더란다. 사람들의 눈 흘기는 눈짓보다도 더욱 몸을 휘감고 보채는 바닷바람이었더란다. 무서워 방에 앉아 있을라치면 또한 아쉽기도 한 바람소리였더란다. 그 바람의 한 자락을 잡을락했던지는 모르지만 하루에도 몇 차례를 방문을 차고 머리 헝클어진 채 바다 쪽으로 내닫더란다. 그러나 바람에 얹힌 집채만한 물고래에 무서움 질려 집으로 돌아오곤 하더란다.

바람에 못견디는 그짓 밖에는 아궁이에 한 고래 불 때는 일이 그 全部였더란다. 부지깽이로 거둔, 불에도 홀리어 눈이 쓰린 욕보던 가시내였더란다.

그런 세월과, 그런 갈증과, 그런 마을에, 바람 기운이 없는 어느날, 앞

바다를 섬하나이 흘러오고 있었더란다.
　마침, 불 때다 볼 붉은 그 가시내가 부지깽이를 든 채, 나와선, 가슴 차도록 섬이라도 안으면 살 길이나 열리리라 믿었던가 한바다에 뛰어들어 죽었더란다.

　그때부터란다. 우리의 바닷마을의 바람막이 목섬이 동백기름을 바른 머리態의 숲으로 시집살이 오래오래 살아온단다.
　* 목섬: 목섬(首島)은 내 고향 삼천포 앞바다에 있는 섬.
　　　　　　　　　　　　　　　　　—「목섬 이야기」전문

　두 편의 시는 모두 여성의 죽음과 관련되어 있다. 그것은 고독의 극한에서조차 위로받지 못한, 한이 가득한 죽음이다. 한 많은 목숨을 바다에 던질 수밖에 없었던 사연이 그려져 있다. ①의 시는 앞서도 살펴보았듯이 '남평문씨 부인' 이야기의 서막에 해당한다. "치마 안자락으로 코훔쳐 주던" "향내"의 주인공은 앞의 작품인 「밤바다에서」의 "누님"을 닮아 있다. 남평문씨 부인과 누님의 이야기는 사실상 분리될 수 없다는 뜻이다. 화자가 어려서 누님의 고독을 이해할 수 없었던 것처럼, 남평문씨 부인 또한 "사랑하는 아무도 없어" "한낮의 꽃밭", 그 바닷물 속으로 몸을 던졌던 것이다. 그의 몸을 "둘러쌌던 비단치마"는 "물결"이 되어 파도와 뒤섞여 있다. 그리고 그의 설움은 바다 한 가운데 "정신없이 앉았는 섬"이 된 것이다. 바닷물에 몸을 던진 여인이 섬이 되었다는 설정은 이후에도 박재삼의 시에서 자주 반복되는 이미지가 되고 있다. 그 섬은 바다에 몸을 던진 여인의 한 많은 설움이 만들어낸 징표인 것이다. ②에서도 그렇게 바다에 몸을 던진 여성은 죽어서 '섬'이 되어 있다. "목섬"에 얽힌 전설을 기록하고 있는 이 시의 내용에서도 '남평문씨 부인'의 전설은 반복된다. 전설 속의 "바람난 가시내"는 욕정을 이겨내지 못하고 끝내 "부지깽이를 든 채" "섬이라도 안으면 살 길이나 열리리라"

믿고 바다에 뛰어들고 만다. 바다 바람에 몸을 맡긴 것이다. 이렇게 두 여성은 모두 바다에 몸을 던지면서 섬이 되든가, 섬에 얽힌 전설로 다시 살아나고 있다. 사랑에 대한 갈증을 이해받지 못하였기 때문에 죽음을 선택한 여성들이다.

  이와 같이 박재삼의 시에서 '섬'은 바다에서 죽어간 여성의 환생과 연관되어 있다. 죽은 여성은 죽음 그 자체로 끝나는 것이 아니라 반짝이는 물비늘, 꽃밭과 같은 파도, 그리고 호젓한 섬으로 다시 태어나고 있다. 여성의 죽음은 이처럼 항상 재생의 이미지가 뒷받침하고 있는 것이다. 이때 바다는 여성이 몸을 던져서 새롭게 태어나는 거대한 '자궁'의 기능을 하고 있다. 그리하여 바다에서 이루어지는 재생의 장면은 불행한 여성의 죽음을 통해 반복되는 것이다. 또한 그 재생이 '섬'을 통해 이루어진다는 점에도 주목할 필요가 있다. '섬'은 남성과 여성, 하늘과 바다, 그리고 대지가 모두 한 데 모여 새롭게 태어난 중성적 장소로 등장한다. 앞의 「목섬 이야기」에서도 그러했듯이 여성은 섬을 끌어안기 위해서 바다에 뛰어들고 있다. 섬은 여성과 남성의 결합과 그 완성태를 의미하는 것이다. 바다의 한 가운데에서 섬으로 다시 태어난다는 것은 여성의 한 맺힌 죽음이 사후에 해소되는 방식이기도 하다. 섬은 여성적 죽음에서 드러나는 한의 집결체인 동시에 한의 풀림인 것이다. 섬의 속성은 다음 작품에서 분명하게 드러난다.

―
어느날, 그렇다!
피릇파릇한 옛설터 보리밭 속에
주춧돌이 여기저기 혼들리며 일어나더니,
섬들이 영락없이 그렇다!
세상에 어디 남을 것이 안 남을 리야 있을까만,
그 남은 것 중에서는 큰형님뻘되는 것

섬은 의젓하고
　　우리 사는 일을 꾸짖지 아니하고
　　괴로우리라 괴로우리라 속짐작하는
　　큰형님처럼 계시네.

　　二

　　또 어느날은 그렇다!
　　잠결에도 깬정신이 남아 있더니,
　　섬들이 갈데없이 그렇다!
　　잊고 있었다 하자, 봄바다에 빠져 죽은
　　꽃다운 사람을 잊고 있었다 하자. 우리의 아쉬운 돌팔매가 안 닿던
　　짐작 안 간 바다의 출렁이는 죽음자리에서랴,
　　얼마는 저승 쪽에 기울고
　　남은 얼마를 이승쪽에 기운
　　눈부시어라
　　섬은 사랑의 모습이네.
　　　　　　　　　　　　　　　　－「섬」 전문

　　여기에서도 섬의 형상은 "봄바다에 빠져 죽은/꽃다운 사람"을 기억하고 있다. 그 죽음은 결코 바다에서 소멸하지 않고 섬으로 다시 태어났기 때문이다. 그런 의미에서 섬은 "얼마는 저승 쪽에 기울고/남은 얼마를 이승 쪽에 기운" "사랑의 모습"을 하고 있다. 이승과 저승, 삶과 죽음을 서로 연결하고 있는 것이다. 그렇다면 '죽어야 산다'는 역설적 진리가 섬을 통해 실현되고 있는 것이다. 죽음을 통해서 죽음과도 같은 삶을 초극하고자 했던 여성들의 소망이 실현되는 현장이기 때문이다. 그렇다면 섬의 형상이 반드시 여성에 한정될 필요는 없다. 그것은 때로 "우리 사는 일을 꾸짖지 아니하"면서도 속으로는 온갖 괴로움을 삭인다는 의미에서 "큰형님"을 닮아 있기도

하다. 침묵으로 일관하지만 숨길 수 없는 괴로움이 "여기저기 일어나"는 모습이 영락없이 바다 위에 솟아 오른 섬의 형상이 그러하다. 그런 의미에서 섬은 또한 "잠결에도 깬 정신"인지 모른다. 이승에 취해 있을 때 저승의 존재를 알려준다는 점에서 그러하다. 그것은 "짐작 안 간 바다의 출렁이는 죽음자리"를 표시하고 있는 것이다. 망망대해 한 가운데 우뚝 솟아 있는 섬은 삶 속에서 죽음을 가리키는 이정표인 것이다. 감추려고 해도 드러나는 것이 섬인 것처럼, 삶 속에서 잊고자 하지만 잊을 수 없는 것이 죽음이다. 그런데 그것이 오히려 "사랑의 모습"이다. 사랑이란 감추면서 드러내는 것, 그리고 지금이 마지막인 듯 열정을 쏟는 것이기 때문이다. 이처럼 박재삼의 죽음의 바다 한 가운데에는 사랑의 섬이 공존한다. 바다는 결코 죽음을 죽음 자체로 두지 않고 삶에 대한 사랑으로 다시 전환시키고 있는 것이다. 따라서 박재삼에게 있어서 섬이란 곧 바다의 여성성이 죽음을 품고 생명을 잉태하는 모양을 가리킨다.

① 사람이 죽으면 물이 되고 안개가 되고 비가 되고 바다에나 가는 것이 아닌것가. 우리의 골목 속의 사는 일 중에는 눈물 흘리는 일이 그야말로 많고도 옳은 일쯤 되리라. 그 눈물 흘리는 일을 저승같이 잊어버린 한 밤중. 참말로 참말로 우리의 가난한 숨소리는 달이 하는 빗질에 빗어져, 눈물 고인 한 바다의 반짝임이다.

-「가난의 골목에서는」 부분

② 바닷가에 살면
좋으나 궂으나간에
바다를 보고 받들어 살아야 한다.
그것은 항상 반짝이는 빛깔을
사방에 내뿜고 있었다.
햇빛 속에서는

목숨은 빛나는 것이라고
　　외치고 있는 듯 했고
　　달빛 속에서까지
　　목숨은 어지러운 것이라고
　　쟁쟁쟁 주장하고 있는 듯했다.

　　　　　　　　　　　　　　―「추억에서·45」부분

　바다는 이렇게 해서 죽음과 삶이 서로 소통하는 공간이 되었다. ①에서 보듯이 박재삼의 시에서 죽음은 결국에 "바다에나 가는 것"으로 귀결된다. 그것은 우리의 삶의 대부분이 "눈물 흘리는 일"로 가득 차 있기 때문이다. 살면서 흘린 눈물이 죽어서는 바닷물로 되는 것은 자연스럽다. 그것도 눈물 젖은 바다의 "반짝임"으로 되살아난다. 아름답게 빛나는 바다의 표면은 그 뒤에 눈물이 있기 때문에 가능한 것이다. 사실상 모든 빛은 어둠을 통과한 흔적을 나타내기 때문이다. 눈물을 통하지 않고 어찌 바닷물이 반짝일 수 있겠는가. 바다를 향해 투신했던 여성들의 눈물이 반짝임으로 태어나는 바다의 표면을 보면서, 박재삼은 ②에서처럼 "바다를 보고 받들어 살아야 한다."는 교훈을 이끌어낸다. 바다의 반짝임은 햇빛의 반사일 때는 목숨의 황홀함을, 달빛의 반사일 때는 목숨의 번잡함을 드러내고 있다. 해와 달이 그 빛을 통해 두루 삶의 이치를 알려주는 통로가 바다인 것이다. 바다는 죽음이 삶으로 재생되는 통로이기 때문이다.

　　고향 앞바다에는
　　꿈이 아니라고 흔드는
　　수만 잎사귀의 미루나무도 있고,
　　미칠만하게 흘러내리는
　　과부의 찬란한 치마폭도 있고,

무엇도 있고 무엇도 있고
바다에서처럼 어리병병하게
많이 있는 것은 없는가.

그러나 나는 한 가지
사람이 죽어
비록 형체는 없더라도 남기게 되는
반짝이는 것, 혼들리는 것은
꽃비늘로 환하게 둘러쓸 것을
마흔 한해 동안 고향 앞바다 보고
제일 많이 배운 바이니라.

-「바다에서 배운 것」 전문

   그러므로 바다는 무정형에서 정형을 찾아내고, 죽음과 혼돈에서 우주의 질서를 읽어내는 살아 있는 교사였던 것이다. 바다를 교사로 삼는다면, 파도처럼 "반짝이는 것, 혼들리는 것"을 통해서 그 뒤에 있는 "형체는 없더라도" 남아 있는 죽음의 흔적을 읽어낼 수 있게 된다. 그러므로 박재삼에게 있어서 "고향 앞바다"는 그야말로 없는 것이 있어 보이는 상상력의 보고(寶庫)인 것이다. 바다는 마치 기억의 창고처럼 사라진 것들의 흔적을 보존하면서 반짝이고 있다. 특히 바닷물을 구성하는 눈물의 기억들이 반짝이며 혼들리고 있는 것이다. 박재삼의 바다는 그러므로 거의 무의식에 가깝다.

고향에 가면
바다가 늘 그 자리 그대로 있건만
제일 먼저 그리운 듯
달려온 것처럼 느껴졌네.
자세히 보면 뇌리에는

옛날 어릴 때 보던
그 감개가 더 눈부시게
반짝반짝 광채를 한결 더해 가며
아들딸 손자의 감개까지도 거느리고
다가온 것밖에 없었네.

몇십 년을 방황하고
이 지겨운 인생을 설령
잘못 살아왔다고 하더라도
그런 걸 나무라지 않고
반갑게 대해 주는
너무나 큰
용서를 강하게 받고
아, 소리 없는 것의
가장 큰 품속에 드노라.
―「고향 바다에서 느끼는 것」 전문

   바다는 무의식의 심층에서 눈물로 흐르는 고향이자 원형에 근접하고 있다. 유년을 회상하는 장면에서 바다는 "늘 그 자리 그대로 있건만" "제일 먼저" 기억을 장악하는 삶의 무대이자 배경으로 자리 잡고 있다. 더구나 세월이 흐를수록 옛날의 "광채"보다 더욱 "더 눈부시게" 반짝이게 된다. 바다는 고향으로 돌아온 사람들에게 "잘못 살아왔다고" "나무라지 않고" "반갑게 대해 주는" "큰/용서"의 다른 이름인 것이다. 그러므로 바다는 비록 소리는 없지만 "가장 큰 품속"과 마찬가지이다. 들어가 안길 수 있는 어머니와 같은 공간을 만들어두고 있다. 죽음이 삶이 되고, 고달픔을 위로받을 수 있는 공간이 바다이다. 그런 의미에서 바다는 '깨달음의 장소'이기도 하다.26)

울고 웃는 것이 한가지
결국은 한 바다로 오는 것인가.

우리의 사는 길은 아리아리
골목이 엇갈린
햇볕 半 그늘 半,
바다에도 그런 골목길이 있는가.

애타는 一萬肝臟이 다 녹으면
때와 곳이 남는가,
아무것도 없는가.

아무것도 없는데서 차라리
우리나라의 바다여!
沈淸傳속의 크나큰 꽃이
다시 솟아서
끝장이 좋을 날은 없는가,
오롯한 꿈으로서 묻노니.

─「꿈으로서 묻노니」 전문

이처럼 바다에서는 인생에서 중요하게 생각하는 이원적 구별들을 무화시킨다. 삶과 죽음, 빛과 어둠, "울고 웃는 것", "햇볕"과 "그늘" 등의 대립이 그것이다. 이러한 구별이 무화된다고 해서 구별 자체가 무의미하다는 것은 아니다. 다만 중요한 것은 그러한 구별들이 일면적으로 강조되어서는 안 되며, 동전의 양면으로 간주되어야 한다는 생각이다. 앞서도 보았듯이 빛이 있으면 어둠이 반드시 포함되어 있

---

26) 김재홍, 『한국현대시 시어사전』, 고려대학교 출판부, 2007, 202쪽.

으며, 어둠 속에는 반드시 빛이 동반되어 있다는 생각이다. 삶과 죽음도 선명하게 갈라서는 것이 아니다. 삶 속에는 죽음이 들어 있는 것처럼, 죽음에는 반드시 삶의 요소가 포함되어 있다. 그러한 양면적 가치가 바닷물의 거대한 품 안에서 배울 수 있는 내용이다. 어떻게 생각하면 살면서는 그렇게 중요하게 생각하는 이원적 구별이 결국에는 "아무것도 없는" 허무한 죽음으로 마무리된다고 생각할 수 있다. 하지만 그것은 "크나큰 꽃이/다시 솟아서/끝장이 좋은 날"의 다른 모습이다. 가난에서 행복을 발견하고, 삶에서 죽음을 발견하는 동양적 태극의 모양새는 바다의 광활한 물결에서 꿈처럼 펼쳐진다. 그것이야말로 도인의 경지와 가까운 것이다. 그 "오롯한 꿈"을 바다에서 발견한 것이다. 그 융합의 정점에서 허무를 딛고 새로운 삶이 되살아오는 것이기 때문이다.

　이처럼 삼천포에서 유년시절을 보낸 시인은 바다에 대한 애착이 강하다. 그 애착에서 비롯되어서 바다에서 독특한 이미지들이 형성될 수 있었다. 그의 바다는 남성적 격정으로 그려지는 포세이돈이 아니다. 오히려 여성적 삶이 투사되어 있으며, 여성적 삶의 철학이 녹아 있는 동양적 자연의 전형으로 그려진다. 바다에서 반짝이는 아름다운 물비늘조차도 그것이 여성들의 한 맺힌 눈물과 호소의 결정판인 점을 강조하고 있다. 모든 아름다움의 뒤에는 슬픈 사연이 자리하고 있는 것이다. 남평문씨 부인과 심청이, 그리고 고향을 떠도는 전설에는 바다에 몸을 던질 수밖에 없었던 여성들의 서글픈 한이 새겨져 있다. 빛과 어둠, 도덕과 부도덕의 선명한 구별을 뛰어넘는 바다와 같은 큰 용광로가 필요했던 것이다. 그 융합의 의지는 심지어 죽음과 삶, 그리고 하늘과 대지의 기운을 모아서 하나의 '섬'을 이룰 정도로 강렬하다. 바다에서는 이처럼 이원적 구별이 무의미해지는 것이다. 그 구별이 사라진 곳에서 무한한 상상의 날개를 펼 수 있다. 빛 속에서 어둠을 보고, 어둠 속에서 빛의 작용을 보지 못한다면 '유기체적 상상력'이라 할 수 없기 때문이다. 바다는 그러한 유연한 상상력의 최종적 지지자였던 것이다.

3) 식물: 우주적 소통의 매개체

앞에서는 바다 위로 솟아나는 '섬'을 통해서 이원적 대립이 해소되는 장면을 감각적으로 가시화했다면, 여기에서는 그러한 대립 해소의 결정판으로 식물적 상상력을 검토할 수 있다. 대부분의 전통적 서정시인과 마찬가지로 박재삼의 경우에도 식물은 상상력의 근원으로 작용한다. 그 식물의 위상이야 시인마다 다르지만, 박재삼의 경우 식물은 하늘과 대지, 그리고 바다(혹은 물)가 하나로 집결되는 우주적 통합의 모델이다. 이처럼 식물이 우주적 모델로 격상되고 보면, 동물적 인생의 가치체계가 역설적이게도 식물적 상상력보다 자유롭지 못하다는 사실이 드러난다. 가장 자유로운 것처럼 보이는 동물적 삶이 대지에 발을 묶인 것처럼 보이는 식물보다 자유롭지 못하다는 것이다. 그 자유로운 상상력의 비결은 바로 이원적 구별이 무화되는 식물의 위상에 관련되어 있다.[27] 바다에서 발견되는 이원적 대립의 해소가 꿈으로서가 아니라 식물에서 현실화되고 있는 것이다. 또한 이렇게 이원적 대립이 해소된 현실적 존재를 지니고 있는 것은 동양적 전통의 전형적 형식이다.[28] 그 대립 해소의 화음은 다음의 시에서 입증된다.

술렁거리는
무수한 新綠이 없었더라면

---

[27] 이러한 식물적 상상력의 위상은 노장적 사고에 연결된다. 노자는 『도덕경』 제25장에서 "사람은 땅을 좇고, 땅은 하늘을 좇고, 하늘은 道를 좇고 그리고 道는 자연을 좇는다"고 했던 것이다. 박재삼은 식물에서 도(道)를 발견한 것이다. 노자·장자, 장기근·이석호 공역, 『老子·莊子』, 삼성출판사, 1993, 16쪽.
[28] 김양희, 「박재삼 초기시의 상상력과 시세계」, 『인문학연구』제34권, 충남대인문학연구소, 90쪽.

땅이 심심해 어쨌을까나.

소슬하고 찬란한
별들이 박히지 않았더라면
바다가 외로와 어쨌을까나.

땅과 바다의
몸부림이 있고 나서 비로소
땅은 아름다와지고
바다 또한 아름다와졌느니

사랑이여
너 숨이 찬 新綠이 있고
너 출렁거리는 별이 있고
여컨대 괴로움이 있고 나서
이승에 아름다움을 보태게 되는가.

-「和合」전문

이 시는 비교적 선명한 메시지를 드러내고 있다.29) "괴로움이 있고 나서" "땅은 아름다와지고/바다 또한 아름다와졌"다는 것이 골자를 이룬다. 인생의 고통을 통과했을 때 아름다운 삶이 주어진다는 평소의 지론이 선명하게 드러나 있다. 다만 박재삼은 그것을 "화음"이라고 명명한다. 높은 소리와 낮은 소리, 그리고 중간 소리들이 한

---

29) 이 작품의 선명한 메시지는 한시의 전통기법인 기승전결을 따르는 데서 비롯된다. 즉 1연에서 '땅'과 '신록'의 화합으로 시작하여(기), 2연에서는 '바다'와 '별'의 화합으로 1연을 그대로 이어갔고(승), 3연에서는 1·2연을 구체화 시키면서도 '심심해', '외로와' 같은 괴로움의 표현을 '아름다와'로 바꾸어 구성의 전환기법을 보이고 있으며(전), 마지막 4연은 (결)에 해당하는 연으로 1~3연에서 말하고 있는 시인의 생각을 결집되는 형식으로 구성되어 있다. 이에 대해서는 이기서, 『한국 현대시의 구조와 심상』, 고려대학교한국학연구소, 2003, 360쪽 참조.

데 어울려서 아름다운 음악이 탄생하듯이, 삶의 어둠과 고난이 뒤섞이지 않는다면 인생의 아름다움을 경험할 수 없다는 뜻이다. 긍정적인 것과 부정적인 것이 한 데 어울렸을 때 진정한 아름다움이 가능하다는 것이다. 아름다움 그 자체만을 남기고 모든 추한 것들을 배제한다면 그 아름다움은 더 이상 아름다움이라 할 수 없다. 반드시 추한 부분을 경험한 뒤에 아름다움의 진정한 본질에 도달한다는 것이다. 아름다움이란 사실상 추한 인생의 소망이 아니던가. 그 간절함이 포함되지 못한다면 피상적인 아름다움에 그치게 된다. 이것이 박재삼의 고유한 '미학'인데, 그 미학이 이 작품에서 선명하게 드러나 있는 것이다.

이 시에서 박재삼의 '미학'은 대지 위에 무성하게 솟아 있는 식물, 그리고 바다 위에 무수하게 떠 있는 별빛의 모양으로 형상화되고 있다. "무수한 신록"은 "땅"의 갈망이 투여되어 실현된 것이며, 바다 위에서 반사되는 별빛은 바다의 고독이 만들어낸 장면인 것이다. "숨이 찬 신록"과 "출렁거리는 별"은 다름 아니라 대지의 짝사랑, 바다의 외로움이 드러나면서 해소되는 이중적 장면을 보여준다. 그것이 바로 "사랑"이 실현된 장면이다. 사랑이란 '화음'의 고전적 모델인 까닭이다. 서로 다른 것들이 다른 것을 갈망하고 그렇게 조화를 이룰 때에만 진정한 사랑이라 할 수 있다. 이렇게 해서 사랑을 기반으로 태어난 "숨이 찬 신록"이 박재삼의 식물적 상상력의 출발점에 놓인다.

　　사람들은 항상 욕심사납게
　　그 무엇을 바라면서
　　그렇게 이루어지기를 빈다.

　　사실 이미
　　보는 것, 듣는 것, 느끼는 것만으로

제일 값진 걸 부여받았으면서,
그것만으로도 빛나고 훌륭하면서,
가령 나뭇잎만 말하더라도
바람에 희롱하면서
소슬하고 그윽한 소리를 뽑으면서,
몸을 이리 저리 눕히고 일으키고
요는 반짝이면서,
그것을 보고 듣고 느끼는 이것이
얼마나 엄청난 보배인가.

이런 복된 것을 접어두고
또 무엇을 어떻게 바라는 것이랴.
오, 더러운 욕심아!

―「無祈禱」전문

    박재삼에게 자연은 언제나 그 자체만으로도 축복이며, "엄청난 보배"이다. 그 보배가 제공하는 축복을 누리는 일은 그저 "그것을 보고 듣고 느끼는" 것만으로 충분하다. 하지만 인간의 감각은 "더러운 욕심"으로 인해서 완전히 마비되어 있다. "그 무엇을 바라면서/ 그렇게 이루어지기를" 빌지만, 그것은 가까운 나뭇잎을 바라보는 것이 아니라 멀리 있는 미래의 사태에 관련된다. 이처럼 가까이 있는 일상의 소중함을 알지 못하고 멀리서 욕망의 대상을 찾아다니는 현대인의 삶에서 망각된 것은 '허무'이다. 죽음이 눈앞에 있다는 사실을 망각하고 삶을 욕망의 대상으로 가득 채우고자 하기 때문이다. 하지만 미래로 연기된 축복은 영원히 찾아오지 않는다. 당장 눈앞의 나뭇잎을 바라보는 일이 더욱 중요하다는 것을 영원히 깨닫지 못할 것이기 때문이다. 아무리 그것이 가난을 벗어나기 위한 몸부림이라고 할지라도 가난 속에서도 소중한 것들은 있기 마련이다. 현재와 미래를 마냥 대립시키고 현재보다 미래를 중심으로 살아가는 삶은 그 자체로 허무한 것이다. 그런 의미에서 박재삼의 이 시는 '현재를 즐겨라(carpe diem)'는 고대인의 충고를 충실히 따르고 있다. 특히 그 것은 '감각의 회복'을 통해서 가능하다.30)

    귀뚜라미가 열심히
    목소리 하나에 온 정령(精靈)을 쏟으며
    일정한 간격으로
    노래를 한다고 한들
    저 음악을 졸업한 듯이 보이는
    소리가 없는 꽃만큼
    신의 뜻에 가까운 게 아니어라.

    꽃의 아름다운 자태를
    마음에 고요히 새겨보라고
    이 겨울에는 그 모습 감추고 있건만,
    캄캄해서 귀가 멀 지경이건만,
    이 절벽 같은 어둠을 뚫고
    무지무지한 참음을 넘어서며
    요컨대
    노래보다도 먼저
    꽃이 그 순수를 앞세워
    땅 밑에서 홈을 대어주며
    우선 그것을 피우는 것이
    하늘 속에 멎기에 제일 어울리는 바이어라.
                           - 「노래와 꽃과」 전문

---

30) 이 문제에 대해서는 다음 절 '2) 유한성의 인정을 통한 생의 감각 회복'에서 상세히 검토하게 될 것이다.

그렇다면 어떻게 감각을 회복할 것인가? 이 시에서는 그것을 귀뚜라미의 노래와 꽃을 통해서 간접적으로 말해주고 있다. 귀뚜라미의 노래는 가을에서 겨울로 접어드는 계절적 배경으로 자주 등장한다. 가을에서 겨울로 향한다는 것은 일반적으로 인생사에 비유되어 '죽음'을 향하고 있는 허무한 인생을 암시한다. 하지만 여기에서 귀뚜라미의 노랫소리는 겨울을 인내하는 하나의 방식으로 등장한다. 비유컨대 저물고 있는 인생을 '노래'(혹은 시와 문학)로 이겨내려는 사람이 있을 수 있다. 하지만 그것보다 더욱 훌륭한 방식은 '봄'을 준비하는 일이다. 차가운 겨울을 이겨내고 봄을 불러오는 일이 더욱 중요한 일이다. 귀뚜라미처럼 시를 쓰기보다는 차라리 꽃을 준비하는 것이 더욱 중요한 시인의 할 일인 것이다. 비록 "이 겨울에는 그 모습 감추고 있"지만, "이 절벽 같은 어둠을 뚫고" "노래보다도 먼저" "우선 그것을 피우는 것"이 가장 중요한 일인 것이다. 그것은 "노래보다도 먼저" 있어야 할 덕목에 해당한다. 다가올 겨울을 이겨내기 위해서는 겨울의 한복판에 "홈을 내"고 꽃을 준비해야 한다. 이렇게 되면 겨울은 단순한 겨울이 아니며 반드시 그 밑바닥에 꽃을 숨기고 있는 겨울이 될 것이다. 겨울 다음에 꽃이 피나는 것이 아니라 이미 겨울의 밑바닥에 꽃이 피고 있다는 사실이 중요하다. 가난하지만 현재의 고난 속에서 삶의 의미를 찾으려 하는 것이 더욱 중요한 것이다. 이렇게 된다면 허무에 직면하여 현재를 충분히 감각하는 축복의 경지에 다가갈 수 있다.

　　한 이십몇년 전 事業 失敗한
　　울아버지 相을 하고
　　이 강산에 진달래꽃 피었다.

　　목젖 떨어지는 뭣은 남부끄럽던가,
　　죄 없는 가려운 살을

긁어버려 긁어버려 벌건 피를
내 콧물 흘린 소견으로 보던 것이나,
시방 눈부신 햇살 속에 진달래꽃을
흐리게 멍청하게 보는 것이나.

안 어기고 돌아오는 어지러운 봄을 두고
앞앞이 말못하고 속속들이 病들어
울아버진 애터지고
진달래꽃 피던가.

日本東京 갔다가
못살고선 돌아와
파버리지도 못한 民籍에 가슴 찢던
이 江山에 진달래꽃 피었다.

―「진달래꽃」 전문

  얼어붙은 겨울이 지나고 봄이 되면 어김없이 진달래꽃은 핀다. 화자는 지금 지천으로 피어난 진달래꽃을 보면서 지난날 "사업 실패한/울아버지 상"을 회상하고 있다. 사업에 실패하고 제 살을 파서 나는 "벌건 피"의 충격이 진달래꽃 위에 포개져 있는 것이다. 그러나 죽을 것만 같았던 세월을 뒤로 하고 한번도 "안 어기고 돌아오는 어지러운 봄"의 의미를 되새기고 있다. 그래서 이렇게 묻는 것이다. "울아버진 애터지고/진달래꽃 피던가." 그 당시에도 봄은 찾아왔고 진달래꽃은 피었을 텐데, 지금처럼 "흐리게 멍청하게 보는" 일은 없었을 것이다. 인생에 있어서 가장 혹독한 겨울의 밑바닥에서는 어김없이 봄을 준비하는 꽃의 움직임이 있지만, 그러나 당시에는 겨울을 나면서 핏빛으로 피어나는 진달래꽃의 의미를 제대로 알지 못했던 것이다.

  전통적으로 '나무'는 주로 하늘과 대지, 그리고 바다 세 영역의 통합점이면서, 전 우주가 나무를 중심으로 조직화되는 세계의 기둥31)으로 여겨진다. 박재삼의 시는 그러한 의미의 전통을 계승하고 있는 경우에 속한다.

> 뉘라 알리,
> 어느 가지에서는 연신 피고
> 어느 가지에서는 또한 지고들 하는
> 움직일 줄을 아는 내 마음 꽃나무는
> 내 얼굴에 가지 벋은 채
> 참말로 참말로
> 바람 때문에
> 햇살 때문에
> 못 이겨 그냥 그
> 웃어진다 울어진다 하겠네.
>
> ―「自然」 전문

앞에서도 살펴본 작품이지만, 시인의 내면에는 "내 마음 꽃나무"가 자연으로 버티고 있다. 누구나 마음 속에 꽃나무 한 그루씩 심어두고 있지만 그 자연에 주목하는 경우는 많지 않다. 외적인 자연의 변화에 민감하게 반응하지 못하는 현대인들은 내면에 있는 자연에 대해서도 크게 동요하지 않으려는 경향이 있다. 하지만 시인의 마음에는 꽃나무가 있는데, 그 가지는 특이해서 "어느 가지에서는 연신 피고", "어느 가지에서는 또한 지"는 엇갈린 모습을 하고 있다. 웃기도 하고 울기도 하는 복잡한 내면의 꽃나무를 형상화한 것이다. 그 꽃나무에는 바람과 햇살이 있을 터인데 그것은 한편으로는 꽃나무에게 웃음을 선사하지만 다른 한편으로는 울음을 불러일으키기도

---

31) 데이비드 폰태너, 최승자 역, 앞의 책, 100쪽.

한다. 이처럼 시인은 그 자신이 자연이 되어서32) 자연의 순리를 온 몸으로 느끼기를 희망한다.

> 저 나뭇잎이 뻗어가는 하늘은
> 千날 萬날 봐야
> 換腸할 듯이 푸르고
> 다시 보면
> 얼마나 적당한 높이로
> 살랑살랑 微風을 거느리고
> 우리 눈에 와닿는가.
> 와서는, 빛나는, 살아 있는, 물방울 튕기는,
> 光明을 밑도 끝도 없이 찬란히 쏟아놓는가.
> 이것을 나는
> 어릴 때부터 쉰이 넘는 지금까지
> 손에 잡힐 듯했지만
> 그러나 그 正體를 잘 모르고
> 가다가는 콧노래를 흥얼거리는 가운데
> 반쯤은 瞑想을 통하여 알 것도 같아라.
> 그러나 다시 눈을 뜨고 보면
> 또 다른 未知數를 열며
> 나뭇잎은 그것이 아니라고
> 살랑살랑 고개를 젓누나.
>
> ─「찬란한 未知數」 전문

---

32) 이것은 화자가 나무를 자신 속으로 끌어와서 그것을 내적으로 인격화 하는 낭만적 자연이 라고 할 수 있다. 낭만적 자연은 낭만적 주체의 마음에서 꿈꾸며 동경하고 마음이 몰입되어 새롭게 탄생한 제2의 자연이다. 낭만적 주체의 동일화 의식이 내재된 합일의 자연인 것이 다(김준오, 앞의 책, 300~301쪽). 또한 이것은 '동화의 원리'에 해당하는 것으로 자연에 대해 보다 적극적인 상상력이라고 할 수 있다. 이때 동화란 시인이 세계를 자신의 내부로 끌어들여서 그것을 내적 인격화하는 이른바 세계의 자아화다(같은 책, 39~40쪽).

그러나 아무리 스스로 나무가 되려 한들 나무는 여전히 "미지수"로 남아 있다. "하늘은/천날 만날 봐야/환장할 듯이 푸르"다는 사실은 믿기지 않는 신비에 속하기 때문이다. 본래 아름다움이란 시간을 견디지 못하고 쇠락하는 것이 정상일진대 저 푸른 하늘은 한 번도 아름다움을 잃지 않고 있는 것이다. 아직도 "그 정체를 잘 모르고" 살아가고 있지만 "손에 잡힐 듯했지만" 다시 "나뭇잎은 그것이 아니라고/살랑살랑 고개를 젓"는다. 나무는 자연의 신비를 온몸으로 입증하는 사례이지만, 나는 결코 나무처럼 자연의 신비에 근접할 수는 없다. 나무 주변으로 쏟아지는 "밑도끝도 없이 찬란히 쏟아"지는 햇빛에 대해서도 조금도 아는 바가 없다. 항상 나무처럼 "적당한 높이"에서 인간으로부터 거리를 유지하는 자연의 신비는 시인으로 하여금 자연에서 눈을 떼지 못하게 하는 매력으로 기능한다.

그 비밀의 핵심 중에서 시인이 천착하는 것이 바로 자연의 무한 반복이다. 사계절을 비롯해서 자연은 수천, 수만 년을 무한 반복으로 생명을 유지해 왔다.[33] 박재삼 시인은 그 반복의 신비에 매혹되어 있다.

    천년 전에 하던 장난을
    바람은 아직도 하고 있다.
    소나무 가지에 쉴새 없이 와서는
    간지러움을 주고 있는 걸 보아라
    아, 보아라 보아라
    아직도 천 년전의 되풀이다.

    그러므로 지치지 말일이다.
    사람아 사람아

---

[33] 무한 반복의 의미에 대해서는 다음 절 '1) 두 가지 허무: 유한한 인생과 무한반복의 자연'에서 구체적으로 논의된다.

이상한 것에까지 눈을 돌리고
　　탐을 내는 사람아.

　　　　　　　　　　　　　-「千年의 바람」 전문

　이 시에서는 "천 년 전의 되풀이"를 아직도 "쉴새 없이"하고 있는 바람과, "이상한 것에까지 눈을 돌리고/탐을 내는 사람"이 대조를 이루고 있다. 마치 전통의 반복과 새로움의 추구가 대립되는 것처럼 보인다. 따라서 이것은 전통의 되풀이가 과연 의미가 있는 것인지 의문을 가지고 있는 사람을 향한 시인의 답변이기도 하다. "천 년"을 반복하는 바람이 아직도 신비를 간직하고 있는 것처럼, 그보다 짧은 인간의 문화적 전통의 반복에 신비가 내재하지 않으리란 법은 없다. 그러므로 싫증내지도 말고 "지치지 말일이다." 이처럼 박재삼은 부단히 새것을 찾아 떠나는 현대적인 생활보다는 옛것에서 신비를 발견하는 능력을 더욱 요청하고 있다. 전통의 신비는 곧 자연의 무한 반복에 비밀처럼 내재해 있는 것이다. 따라서 박재삼은 전통의 반복에 내재한 의미를 자연의 반복에서 발견하고자 노력하고 있다. 이는 다시 말해서 탐욕에 눈이 멀어 있는 현대인에 대한 간접적인 비판이기도 하다.[34] 먼 미래의 가치만을 추구하느라 현재 자신의 주변에서 삶을 만끽할 수 있는 감각이 마비되어버린 불구적 현대인의 감수성이 비판의 대상이다. 이처럼 박재삼은 자연의 반복을 통해서 살아 있는 우주의 이치를 상기하고 있다.

　　저 나뭇잎이
　　한창 힘을 내고 필 적에는
　　여름을 향해서이고

---

[34] 박재삼은 그의 수필에서 "인생이라는 큰 테두리는 경제적으로 조금 편해졌다고 해서 잘 사는 것은 아닐 터이고 '잘 산다'는 것은 어디까지나 '옳게 산다'는 것이 따라야 한다고 볼 때 시를 하는 편이 법학을 하는 쪽 보다는 영속성이 있는 길이라고 본다."는 말을 한 적이 있다. 박재삼, 『사랑한다는 말을 나 그대에게 하지 못해도』, 고려서당, 1989, 19쪽.

그것도 푸른 빛만을 다스려
곁에는 항상
微風을 거느리고
쇄애쇄애
연한 기운으로 오고 있네.

그러나 묵묵한 가운데
곱게 치르고 있는데,
똑똑하고 말이 많은 사람은
어떤 때는 붉은 빛
어떤 때는 노란 빛만 띠고
그것이 폭풍을 안고 오거나
별 지랄을 다부려
한없이 부끄러울 따름이라네.

―「나뭇잎을 보며」 전문

　여기에서도 다시 한 번 자연의 삶과 인간의 삶은 대조를 이루고 있다. 자연은 "한창 힘을 내고 필 적"에도 "묵묵한 가운데/곱게 치르고 있는데", "말이 많은 사람"은 그렇지 못해서 "별 지랄을 다부려" 일을 그르치는 경우가 많다. 나뭇잎이 그 곁에 미풍을 거느리면서 초지일관 "푸른빛만을 다스려" 피어나지만, 현대인의 패션을 보자면 "어떤 때는 붉은 빛/어떤 때는 노란 빛"으로 변덕이 잦다. 삶에 있어서 일관성을 유지하지 못하고 늘 새 것만을 추종하는 현대인의 예측불가의 삶에 대한 불만이 투영되어 있다. 따라서 시인은 비록 인간의 언어를 가지고 있으면서도 가급적 침묵에 가까운 방식으로 그 언어를 사용하고자 하는 것이다. 또한 전통적 서정을 계승함으로써 자연의 일관성을 몸소 실현하려고 한다. 결국 전통 서정시인으로서의 삶의 모델이 저 나뭇잎, 즉 자연에서 발견된다는 것을 입증하고 있다.

> 나무 그늘에 쉬었다 와서
> 사랑하는 이여,
> 내 몸에서 비치는 아련한 나무 그늘을
> 그대 잠결 가까이
> 비치게 할 수는 없는 것일까.
>
> 아니, 돌에는 그늘이 빨려 들고,
> 또한 이 무늬 짓는
> 나무 냄새의 싱싱한 공기를
> 그대 꿈결 속에
> 젖게 할 수는 없는 것일까.
>
> 바라건대
> 이 나무 그늘을,
> 이 나무 냄새를,
> 하여간 나무에 엉긴
> 모든 좋은 것을 다 갖다 놓고
> 그대 잠 깨기 전의
> 서늘하고 빛나고 싱싱한 것 위에
> 송두리째 이바지할 수는 없는 것일까.
>
> ―「雅哥」 전문

 이처럼 나무는 그 자체만으로도 평범한 일상의 지속하는 삶을 사랑하게 만드는 것이다. 그런 의미에서 "나무 그늘"과 "나무 냄새"를 "그대"에게 바치고자 하는 마음은 충분히 이해된다. 나무는 그 자체만으로도 변치 않는 지속의 의미를 지니고 있을 뿐 아니라 미래보다는 현재적 삶에 충실하게 만들기 때문에 변함없는 사랑과 열정을 담아내기에 충분하다. 하지만 그런 사랑은 현대적 삶의 정반대편을 향하고 있다. 언제나 변화를 추구하며 미래적 삶을 위해 현재를 희생하는 현대인의 사랑법과 대조적이다. 이처럼 박재삼의 나무는 시인의 시쓰기의 모델을 제시하고 있을 뿐 아니라 사랑법까지도 현시하는 교과서적 기능을 수행하고 있다. 물론 그것은 나무를 향한 감각적 예민성에서 기원하는 것이다.

>산에 가면
>우거진 나무와 풀의
>후덥지근한 냄새,
>
>혼령도 눈도 코도 없는 것의
>흙냄새까지 서린
>아, 여기다, 하고 눕고 싶은
>목숨의 골짜기 냄새,
>
>한 동안을 거기서
>내 몸을 쉬다가 오면
>쉬던 그때는 없던 내 정신이
>비로소 풀빛을 띠면서
>나뭇잎 반짝어림을 띠면서
>내 몸 전체에서
>정신의 그릇을 넘는
>후덥지근한 냄새를 내게 한다.
>　　　　　　　　　　－「산에 가면」 전문

이 시에서 화자는 풀냄새와 나무냄새에 취해 있다. 그 냄새는 비단 코를 통해서만 전달되는 것이 아니다. 오히려 "몸 전체에서" 냄새가 맡아지는 것을 보게 된다. 그 냄새는 삶과 죽음이 한데 어울려 있는 "목숨이 골짜기 냄새"인 것이며, 따라서 "정신의 그릇을 넘는" 냄새이다. 죽어서 대지로 돌아가는 인간의 삶에 견준다면 죽음의 냄새이지만, "여기다 하고 눕고 싶은" 죽음의 자리에서 "내 몸을 쉬다가 오면" "내 정신이/비로소 풀빛"을 회복하게 되는 냄새이다. 자연에서 묻어나는 죽음의 냄새가 오히려 삶을 향한 모든 감각을 개방해놓고 있다. 그 냄새를 통해서 드디어 정신이 나뭇잎처럼 반짝일 수 있게 되는 것이다. 그 "후덥지근한 냄새"는 온몸에서 감각이 살아나고 정신이 맑아지는 장면을 간접적으로 표현하고 있다.

> 땅에는 목숨 뿌리를 박고
> 햇빛에 바람에
> 쉬다가 놀다가
> 하늘에는 솟으려는
> 가장 크면서 가장 작으면서
> 천지여!
> 어쩔 수 없는
> 찬란한 몸짓이로다
>
> —「병후에」 부분

그러한 상태는 아마도 병을 앓고 난 후에 세상을 바라보았을 때와 닮아 있다. 그때는 인간이 "땅에는 목숨 뿌리를 박고" "햇빛과 바람"에 의지해서 살아가는 '나무'와 결코 다르지 않다는 것을 알게 된다. 그렇다면 모든 나무와 그 나무가 마음 속에 심겨져 있는 인간들 개개인은 하늘과 땅을 연결하는 "가장 크면서 가장 작"은 소우주의 축소판인 셈이다. 그러므로 자신의 몸에서 잠재하고 있는 "찬란한 몸짓"을 깨닫기 위해서 우리는 자연을 삶의 모범으로 삼고 그 안에서 '반복과 허무의 수수께끼'를 해명하고자 애쓸 필요가 있다. 그 허무의 신비에 직면했을 때 인간의 감각적 예민성은 극에 달할 것이다. 그 상태에서는 그 스스로 우주적 소통의 중심에 서게 될 것이다. 그것은 오로지 인간의 마음 깊이 자리하고 있는 '나무'에 민감해질 때 가능하다.

이처럼 박재삼의 시에서 자연은 결코 그 자체로 존재하지 않고 인간의 삶의 밑바닥에서 삶을 떠받치는 기능을 수행하고 있다. 그것은 삶을 떠받치는 죽음의 모습이기도 하지만, 오히려 그렇기 때문에 삶을 길어올리는 기능을 한다. 인간의 삶이 결코 일면적이지 않음을 입증하는 사례로서 바다는 그 대표성을 갖는다. 인간의 고통스런 눈물이 투영되어 있는 바다는 그럼에도 불구하고 그 눈물에서 섬을 솟아오르게 만드는 인간의 능력을 예증하고 있다. 이는 자연의 순리에 복종하는 자만이 누릴 수 있는 혜택이기도 하다. 그러므로 박재삼의 자연시에는 공연히 새것과 변화에 치중하여 자연의 이치를 잊고 살아가는 현대인의 삶에 대한 비판적 목소리가 배어 있다. 그 자연의 변함없는 무한 반복을 통해서 시인은 전통의 신비를 계승할 책임을 분명히 하고 있으며, 삶에 대한 사랑의 진정한 모습을 발견하게 된다. 따라서 그것은 허무를 통해서 허무를 극복하는 참다운 모델로서 자리잡게 된다.

2. 허무의 자각을 통해 회복되는 감각

박재삼의 시에서 인간은 자연의 일부에 지나지 않는다. 인간이 자연을 통제하는 것이 아니라 자연이 인간의 삶에 방향을 제시해주는 것이다. 다시 말해서 자연은 인간의 삶을 향해서 그 크기와 넓이를 할당해주는 역할을 수행하는 것이다. 그것은 때로는 도덕적 규범으로 제시되기도 하여 삶에 안정감을 제시해주곤 한다. 하지만 현대

사회는 인간의 삶에 도덕적 규범을 제시하는 자연을 제거해 버렸다. 자연은 관광과 관람의 대상이거나 공허한 경치로 전락해버린 것이다. 자연에서 삶의 방향을 제시받는 사람도 사라지고 있다. 그렇다면 박재삼처럼 자연에서 삶의 가치와 의미를 발굴하고자 하는 사람의 노력은 곧잘 허무에 경도되는 경우가 많다. 더군다나 자연에서 행복한 일체감을 경험하곤 하는 시인이라면 그러한 행복감이 인간 사회로 연장되지 않는다고 생각했을 때 허무의식은 더욱 커질 수 있다. 그래서 일반적인 의미에서 "가치와 의미를 지닌 것은 아무것도 없다고 여기는 정신상태"35)에 빠지게 되는 것이다.

게다가 박재삼의 허무의식에는 전쟁을 체험한 세대들의 방향상실감이 포함되어 있다. 언제나 그렇지만 전쟁 직후에는 어디에서도 삶의 방향을 찾을 수 없고, 꿈과 이상은 실현될 가능성이 없으며, 자기 정체성을 확신할 수 없거나, 사회적 진리의 정당성이 훼손되었다고 느끼는 사람이 많아진다. 하지만 변화하는 세계에 대해 대응해 나갈 이념이나 사상이 부재하기 때문에 고립감과 불안이 엄습하는 허무의식이 만연하게 되는 것이다.36) 이 상태에서는 사회를 지배하는 모든 가치가 그 정당성을 잃게 되는 것이다. 박재삼은 특히 전통적 삶의 가치가 망실되어 가는 사회적 분위기에 대해서 회의적이기 때문에 더욱더 허무주의에 공감할 가능성이 많아진다.

그러나 허무주의에 빠진다고 해서 인생을 포기한다거나 시를 쓰는 행위조차 무의미해지는 것은 아니다. 허무주의는 시대를 살아가는 태도이기 때문에 특정한 삶의 동력으로 작동하는 경우가 많다. 허무를 경험한다는 것은 그만큼 삶에 대한 애착이 강하다는 것을 뜻하기 때문이다. 특히 박재삼의 경우에는 '한(恨)'이라는 정서적 상태가 시적으로 중요한 역할을 하고 있다는 것을 감안한다면, 허무의

---

35) 고드스블롬, 천형균 역, 『니힐리즘과 문화』, 문학과지성사, 1988, 11쪽.
36) 이인영, 『현대시의 허무와 시간』, 한국학술정보, 2007, 22쪽.

식이 결코 부정적인 영향으로 남지는 않게 된다. 오히려 한의 관점에서 삶을 바라보았을 때 세상의 아름다움에 근접할 수 있는 것처럼, 허무의 관점에서 세상을 바라보면 보이지 않고 들리지 않던 세계에 대한 감각이 선명해지는 것을 느낄 수 있다. 이것이 바로 허무가 감각적 예민성의 기반으로 작용하는 경우이다. 박재삼의 경우에는 자연에 대한 예민한 감수성이 허무에서 기원하는 경우가 많다.

그러므로 시각과 청각으로 대표되는 박재삼의 자연시에서 감각적 이미지들의 선명성이 허무의식과 결합되는 경우가 많다. 그것은 정신적 사건으로서의 허무의식이 감각적 이미지를 통해서 드러나는 장면이라 하겠다. '허무' 혹은 '무'에서 어떤 가치를 발견하고자 하는 동양의 노장철학 혹은 불교철학의 영향을 확인하게 하는 대목이다. 허무의식을 통해서 자연에 대한 감각은 정신적 경지의 수준으로 격상되는 것이다. 따라서 여기에서는 자연 감각 중에서도 시각과 청각의 선명성이 허무의식과 결합되는 과정을 살피게 될 것이다.

1) 두 가지 허무: 유한한 인생과 무한반복의 자연

전통적으로 동양에서는 '존재'보다는 '무'에 더욱 많은 관심을 보인 바 있다. 심지어 '색즉시공(色卽是空)'이라는 말이 있는 것처럼 존재와 무를 한 가지로 보는 경우도 일반화되어 있다. 전통적인 동양 화법에서는 '여백'이 '무'의 기능을 입증하고 있다. 여백은 결코 아무것도 없는 것을 뜻하지 않는다. 여백은 그 자체로 하나의 존재를 가리킨다. 비어 있다는 것은 무엇인가 있었던 것이 자리를 비운 것, 혹은 언젠가 채워질 자리라는 뜻을 내포하고 있기 때문에, '무'는 항상 '존재'와 관련되어서 이해되어야 한다. 그러한 '공허'의 의미를 다음의 시는 잘 말해주고 있다. 그리고 이것이 박재삼 시의 허무를 지탱하는 동양적 근원인 셈이다.

하늘은 언제 보아도
그 속은 비어 있네.
다만 거기에
구름이 흐르고
안개가 어리고
때로는 비가 내리기도 하고,
또 심심한 세월이 덜 심심토록
온갖 나무의 잎과 꽃과 열매를
번갈아 피고 지게 하면서
수를 놓고 가는
각각 다른 빛깔과 향기로써
요컨대 四季를 베풀고
항상 懲役과 같은 데서
풀려나게 하는 이 엄청난 비밀을
느끼고는 있지만,
다만 확실한 무엇 때문에
그 짓을 싫증도 안내고 되풀이하는지는 모르네.
  　　　　　　　　　　－「하늘의 四季」 전문

　동양적 전통에서 '하늘'은 '대지'와 더불어 만물의 근원으로 자리하고 있다. 만물이 거기에서 생성되는 근원으로서의 하늘은 지금 "비어 있"다. 결코 무에서 존재가 나올 수 없다고 생각하는 서양적 사고에 비한다면, 여기에서는 텅 비어 있는 하늘에서 만물이 기원하고 있다. 만물뿐이 아니다. 하늘은 또한 인간의 삶에 있어서 도덕적 규범을 제시하는 역할도 수행한다. 하늘에는 인간이 풀어야 할 "엄청난 비밀"이 숨겨져 있는 것이다.
　그 비밀은 도대체 "무엇 때문에" 사계절은 무한대로 지치지도 않고 지루해하지도 않고 반복되는가, 하는 물음에 달려 있다. 이해할 수 없고 납득할 수 없는 생성과 소멸의 무한 반복에는 도대체 무슨 거대한 뜻이 포함되어 있단 말인가. 무슨 이유로 생성과 소멸은 무한정 반복되기만 하는 것인가. 그 의미는 무엇이고, 그것은 과연 가치 있는 일인가. 이 모든 질문에 대한 답을 알아낸다면 "엄청난 비밀"을 알게 되는 것이다.

하늘처럼 텅 비어 있는 곳에서 만물이 생성되는 것도 신기하지만, 절대적으로 공허해 보이는 무한한 반복 속에 자연의 이치가 새겨져 있다는 것도 믿기지 않는 신비인 것은 분명하다. 텅 비어 있는 하늘이 그냥 텅 빈 것이 아니듯이, 무의미하게 반복하는 듯한 계절의 순환에도 무언가 의미가 내재한다는 것은 분명해 보인다. 그 비밀을 알아내기란 요원해 보인다. 하지만 다만 텅 비어 있다는 것이 존재를 포함하고 있다는 것은 다음의 시에서 잘 드러난다.

> 친구여 너는 가고
> 너를 이 세상에서 볼 수 없는 대신
> 그 그리움만한 중량의 무엇인가가 되어
> 이승에 보태지는가,
> 나뭇잎이 진 자리에는 마치
> 그 잎사귀의 중량만큼 바람이
> 가지끝에 와 머무누나.
>
> 내 오늘 설령
> 글자의 숲을 헤쳐
> 가락을 빚는다 할손
> 그것은 나뭇가지에 살랑대는
> 바람의 그윽한 그것에는
> 비할래야 비할 바 못되거늘,
> 이 일이 예사 일이 아님을

친구여 너가 감으로 뼈속 깊이 저려 오누나.

-「친구여 너는 가고」 전문

　박재삼의 시에는 생활인의 비애를 일상적인 언어로 직접 드러내는 경우가 많다. 이런 경우에는 다소 작품의 긴장감이 떨어지기도 하지만, 늘 가난한 생활 형편인데다가 병까지 겹쳐 가족들 앞에서 가장 노릇을 제대로 할 수 없었음에 대한 자괴감이 반영되어 있다. 그러나 사회생활을 제대로 해보지 못했다는 것, 그래서 현실 감각이 다소 떨어진다는 것이 박재삼의 시적 세계관을 더욱 순수하게 하는 계기로 작용한다. 훨씬 솔직한 자연 감정이 잘 표현될 수 있기 때문이다. 마찬가지로 오랜 병고의 체험으로 인해서 박재삼은 언제나 자신의 죽음을 현실적인 문제로 인식하고 있었으며, 그 점이 그의 시에 깊이를 더해주는 계기가 되었다.

　위의 작품도 마찬가지이다. 화자는 친구의 죽음을 생각하면서 바람에 흔들리는 빈 나뭇가지를 보고 있다. 모든 잎사귀를 다 떨구었지만 빈 나뭇가지는 바람에 흔들리고 있다. 이때 비어 있는 나뭇가지를 흔들고 있는 '바람'은 친구를 향한 화자의 '그리움'일 것이다. 빈 가지를 가득 채우는 바람의 흔적은 친구의 빈자리를 가득 채우고 있는 그리움의 흔적을 감각적으로 보여주고 있다. 친구가 있어야 할 그 자리를 '그리움'이 가득 채우고 있는 모습은 '비어 있음'의 의미를 다시 생각하게 만든다. 그 의미는 그의 시작(詩作)의 방법을 가리키고 있다. 비어 있는 곳에 가득 차 있는 바람의 무게, 그리움의 중량감을 표현하는 것이 그의 시인 것이다. 가난하지만 풍족한 삶, 부재하지만 그리움으로 넉넉한 삶의 역설을 표현하는 것이 그의 작품이기 때문이다. 자연은 이처럼 비어 있음의 의미를 통해서, 다시 말해서 허무의 의미를 통해서 삶의 방향을 제시하는 역할을 수행하고 있다.

　이처럼 '바람'은 빈 공간의 의미를 알려주는 자연의 전령이다. 빈 공간에서 가지를 흔들고 있는 바람에 대한 감각적 묘사는 사람의 마음을 가득 채우는 그리움의 감정을 감각적으로 드러내 보여주고 있다. 비어 있다는 것은 그러므로 결코 무의미하다는 것을 의미하지 않는다. 다시 말하지만 '죽음' 조차도 결코 무의미한 소멸을 뜻하지 않는다. 죽음은 오히려 삶의 감각을 더욱 예민하게 만드는 촉진제이기 때문이다.

아, 그래,
乾材藥 냄새 유달리 구수하고 그윽하던
한냇가 대실 藥房…… 알다 뿐인가
수염 곱게 기르고 풍채 좋던
그 노인께서 세상을 떠났다고?
아니, 그게 벌써 여러 해 됐다고?

그리고 조금 내려와서
八蒲 윗동네 모퉁이
혼자 늙으며 술장사하던
蛇梁섬 昌權이 고모,
노상 동백기름을 바르던
아, 그분 말이라, 바람같이 떴다고?

하기야 사람 소식이야 들어 무얼 하나,
끝내는 흐르고 가고 하게 마련인 것을……
그러나 가령 둔덕에 오르면
햇빛과 바람 속에서 군데 군데 대밭이
아직도 그전처럼 시원스레 빛나며 흔들리고 있다든지
못물이 먼데서 그렇다든지
요컨대 그런 일들이 그저

내 일같이 반갑고 고맙고 할 따름이라네.

　　　　　　　　　　　　　　　　－「고향 소식」 전문

　고향에서 들려오는 소식에서는 인간들의 죽음과 자연의 변함없음이 대조를 이루고 있다. 약방을 운영하면서 "수염 곱게 기르고 풍채 좋던" 양반도, "노상 동백기름을 바르던" 술장사하던 노인도 세월을 견디지 못했던 것이다. 하지만 그들의 살았던 자연에서는 변함이 없이 나무가 자라고 물이 흐른다. 시인은 "그런 일들이 그저/내 일같이 반갑고 고맙고 할 따름"이라고 말한다. 덧없는 "사람 소식"보다 변함없이 그 자리를 지키고 있는 자연이 더욱 반갑고 고마운 존재인 것이다. 그것은 그 자연들이 시인 자신의 부재를 온몸으로 증명해 보이는 존재들이기 때문이다. 비록 고향에서 멀리 떨어져 있다고 하더라도 언제나 마음만은 고향을 향하고 있었던 시인, 특히 유년의 기억을 상상의 터전으로 삼고 있는 시인에게 언제나 변함없이 그 자리에 있어주는 자연은 절실하게 필요한 존재임에 틀림없다.

　하지만 자연은 언제나 변함없이 그 자리에 있는 존재인 것은 아니다. 자연이야말로 소멸과 생성을 무한하게 반복하는 존재인 것이다.

　　시방 빨갛게 붙타는 낙조는
　　오늘 하루만 있는 것이 아니련만,
　　매일매일 지겹게
　　끊임이 없으련만,
　　내 마지막 사랑인 양 저렇게
　　온통 몸으로 내 쏟으며 고백하듯이
　　아, 뜨겁게 타고 있네.

　　다도해 올망졸망한
　　오누이와 같은 섬들을

어루만지며 쓰다듬으며
아득히 배들의 흰 물길만
경치가 좋게, 또는 시원한 체중을 풀며
그것도 이윽고 오는 어둠에 빨려
속절없이 스러져가는 것을 본다.

모든 것은 이제 허무만
주체할 수 없이 무겁게 남았으나
이 낙조 얼마 전에는
햇빛이 온 산천에 넘쳐나고 있었는데
그것도 언제 그랬더냐 하며
쓸쓸하게 물러서고 있네.

나 오늘 다시 아름다운 아름다운
패배의 참뜻을 곰곰히 읽고
정신의 지표로써, 어쩔거나,
한마디로
하염없어하거나 멍청할 수밖에 없네.

―「儒達山에 와서」전문

    화자는 지금 유달산의 어느 곳에서 지는 해를 보고 있다. 거기에서 뜨겁게 타고 있는 낙조가 눈앞에 펼쳐진다. 그 낙조는 다도해의 작은 섬들을 어루만지며 쓰다듬다가 멀리서 오는 뱃길의 흰 물길을 비추다가 이윽고 "오는 어둠에 빨려/속절없이 스러져"간다. 이 작품은 분명 떨어지는 태양의 모습을 묘사하고 있다. 하지만 유달산에서 바라본 낙조의 모습은 '떨어진다는 것', 즉 "패배의 참뜻"을 전달해 주고 있다. 떨어진다는 것은 그냥 떨어지는 것이 아니다. 낙조는 정말로 "아름다운 패배", 즉 패배의 아름다움을 감각적으로 보여주는 장면인 것이다. 혹은 아름다운 몰락, 아름다운 소멸의 모습이라고 할 수 있다. 지고 있는 저 태양은 내일 또 다시 솟아오를 것이 분명하다. 그러면서도 마치 오늘이 "마지막 사랑인 양" 바다 위에 떠 있는 작은 섬들을 일일이 "어루만지며 쓰다듬으며" 떨어지고 있다. 우리들의 눈에는 지고 다시 뜨는 일이 노상 지루하게 반복되는 것처럼 보이지만, 태양은 언제나 섬을 향해서 매일 같은 크기의 사랑의 감정을 발산하고 있는 것이다. 반복을 통해서도 식지 않는 태양의 위대한 사랑은 일상의 반복을 통해서 지루함을 경험하는 인간의 사랑을 능가한다.

이를 통해서 인간들의 일상적이고 상투적인 반복과 대자연의 신선한 반복이 대조를 이루게 된다. 자연의 반복은 언제나 동일한 것의 반복인 것처럼 보이지만, 사실상 그것이 공허한 반복인 것은 아니다. 자연은 반복을 통해서 언제나 신선한 생명력을 회복하기 때문이다. 영원히 나이를 먹지 않는 자연의 무한 반복은 마치 공허한 반복처럼 보이지만 전혀 지루함을 알지 못한다. 그것은 낡은 것의 반복이 아니라 언제나 새로운 탄생의 반복이기 때문이다. 이것이야말로 전통 서정시에서 '전통'의 올바른 의미인 것이다. 전통은 공허한 과거의 반복이 아니라 언제나 새롭게 태어나는 과거를 의미한다. 전통의 반복은 그 자체로 '새로움의 반복'을 뜻하는 것이다. 이것은 전통과 새로움을 대립시키고자 하는 사고방식을 능가한다. 전통을 지루한 반복으로 치부하는 것은 일상의 지루한 반복의 관점을 전통에 뒤집어씌운 결과에 지나지 않는 것이다. 따라서 자연은 반복의 새로운 가치를 다음과 같이 기르치고 있다.

① 햇빛에 반짝반짝 윤이 나고, 파랗고,
또한 빛나는 짓밖에 할 줄을 모르는
저 연약한 잎사귀들을 보아라.
산들바람에 몸을

이리 눕혔다 저리 눕혔다
생명의 光輝만을 이 세상에
즐거운 노래로써 남기는,
그러나 그 한때뿐,
가장 귀한 짓을 하면서
결국은 그냥 사라져가는
끝없는 無慾을 하염없이 바라보노라니
오히려 부끄럽고 허전하고나.

나는 詩를 쓰기는 쓴다마는,
하여간 죽고 나서 이 세상에
남을 것을 바라고 기록한다마는,
저 이파리의
서늘하고도 그윽한 것에 미치지 못하고
빈약하고 헛된 짓만 하는 듯
마음 절로 외로와지느니.

-「나의 詩」전문

② 꽃이나 잎은
   아무리 아름답게 피어도
   오래 가지 못하고
   결국은 지고 만다.

   그런데도 그 滅亡을 알면서
   연방 피어서는
   야단으로 아우성을 지른다.

   다시 보면 限定이 있기에

더 안쓰럽고

더 가녀린 것인데. 그러나

위태롭게, 아프게, 이 세상에

끝없이 充滿해 있는 놀라움이여.

아, 사람도 그 榮光이

물거품 같은 것인데도 잠시

허무의 큰 괄호 안에서 빛날 뿐이다.

— 「허무의 큰 괄호 안에서」 전문

 ①에서는 "저 연약한 잎사귀"가 반복을 가르치고 있다. 산들바람에도 몸을 가누지 못해서 "몸을/이리 눕혔다 저리 눕혔다" 하는 아주 연약한 잎사귀에 지나지 않지만, 할 줄 아는 것이라고는 "빛나는 짓밖에" 없는 것임에도 불구하고, 그것은 우리에게 "무욕"의 의미를 가르치고 있다. 그처럼 "가장 귀한 짓을 하면서/결국은 그냥 사라져 가는" 모습을 보여주기 때문이다. 하지만 시인은 그처럼 마음을 비울 수 없다. 시인은 "하여간 죽고 나서 이 세상에/남을 것을 바라고 기록"하는 모습을 보이고 있기 때문이다. 진실로 시인의 마음은 보잘것없는 잎사귀 하나만도 못한 것이다. 저 잎사귀의 "무욕"은 무언가 의미 있는 작품을 남기고자 하는 시인이 보기에 "빈약하고 헛된 짓"으로밖에 생각되지 않는다. 부질없이 바람에 흔들리고 햇빛을 반사하는 모양에 무슨 의미가 있을 것이며 가치가 있을 것인가. 하지만 그들의 "끝없는 부욕"이 시인을 "부끄럽고 히전"하게 만든다. 이름을 남기기 위해서 시를 쓰는 행위보다 아무렇지도 않게 흔들리는 잎사귀 하나가 더욱 위대한 정신인 까닭이다. ②에서는 더욱 처절하다. 아무리 아름다운 꽃이라도 "결국은 지고" 말 것을 "그 멸망을 알면서"도 "연방 피"는 까닭을 알 수 없다. 결국은 떨어지고 말 것을 왜 거듭해서 꽃은 핀단 말인가. 그러한 허무하고 덧없는 짓을

자연은 수천 년, 수만 년을 되풀이하고 있는 것이다. 그러나 그것이 아무리 "물거품" 같아보여도 "허무의 큰 괄호 안에서" 보면 사람이 추구하는 영광도 그와 전혀 다르지 않다. 모두 몰락을 알면서도 피어오르는 꽃을 닮았던 것이다. 잠시 동안의 아름다움을 위해서 피어나는 것이 결코 부질없는 짓인지 시인은 되묻고 있다. 덧없는 반복이란 자연과 인간의 삶을 통틀어서 "끝없이 충만해 있는 놀라움"이기도 하다. 박재삼의 시는 여러 차례 도무지 공허해 보이는 그 무한 반복의 비밀에 근접하려 한다.

그 비밀에 대한 갈증은 어느 정도 무한 반복의 공허가 밀려오는 나이에 도달했을 때 심화된다. 50~60대에 접어들면서 시인은 무한 반복의 '소리'를 듣게 되는 것이다. 그 나이가 되면 언제나 들려왔었지만 잘 포착하지 못했던 소리들이 한꺼번에 밀려들게 된다.

① 시냇물 소리는
　나 어릴 때의 목소리같이
　카랑카랑하게 앞이 트이고
　거기에 하늘빛까지도
　파랗게 덤으로 비쳐들더니,
　차츰 그 소리가
　우렁차고 신나는 가락으로 변용되어
　숨가쁜 젊음 쪽으로 치닫더니,

　아, 이제는 그것조차 졸업했는가,
　마지막 바다에 들 무렵해서는
　그 소리 어딜 달아났는지
　어느새 오십 중반
　그 대신 적막 하나를 강하게 심고
　神位에라도 이르려는지

찬란한 반짝임만 남았네.
　　　　　　　　　－「虛寂 하나를 강하게 심고」 전문

② 이제는 힘이 많이 처져서
　　어딘가 망해가는 노릇을 대신하듯
　　파도가 해변에 와
　　마지막으로 부딪치는 소리가
　　그럴 수 없이 아득하게
　　또는 섭섭하게 들려오고 있었다.

　　이것은
　　내가 병들어
　　오십 중반을 넘으니
　　더 기가 찬 소리로
　　둔갑을 하고 있었다.
　　　　　　　　　－「파도소리의 둔갑」 부분

③ 나이 예순에 접어드니
　　주위에 어른들이 줄어들고
　　옛날부터 아는 분들이
　　차츰 사라져 가고
　　세상은 이렇게
　　적막해 가기 마련인가.

　　물기를 머금고
　　사방을 날것만 같던
　　그 신나던 기운은 어느덧 다 사라지고
　　이제 마르고 빈

제4장 유기체적 상상력과 미메시스의 시학　217

날개죽지만 처져 버렸네.

- 「일상에서·2」 부분

 위의 작품들은 모두 50대 중반과 60대의 관점을 반영하고 있다. 그리고 하나 같이 '소리'의 등장과 그 소멸에 집중함으로써 나이를 먹는다는 것의 의미를 되새기고 있다. ①에서 "시냇물 소리"는 "숨가쁜 젊음"일 때 가장 크게 들리지만, 나이가 들면서 그 소리는 사라지고 "적막"이 그 자리를 대신하게 된다. 오로지 소리 없는 "찬란한 반짝임"만 남게 된 것이다. ②에서도 파도소리는 "아득하게" "섭섭하게" 들려오고 있다. 이것을 가리켜서 시인은 "소리의 둔갑"이라고 표현하고 있다. 나이가 들면 소리조차도 변질된다는 것이다. 드디어 ③처럼 60살에 접어들면 "사방을 날 것만 같던/그 신나는 기운은 어느덧 다 사라지고" "빈 날개죽지만" 남게 된다. 그러한 상태를 가리켜서 시인은 또다시 "적막"을 말하고 있다. 고요와 적막이 소리를 대신해서 자리하게 된 것이다. 나이가 들수록 공허하다는 것, 무언가 비어 있다는 것을 경험하게 된다. 그 나이에 이르기까지 작품으로 가득 채웠음에도 불구하고 텅 비게 된다. 채울수록 비는 가슴을 절감하게 되는 것이다. 이것이 인간의 일상이 만들어낸 무한 반복의 종점인 것이다.

 어느새 떠들던 사람들은
일제히 잠자리에 들고
휘영청 달만 더욱
높이 떠서
이 세상 모든 것을 남몰래
하늘로만 가져가는 듯하고

그와 때를 맞추어 귀뚜라미가

비단실 목청을
원대로 풀더니
땅 위의 것을 송두리째
땅 밑으로 끌어들이려 하고

그러다 날이 새면
그런 유혹한 사실이 없었던 것처럼
시치미를 떼고
털고 일어서는
이 한없는 되풀이를 통하여
오늘, 희한하게 허무를 느끼노니.

- 「가을밤의 허무」 전문

   나이가 들어간다는 것은 인생의 밤을 향해 가고 있다는 것을 뜻한다. 인생은 아침에서 낮으로, 다시 밤으로 진행되는 직선적 순서를 따른다. 하지만 자연은 "시치미를 떼고/털고 일어서는" "한없는 되풀이"를 반복한다. 언제 그랬냐는 듯이 툭툭 털고 일어서서 새로운 활력으로 갈아입는 자연의 무한 생성의 힘은 밤을 향해서 돌진하는 인간의 삶과 대조되고 있다. 인생은 지루한 일상의 반복을 통해서 결국에는 공허한 허무에 도달하지만 자연은 무한 반복을 통해서 신선한 기운을 회복한다. 따라서 인간의 영과 혼이 각각 하늘과 땅 밑으로 끌려들어가는 듯한 "유혹"에 시달리는 인생의 밤이 오면, 다시는 회복할 수 없는 인간적 시간의 유한성에 허무를 느끼게 되는 것이다.
   하지만 인간은 자연의 무한 반복에서 무한 생성의 에너지를 보지 못하고, 오히려 인간의 직선적 진행의 시간과 그것을 대조하길 즐겨 한다. 계절의 무한 반복에서 오로지 인생의 사계만을 목격하게 되는 경우가 많다. 인간적 자연의 가장 전형적인 표상인 것이다. 박재삼의 시에서도 사계의 변전을 통한 허무의식이 어김없이 등장한다.

① 불과 엊그제만 해도
　새로 핀 연한 이파리더니
　온 천지가 이제는
　짙은 녹음의 잔치로 덮여
　씩씩거리고 숨이 차고
　더 갈 데 없는 막바지에 와
　위험한 구름의 낭떠러지에
　아슬아슬하게 섰어라.

　가장 높은 옥타브에서
　언제 낮은 쪽으로 기울어져서
　그 소리가 차츰
　땅의 구석지고 서러운 곳으로 옮겨가고
　그리고 얼마 안 있어
　어느덧 누렇게 낙엽으로 물들고
　서리가 하얗게 내릴 것을.
　아, 그런 것을 헤아린다면
　그 끝없는 슬픔에 앞이 캄캄해지나니.

　　　　　　　　　　　　　　　－「변전무상(變轉無常)」

② 온통 햇빛에
　반짝이는 것을
　일사불란으로 하던
　초롱초롱한 잎사귀들 옆에서 어느 새

　햇빛 그 너머

먼 별빛까지
끌어오는 듯하더니
비로소 탐스러운 과육(果肉)속으로
은밀히 공작을 곁들이면서
당분을 쏟아넣고 있었구나.

그것만이 아니라
여태까지는 소리하고는
인연이 닿지 않은 체하던 것이
천지의 요긴한
피아니시모만 골라
이제는 땅 속에도 아주 절실하게
속삭이는 기운을 역력히 보태고
너는 비로소 떨어져갈
준비를 부지런히 하고 있구나.

  　　　　　　　　　　　　　　　　 －「피아니시모만 골라」전문

③ 아무 富者나 壯士라도
  결국 땅에 묻히지 않을 수 없는
  분명한 天理를 보게,
  세상을 마음대로
  누빌 것 같아도
  그것은 그 한때에나 머물 뿐이네.

  　　　　　　　　　　　　　　　　 －「虛無의 높은 봉우리」부분

④ 잔잔한 노래만을 외우면서
  결국에는 별까지 가고 싶지만,
  그게 어디 마음대로 되더냐.

제4장 유기체적 상상력과 미메시스의 시학   221

> 서럽지만 하는 수 없이
> 땅에 묻히고
> 밝은 데는 어림도 없고
> 캄캄한 데로만 가는 것이
> 누구에게나 예비되어 있을 따름인데,

― 「悲歌」 부분

 네 개의 작품에서 사계절은 모두 "추측", "준비", "천리(天理)", "예비" 등의 미래적 전망과 관련된 표현을 유도하고 있다. 인간화된 사계절에 있어서 미래라는 것은 곧 '겨울'을 의미한다. 말할 것도 없이 종말, 죽음을 가리킨다. 인간적인 관점을 제거한다면 사계절의 끝은 '봄'일수도 '여름'일수도 있겠지만, 인간적 관점의 한계로 인해서 사계절의 끝은 '겨울'에 한정된 것이다. ①에서는 그 변화의 속도감이 두드러진다. "불과 엊그제만 해도" 짙은 녹음이었지만 "그리고 얼마 안 있어" 낙엽으로 물들고 "서리가 하얗게 내릴 것"을 목격하게 된다. 초록과 단풍, 그리고 흰색으로의 색상의 변화는 인생의 역정을 감각적으로 표현하는 데 사용되고 있다. 그 모든 속도감은 '소리'의 변화를 통해서 감지된다. 처음에는 "가장 높은 옥타브에서/언제 낮은 쪽으로 기울어져서/그 소리가 차츰/땅의 구석지고 서러운 곳으로 옮겨가"는 모습을 연상해보면, 하늘에서 땅으로 소리가 추락하는 장면을 보게 된다. 인간의 소리는 높은 소리에서 낮은 소리로 진행되는 것이다. ②에서도 소리는 높은 소리에서 다시 "피아니시모" (매우 여리게)로 점차 작아지면서 땅으로 스며드는 것을 보게 된다. 매미 소리와 귀뚜라미 소리처럼 대지에서 들려오는 곤충의 소리가 죽음의 무게를 담고 있는 까닭이 여기에 있다. ③에서는 "땅 속에 묻히지 않을 수 없는/분명한 천리"가 인간적 욕망의 모든 상승을 "한때에나 머물 뿐"으로 전락시키고 있다. 모든 상승은 덧없는 것이고 결국은 땅으로 추락할 수밖에 없는 것이다. 자연의 순리에 따른다면 모든 인간적 삶은 순리에 어긋나는 욕망으로 분출해 있는 것이고, 그 상승의 장면은 소리의 크기와 높이를 통해서 표현된다. 목소리가 아무리 크고 높은 곳에서 들려온다 한들 그 모든 것은 결국에는 공허한 짓에 불과하다. 죽음은 인간의 모든 상승을 '무'로 돌려 버리는 절대적 허무의 기준점인 것이다. 인간은 ④에서처럼 "잔잔한 노래만을 외우면서/결국에는 별까지 가고 싶지만", 종국에는 "서럽지만 하는 수 없이 땅에 묻히"게 된다. 이처럼 죽음은 캄캄한 어둠의 이미지를 하고 있다. 어둠 속에서는 모든 것이 검게 보인다는 말처럼, 죽음 앞에서는 모든 것의 차별이 사라지고 공평한 대접을 받게 된다.

하늘은 자꾸
깊어지고 높아가는데

어쩐지 날이 갈수록
나 일신(一身)은
옅어지고 낮아가고
드디어 땅과만 가까워지는게 드러나고

이 기미를 아는 듯
가장 쓸쓸한 가락을 뽑으며
귀뚜라미가 못 견디게
허적(虛寂) 하나를 내세우나니
그것이 글썽글썽 눈물로 탈바꿈하는가
시방 햇빛도 기가 죽어 가노니.

―「귀뚜라미 소리에서」 전문

앞서도 말했듯이 높고 큰 소리들은 시간의 흐름과 더불어 땅으로,

땅 속으로 스며들게 마련이다. 낮은 곳에서 들려오는 귀뚜라미 소리는 '죽음의 소리'임에 틀림없다. 그래서 귀뚜라미 소리는 "가장 쓸쓸한 가락"이며 "허적(虛寂)"에 근접한다. 이처럼 인간의 삶이 땅으로 추락하면 할수록 "하늘은 자꾸/깊어지고 높아"지는 대조적인 현상이 발생한다. 나이가 들어간다는 것은 하늘과 땅의 차이가 점점 벌어지는 경험을 하게 되는 것이다. 하늘은 높고 땅은 낮아지는 현상을 받아들인다는 것은 이중적인 태도를 낳게 된다. 하나는 하늘을 향한 종교적 태도가 복원되는 것이다. 유년 시절에 경험했던 하늘에 대한 두려움이 점차 회복되는 일이다. 다른 하나는 죽음에 대한 공포가 더해지는 것이다. 대지에 대한 두려움으로서, 이것은 유년 시절에 경험하지 못한 감각이다.

　박재삼의 시에서는 하늘로 상승하는 것보다 땅 밑으로 파고 들어가는 이미지가 더욱 자주 등장한다. 이것은 죽음과 허무에 맞서고자 하는 시인의 의지가 투영된 것이다. 특히 박재삼은 죽음에 대한 공포, 허무에 대한 공포를 극복하기 위해서 "종교"에 투신하기를 거부하고 있다.

　　새처럼 날개도 없이
　　궂은 일 좋은 일이
　　뒤섞인 이 세상을
　　부지런히 누벼 왔으나
　　그것이 영원으로까지는
　　어림도 없이 못 미치고
　　未久에 땅 밑으로 땅 밑으로
　　꺼져 갈 일만 뻔히 남았는데
　　거기에 무슨 내 생이 있을 것인가
　　그것을 알고 있으면서도
　　나는 宗敎에 빠질 수 없어

철저히 아, 철저히
허무만을 곱씹을 수밖에는

- 「허무에의 경도」 전문

특히 그의 시집 『허무에 갇혀』에서는 허무의식이 뚜렷하게 나타나는데, 그 중에서도 위의 시는 도덕과 종교를 잃어버린 사람들의 허무주의를 보여주고 있다.[37] 현대인들은 도덕과 종교를 통해서 죽음에 대비할 마음을 가지고 있지 못하다. 죽음은 모든 것의 사라짐 그 이상도 아니라고 생각하기 때문이다. 시인 또한 궂은 일 좋은 일이 뒤섞인 이 세상을 부지런히 살아왔으나 결국에는 그저 "미구에 땅 밑으로 땅 밑으로/꺼져 갈 일만 뻔히 남았"다는 생각으로 살아갈 뿐이다. 그러나 그는 종교의 도움을 받지 않음으로써 삶에는 아무런 목적도 방향도 없다고 생각하고 있다. 오로지 아무런 이유도 목적도 없이 태어나고 죽어야 하는 허무를 "철저히" "곱씹을" 뿐이다. 아무런 이유도 목적도 없이 죽음을 향해서 질주하는 인간의 삶은 아무런 이유도 목적도 없이 무한정 반복하는 자연의 순환을 닮아 있다. 하지만 자연의 반복이 허무를 통해 매번 새로운 삶을 살아가는 것에 비해서 인간의 공허한 일상은 더욱더 처절하게 허무에 근접해 있다. 만약 이 모든 것이 사실이라면, 삶에는 목적도 방향도 없으며, 모든 것은 허무할 따름이고 어떤 것을 믿어야 할 이유도, 또 자신의 운명이나 사회조건을 개선하기 위한 노력조차 계속할 이유도 없어지게 된다.[38]

이처럼 종교적 구원을 거부한 박재삼이 기댈 수 있는 것은 오직 '시(詩)'뿐이다. 시 혹은 노래는 시인이 공허하게 반복되는 일상에서 탈출할 수 있게 해주는 유일한 '소리'인 것이다.

---

[37] 한명희, 「박재삼 시 연구: 성찰적 허무주의의 미학」, 『한국시학연구』, 한국시학회, 2006, 70쪽.
[38] 고드스블롬, 천형균 역, 앞의 책, 272쪽.

① 나는 아직도 꽃을 노래하는 마음으로
찬란한 노래를 하고 싶습니다만
저 새처럼은
구슬을 굴릴 수가 없습니다.

　　　　　　　　　　　　－「나는 아직도」 부분

② 아무리 부지런히
쥐어 짠다고 해서
切實한 노래가 나오나.

문득 땅 위에
있는 듯 없는 듯
기어다니는 개미떼를 보고
그것들은 노래가 없더라도
부지런히 나르고 있어
거기에 빠져
노래를 잊을 때도 있나니.

　　　　　　　　　　　－「노래가 없는 別天地」 전문

　그러나 시인에게 절실한 '노래'마저도 새와 개미떼에게는 필요치 않은 것처럼 보인다. 새와 개미들에게는 "찬란한 노래"도 "절실한 노래"가 이미 삶 속에 내재되어 있기 때문이다. 인간의 반복되는 일상과는 달리 자연의 반복에는 별도의 구원이 필요치 않다. 반복 그 자체가 이미 구원을 의미하기 때문이다. 자연의 무한 반복은 그 자체로 끝없는 생성을 의미하므로 지루함과 상투성을 벗어나 있다.
　그러나 인간에게 있어서 자연은 더 이상 무한 생성의 반복을 의미하는 것이 아니라 일상의 지루한 반복을 더욱 크게 보이게 만드는 대조적 거울로 간주된다. 사계절의 순서가 죽음을 상기하게 만드는 것처럼, 자연은 낮게 깔리는 죽음의 소리를 준비하고 있는 것이다.

    갈대가 바람에 쓸려가는 소리
    이 세상이 망하는
    마지막 소리가 있다면
    저런 것인가.

    가을은 열매를 거두련만
    쓰리고 아린
    肝臟은 모조리
    저승을 향하게 하고
    준비한 소리인가.

                                                   - 「갈대밭에서」 부분

  가장 낮은 죽음의 소리는 "갈대가 바람에 쓸려가는 소리"이다. 그것은 "저승을 향하게 하고" 저승을 "준비한 소리"에 가깝게 들린다. 그 소리를 "마지막 소리"로 경험하게 하는 것은 인간의 삶에 보이지 않는 종점이 설정된다는 것을 의미한다. 자연의 무한 반복이 끊임없는 생성의 의지를 북돋우는 데 반해서 인간적 관점에서 바라본 계절의 순환은 오히려 인간이 죽음을 향한 존재라는 사실을 명료하게 보여줄 뿐이다. 이러한 관점은 그 자체로 현대인의 비애를 담고 있다. 자연은 인간의 삶에서 처음과 끝에 놓여 있는 것이기 때문이다. 현대인은 유아적 자연에서부터 시작하여 죽음이라는 자연까지 둘러싸인 존재인 것이다.

    시방 햇빛은
    꽃상여 곡소리를
    아슬히 가려주고

바람은 또한 한겹 더 막는다.

얼마만큼 바람을 헤치고
햇빛을 걷고 나면
꽃상여 곡소리는
설움을 除하고 들릴 것인가.
물 속에서 피어서 흔들리는 풀꽃을.

물이거들랑 萬代의 물이여.
네 속에 흔들리는 풀꽃을 보며
오늘은 햇빛 저쪽 바람 저쪽
꽃상여 곡소리를 꿈속에서 듣는다.
―「꽃상여 곡소리」 전문

 그러나 일상적 관점에서 바라본 자연은 오히려 인간의 삶에 잠재한 "곡소리"를 은폐하고 있다. 찬란한 햇빛과 서늘한 바람은 인간이 영원히 살아가는 존재인 것처럼 착각하게 만든다. 진정으로 "곡소리"를 듣고자 한다면 햇빛과 바람을 걷어낼 필요가 있다. 그 곡소리는 "물속에서 피어서 흔들리는 풀꽃"이라는 익숙치 못한 이미지를 하고 있다. 익숙한 자연의 이미지는 인간의 죽음을 은폐하고 있지만, 자연의 친숙함을 제거하고 보면 진정한 의미에서 곡소리를 들을 수 있게 된다. 그것은 단순한 곡소리가 아니라 "꽃상여 곡소리"이다. 아름답게 치장된 죽음의 곡소리가 들리는 것이다. 아름다운 죽음이라면 이미 우리가 앞에서 보았듯이 항상 처음이자 마지막이라고 생각하면서 행해지는 사랑의 모습을 가리킨다. 일상의 관점은 자연에서 지루한 반복만을 보게 되겠지만, 오히려 일상의 관점을 벗어나서 보면 자연은 언제나 새로운 탄생의 반복이고 언제나 살아 있는 맨 처음의 사랑을 반복하고 있는 것이다. 이것이야말로 햇빛과 바람을 걷고 바라본 자연의 본래 모습인 것이다. 하지만 인간의 죽음이 아름다울 수 있는 장면은 오로지 대자연의 반복을 배경으로 했을 때에만 감지될 수 있다. 그것은 무한 반복의 자연을 통찰할 수 있는 감각의 훈련을 동반해야 한다. 그때 그것은 인간의 허무를 정면으로 직시했을 때에만 가능한 신천지가 되는 것이다.

2) 유한성의 인정을 통한 생의 감각 회복

그래서 다시 저녁노을로 되돌아오게 되었다. 저녁노을은 인간의 삶에 있어서 죽음을 앞두고 있는 상태를 가리키지만, 자연의 가르침에 따르면 마치 이것이 마지막이라는 듯이 사랑을 불태우는 장면이기도 하다. 일상의 덧없는 반복으로 생을 마감해야 하는 현대인들의 삶에 있어서 대자연은 덧없음의 허무의식을 극복할 수 있는 비방을 제시하고 있는 것이다. 하지만 인간은 쉽게 허무에서 빠져나오지 못하는 경우가 많다.

>다 꺼져가면
>어쩔가나 세상에는
>결국 멸망이 오고
>허무 밖에는 어루만질 것이
>무엇이 있으리오.
>그러나 그 꺼져가기 전에
>마지막 몸부림으로 불타는
>저녁놀을 그대는 보았는가.
>거기에 대고
>슬프다고 해도 안되고
>억울하다고 해도 안되고
>하여간 말하는 것은 모두 안된다는 것만

확실하게 확실하게 알 뿐
  이제는 오직 잠들 일만 남았네.

  　　　　　　　　　　　　　　　－「無題」 전문

  그러나 "멸망" 혹은 "허무"만을 눈앞에 두고 있는 인간에게 자연은 다시 '아름다운 멸망'의 자세를 제시하고 있다. "꺼져가기 전에/마지막 몸부림으로 불타는/저녁놀"이 바로 그것이다. 뜨겁게 불타고 있는 붉은 노을의 "마지막 몸부림"과 그 아름다움을 두고 "슬프다"느니 "억울하다"느니 말할 필요는 없다. 인간의 죽음은 슬픔의 대상도 억울함의 대상도 아니며, 오히려 죽음을 상기하면 살아 있음에 감사할 줄 아는 인간이 될 수 있는 것이다. 허무를 받아들이면 허무는 비어 있는 것이 아니라 가득 찬 것으로 변하게 된다. 그렇다면 허무를 극복하기 위해서 신을 찾을 필요가 없다.

  　　신(神)은 어디에 있을까
  　　아무 데고 나타나지 않네.

  　　그러나 시방
  　　파아란 어린 잎사귀들을 보아라.
  　　눈부시고 서투른 선을 그으며
  　　아무도 모르게
  　　이 세상에 유감(有感) 하나를
  　　분명히 더 보태고 있거늘.
  　　작년에도 그 전에도 한 짓을
  　　올해도 쉬지 않고
  　　바람에 아름다운 율동을 섞어
  　　하늘하늘 곡조까지 내뱉고 있거늘.

이것을 보고 확인하는 것이
결국은 경이(驚異)로 돌아오고
이제 그윽한 섭리를 받들 것이로다.

― 「새 잎을 보며」 전문

"신은 어디에 있을까", 그 답은 "파아란 어린 잎사귀들을 보아라"에 담겨 있다. 연약하고 보잘것없는 여린 잎사귀에 구원의 길이 제시되어 있는 것이다. 그것은 "작년에도 그 전에도 한 짓"이고 "올해도 쉬지 않고" 하는 짓이지만, 아무도 그것을 눈치 채지 못하였던 일이다. 여린 잎사귀가 바람에 흔들리는 일, 거기에 "경이"가 숨어 있다는 것이다. 그것을 일상의 반복으로 간주하지 않고 죽음을 앞에 둔 사람의 관점으로 바라보면 그것은 "그윽한 섭리"로 다가오게 된다. 이처럼 자연의 무한 반복의 진정한 의미를 발굴하기 위해서는 반드시 '죽음'이 설정되어 있어야 한다. 이때 경이로운 잎사귀의 "아름다운 율동"과 "곡조"를 보고 들을 수 있는 경지에 이르게 된다. 죽음을 앞둔 사람의 시각과 청각은 그 예민성이 극에 달해 있을 것이기 때문이다. 사정이 이러하다면 허무를 벗어나는 데 있어서 다른 종교가 필요할 까닭이 없다.

눈여겨 볼 것이로다, 촉트는 풀잎
가려운 흙살이 터지면서
약간은 아픈 氣도 있으면서
아, 그러면서 기쁘면서……
모든 살아 있는 것이
兄뻘로 보이는 넉넉함이로다.

땅에는 목숨뿌리를 박고
햇빛에 바람에

쉬다가 놀다가
하늘에는 솟으려는
가장 크면서 가장 작으면서
천지여!
어쩔 수 어쩔 수 없는
찬란한 몸짓이로다

―「病後에」 부분

　제목처럼 「병후(病後)에」는 "모든 살아 있는 것이" "찬란한 몸짓"으로 간주된다. 심지어 봄이 되어서 "촉트는 풀잎"의 움직임조차도 경이로운 대상으로 비친다. 싹이 터오르는 과정을 "눈여겨" 바라보면, 가려운 흙살이 터지듯이 약간의 고통과 기쁨이 교차하는 경험을 하게 된다. 뿌리는 '땅'에 두고 줄기는 '하늘'로 솟아오르는 풀잎의 크기는 우주에서 가장 작은 "천지(天地)"를 구성하고 있다. "촉트는 풀잎"은 그 자체로 우주의 축소판이면서, 하늘과 대지의 연속성을 증명하는 대상인 것이다. 그런 의미에서라면 모든 살아 있는 것은 우주의 축소판이며, 하늘과 대지를 연결하는 매체인 것이다. 하물며 사람이라고 해서 그렇지 않으라는 법은 없다. 특히 병을 앓고 난 후에 인간은 스스로 천지를 연결하는 우주적 연속성의 경험을 하게 된다.

내 몸에 아직 病도 남아 있고
갚아야 할 利子 돈도 고스란히 남아 있다마는
그런 것은 이미 괜찮단다.
새 樂章을 여는
문득 엿장수의 가위소리
내 정신 풀밭에
찬란한 보석을 흩뿌리네.

햇빛하고도 제일 친한
그 엿장수의 가위소리 앞으로 가,
떼어 주는 맛 뵈기 엿이나 얻어먹으면
物理가 트일 것인가, 또는
영원으로 향한 길목에 접어들었다는
슬픈 착각에라도 이를 것인가.

－「엿장수의 가위소리」 전문

병든 시인에게 "엿장수의 가위소리"는 "영원으로 향한 길목"을 연상시킨다. 그것은 가난과 질병에도 불구하고, 오히려 가난하기 때문에 더욱 친숙한 가위소리에 해당한다. 고물과 엿을 바꿔먹을 수 있었던 가위소리는 '낡은 물건'과 '맛있는 엿'이 교환될 수 있다는 "슬픈 착각"에 빠지게 만든다. 간혹 공짜로 떼어주는 "맛 뵈기 엿"이면 "물리(物理)가 트"이는 경지를 경험할 수 있다. 이처럼 가위소리는 병든 시인에게 있어서 가장 높고 청아한 소리이면서 "햇빛하고 가장 친한" 소리인 것이다. 이는 귀뚜라미나 매미의 낮은 소리가 땅 밑의 지하를 연상시키는 것과 대조된다. 이러한 높이의 소리는 오히려 질병과 가난이라는 낮은 소리를 배경으로 했을 때 더욱 크게 들릴 수 있음은 물론이다.

갈라터진 껍질 위로는
다시 아픈 바람이 불어와
못견디게 들볶고 있더니
어느새 이 나무는 용케 숨을 되돌려
하품 섞어 기지개 섞어
그 몸살을 아지랑이로 풀어내고 있고나.

가지 끝이 보얗게 물끼를 머금고는

이불 속 흐느낌으로 우는 듯하다가
때가 지나 오뉴월이면
열댓살 처녀의 눈물겨운 연초록으로
조금은 소리내어 울리라.
그리하여 숨막히는 칠팔월에는 어쩔까나,
주저앉아 엉엉엉 엉엉엉 울리라.
그러나 그러나 그 울음은
이파리들의 안과 밖 빛깔이 다르듯
한겹 너머는 목숨이 내뿜는
일등 가는 기쁜 소리와 다를 것이 없어라.
-「감나무에서 느끼는 것」 전문

  이 시에서는 낮은 소리를 배경으로 했을 때 더욱 높은 소리를 잘 들을 수 있다는 것을 확인할 수 있다. 시인은 지금 봄날 감나무를 보고 있다. 그것은 겨울 내내 "갈라터진 껍질 위로" "아픈 바람이 불어와" 못 견딜 고통에 시달렸던 나무이다. 하지만 그 나무조차도 봄이 되면 "용케 숨을 되돌려" "아지랑이"를 매달고, 오뉴월에는 "연초록"으로, 칠팔월에는 더욱 무성한 초록으로 되살아 날 것이다. 여름이 깊어 갈수록 더욱 풍성한 "기쁜 소리"를 듣게 되겠지만, 사실상 그것은 겨울의 고통을 인내하였다는 의미에서 기쁨의 "울음"으로 표현된다. 감나무에게 있어서 한 여름의 울음은 곧 기쁨의 소리인 것이다. 겨울을 통과하는 고통이 클수록 봄과 여름에 더욱 풍성한 기쁨의 소리를 듣게 되는 것이다. 그런 의미에서 울음의 크기와 기쁨의 크기는 동일한 "이파리들의 안과 밖"의 빛깔 차이에 불과하다.
  이처럼 사계절 중에서도 '봄에서 겨울로' 이어지는 절망적인 죽음의 흐름이 있는가 하면, '겨울에서 봄으로' 이어지는 생성의 과정에 그 초점이 맞춰지는 경우가 각각 달라진다. 봄에서 겨울로 이어지는 순차적인 사계의 흐름에서는 허무와 죽음이 대세를 이룬다면, 겨울에서 봄으로 이어지는 재생적 흐름에서는 환희와 경이로움이 대세를 이루게 되는 것이다. 겨울을 극복한다는 것은 죽음을 이긴다는 의미를 뜻하기 때문이다. 죽음을 통과하고 그것을 극복한 시인에게 세상은 전혀 색다른 대상으로 등장하게 된다.

> 겨울나무들은 알몸인 채
> 하늘의 운(韻)에만 얹혀
> 서러운 가락들을 빚어 내고 있더니,
>
> 어느새
> 우수(雨水) 경칩(驚蟄)을 지나면서는
> 하는 수 없이 땅의 운(韻)도 곁들여
> 차츰 밝은 가락 쪽으로 기울어 왔다.
>
> 사랑이여!
> 이제는 날씨도 서슬도 풀리어
> 나도 그대를 그렇다,
> 서러움을 넘어서서
> 기꺼이 기꺼이 만나고지고.
>
> －「小曲」 전문

사실상 "겨울나무"라는 것은 없다. 특정한 계절에 종속된 나무가 있을 리 없다. 모든 나무는 "겨울나무"인 동시에 "봄나무", "여름나무"인 것이다. 하지만 화자는 겨울나무의 헐벗고 가난한 "서러운 가락"이 겨울을 이겨내고 "서러움을 넘어서서" 차츰 "밝은 가락 쪽으로" 기우는 과정에 초점을 맞추고 있다. 우수와 경칩을 지나면서 서서히 되살아나는 나무의 기운을 보게 된다. 하지만 그것을 자세히 보면 "하늘의 운"에서 "땅의 운"으로 추락하는 과정으로 표현되어 있음을 알 수 있다. 겨울에서 봄으로 이동하는 것은 '상승'하는 것이 아니라 '추락'하는 것처럼 보인다. 보통은 하늘이 밝은 빛이고 땅이 어두운 소리를 나타내고 있는데 여기에서는 땅에 이르러 "밝은 가락"이 드러나고 있다. 하지만 잘 들여다보면 그것은 "하는 수 없이" 마지못해서 "땅의 운"이 겹쳐지는 것을 볼 수 있다. 겨울을 통과하면서 죽음과 어둠의 소리를 끌어안게 된 것이다. 죽음과 어둠을 끌어안고 넘어서지 않고서는 밝음이 오기 힘들다는 의미다. 겨울나무를 통해서 인간은 죽음을 인정하지 않는다면 삶의 기쁨을 알 수 없다는 평범한 깨달음에 도달하게 된다.

백일홍이 환하게 핀
아리아리 눈부신 한낮을
그대는 어디 가고
막막하게 혼자서만 완상하기 아깝고나.

이 기미를 아는 듯
지금 매미가 기차게 기차게
온 정령을 다해 뒷숲에서 울어

요컨대
시각과 청각을 큰 괄호 속에 묶으며
이 세상에서 제일 값지게
은밀히 살아나느니.

─「온 精靈을 다해」 전문

이 시는 백일홍 때문에 "눈부신 한낮"과 때마침 울어주는 "뒷숲"의 매미 울음소리 간 한 데 어우러진 평범한 풍경처럼 보인다. 한 여름의 풍경을 "완상"하는 화자의 한가로움이 느껴진다. 하지만 백일홍과 매미를 중심으로 해서 바로 그 "시각과 청각"을 "큰 괄호 속에 묶으"면 "이 세상에서 제일 값지게" "은밀히" 살아가는 재미가 전달된다. 그렇다면 이렇게 백일홍은 "환하게" 펴주고, 매미는 "온 정령을 다해" 울어주는 그 순간을 "괄호"로 묶어낸 것이 바로 이 작품인 것이다. 박재삼의 시작품은 이처럼 생활을 잊게 만들어주는 자연의 경이로운 순간을 포착하는 시인의 능력을 보여주고 있다.

    세상에 푸른 빛이
    밑도 끝도 없이 많은 것은
    식물이 하염없이
    그 줄기를 잇대어 새로 피어나기 때문이라네.

    사람의 한 생애는 칠십 년 전후지만
    자꾸자꾸 이어져 커다란 역사를 이룬다네.

    이런 것 저런 것이
    놀랍지 않느냐고
    문득
    갈매기가 울어
    세상이 눈부셔오구나.

-「無題」 전문

"문득/갈매기 울어/세상이 눈부셔"온다는 설정에서도 알 수 있듯이 이 작품에서는 자연 그 자체보다는 자연의 눈부심이 포착되는 순간의 중요성이 강조되어 있다. 자연의 경이로움이 "문득" 떠오르는 순간이 있는 것이다. 예컨대 "이런 것 저런 것이/놀랍지 않느냐고" 갈매기가 울지 않았다면 자연은 놀라움을 숨기고 평범하고 지루한 반복으로 전락할 수도 있었을 것이다. 하지만 갈매기의 울음과 더불어서 자연은 "문득" 경이를 드러낼 수 있게 된 것이다. 물론 "식물이 하염없이/그 줄기를 잇대어" 피어나면서도 그것이 경이로운 까닭은 그것이 언제나 "새로 피어나"는 것이기 때문이다. 끊임없는 생성과 소멸의 반복 자체에 자연의 비밀과 경이로움이 숨겨져 있다. 그러나 그 비밀은 아주 느린 완상을 통해서 천천히 다가온다.

> 사랑은 어려운 슬픔을 넘어
> 서툰 기쁨을 두른 채
> 연초록으로 남몰래 오고 있네.
>
> 처음에는 아주 여리게,
> 다음에는 그냥 여리게,
> 그것이 차츰 강도(强度)를 더해 가
> 쟁쟁쟁 천지의 비밀을 캘 듯이
> 희한한 소리를 곁들인 채
> 이제는 진초록빛 쪽을 향해
> 부지런히 가고 있는 것이 역력히 역력히 들리네.
> ─「신록에 접을 붙여」부분

"천지의 비밀"은 느림 속에 진행된다. "처음에는 아주 여리게,/다음에는 그냥 여리게" 그 변화를 감지할 수 없을 정도로 천천히 진행되는 것이 자연의 변화이다. 그렇기 때문에 자연의 변화를 통해서 놀라움을 감지하기란 쉽지 않은 일이다. 사랑도 그렇게 처음부터 놀라움의 감정에서 시작된 것은 아니다. 천천히 자신도 의식하지 못하는 순간 어느 사이에 사랑의 감정으로 성숙해진 것을 경험하게 된다. 느리게 진행되는 과정에서 "어려운 슬픔"을 통과하고 "서툰 기쁨"이 겹쳐지면서 어렵게 사랑의 감정으로 발전하는 것이다. 마치

"연초록"에서 "진초록"으로 변하는 과정이 "남몰래" 이루어지는 것처럼 사랑의 진행도 "남몰래" 이루어지는 것이다. 자연에서 그 느림의 소리를 듣기 위해서 시인은 자신을 "신록에 접을 붙여" 두었던 것이다. 스스로 자연이 되지 않고서는 그 느림 속에서 변화를 감지하기 어렵기 때문이다. 스스로 자연이 되었을 때 시인은 드디어 "천지의 비밀" 그 "희한한 소리"를 듣게 된다. 그 소리가 점차 "역력히" 들리게 될 때 자연으로부터 경이가 전달되는 것이다.

이와 유사한 경험은 다음과 같은 시에서 드러난다.

　　옛날의 우리 누님이 흰 옷가지를 주무르던 그리운 빨래터의 그 닦인 빨랫돌이 멀리서 시방 쟁쟁쟁 반짝이고 있는데…… 참 새로 보것구나.

　　그리고 天地가 하는 별의 별 가늘고 희한한 소리도 다 듣것네. 수풀이 소리하는 것은 수풀이 반짝이는 탓으로 치고, 저 빨랫돌의 반짝이는 것은 또한 빨랫돌의 소리하는 법으로나 느낄까 보다.

　　그렇다면…… 오늘토록 남아서 반짝이는 빨래터의 빨랫돌처럼 개개(個個)보아 우리 목숨도 흐르는 햇살 속에 한 쪽은 몸을 담그어 잠잠하고 다른 한쪽은 무얼 끝없이 뇌고 있는, 갈수록 찬란한 한 平生인지도 모른다.
　　　　　　　　　　　　　　　　　　　－「한나절 언덕에서」 전문

빨래터에서 빨랫돌이 햇빛에 반짝이는 장면을 보는 순간 빨랫돌을 두드리던 방망이 소리가 연상되는 것은 당연한 절차이다. 지금 눈앞에서 그 소리는 들리지 않지만 소리는 가장 오랫동안 기억에 머물게 되는 속성이 있다. 따라서 "빨랫돌의 반짝이는 것"은 "빨랫돌의 소리하는 법"이 시각적으로 드러난 장면이다. 빨랫돌은 소리의 기억이 투사되어 더욱 반짝이고 있는 것이다. 그러한 의미의 반짝임을 가리켜서 "쟁쟁쟁 반짝이고 있"다는 표현을 사용하고 있다.

반짝임은 소리의 변형된 모습이기 때문이다. 점점 기억이 되살아나면서 사방은 시끄러운 소리들로 가득 차게 된다. 그렇다면 우리들이 삶에서 어느 한 부분이 반짝인다면 그것은 그 반짝임의 저변에서 들려오는 소리가 있기 때문임을 알 수 있다. 한쪽이 "햇살 속에" 있게 되면 다른 한쪽은 "무얼 끝없이 뇌고 있는" 것이 인생이기 때문이다. 현재의 반짝임과 과거의 소리에 대한 기억을 통해서 삶은 움직이고 있다. 소리는 쉽게 사라지지만 우리의 몸이 있는 이상 결코 사라진 것이 아니다. 그런 현상은 우리의 몸이 죽음을 기억하고 있기 때문에 가능한 것이다.

> 오래 머물지 못하고
> 이미 내 손에서
> 새는 날아갔으나
> 결국 청산을 안 떠나고 사는 한
> 새소리는 손에 잡힐 듯 구슬을 굴리는
> 천사가 되어
> 햇빛과 바람의 친구로
> 항시 머물고 있다네.
>
> 아, 그와도 같이
> 나는 신에게서는 떠나왔으나
> 그러나 울긋불긋
> 미칠 듯싶은
> 이 단풍잎을 지울 수 없네.
>
> ―「단풍잎에 머물러」 전문

앞서도 말했듯이 자연에는 허무를 알려지는 신호가 있는가 하면 반대로 허무를 극복하게 만들어주는 장치도 포함되어 있다. "새는 날아갔으냐" "새소리는" "항시 머물고" 있는 것처럼, 허무를 극복한다고 한들 혹은 죽음을 망각한다고 한들 그것들이 사라지는 것은 아니다. 박재삼은 이미 허무와 죽음을 종교적으로 극복하는 길을 포기한 상태이다. 그것을 극복하는 길은 오히려 종교의 위로를 포기하고 "미칠 듯싶은" "단풍잎"에 몰두하는 데서 찾아진다. "단풍잎"은 그 자체로 '아름다운 죽음', '아름다운 몰락'을 집약적으로 보여주고 있기 때문이다. 마치 오늘이 마지막이라는 듯이 자신의 온갖 열정을 불사르는 낙조와 마찬가지로 단풍의 붉음은 마지막을 포함하는 강렬한 열정이 발현되어 있다. 죽음이 전제되지 않는다면 이처럼 아름다울 수는 없는 것이다. 따라서 허무를 통해서 허무를 극복한다는 단풍나무의 정신이 신적인 구원을 대신할 수 있는 것이다.

 그렇다면 세상은 어떻게 활기를 되찾게 되는가. 그것은 비어 있는 곳을 향한 열망에서 비롯되는 것이다.

  바람이 없을 때에는
  뜰에 나무들이
  잎 하나 꼼짝 안하고
  바보처럼 멍청히 서 있는 것을 보았네.
  내가 사랑하는 이를
  가다가 잊고 있을 때에도
  이 비슷한 표정이리라 짐작하노니
  아, 바람은 그러다가 곧
  새 모습을 지어 일으키며
  불어오기를 계속하리라.
  나도 다시
  못 견딜 그리움을 섞어
  사랑하는 이를 불현듯이 생각하고
  세상은 또다시

활기를 띠기 시작하리라.

－「바람 끝에서」 전문

만약에 세상에 바람이 없다면 나무들은 "바보처럼 멍청히 서 있"을 수밖에 없다. 살아 있지만 마치 죽은 것과 같다. 이처럼 멍청하게 서 있어서 활기를 잃어버린 나무를 살리는 것은 '바람'이다. 바람은 빈 가지를 흔들어 나무 전체에 활기를 불어넣는다. 바람을 가리켜서 '공기(空氣)'라고 하지 않던가. 아무리 '비어 있는 기운'이라고 해도 그것은 존재에 활기를 불어넣는 공허인 것이다. 사람에게도 마찬가지이다. 사랑하는 사람을 "잊고" 살아갈 때는 바람이 불지 않는 나무처럼 멍청하게 서 있게 될 것이다. 하지만 "못 견딜 그리움"으로 "불현듯이 생각"나는 순간 "세상은 또다시/활기를 띠기 시작"한다. '그리움'은 사랑하는 사람의 부재를 확인하는 순간이다. 비어 있다는 것, 공허가 알려지는 순간 삶은 새로운 활력을 되찾게 되는 것이다. 따라서 부재는 오히려 존재를 향한 그리움으로 가득 차 있는 상태를 가리킨다. 말 그대로 비어 있는 것이 아니라 오히려 가득 차 있는 상태인 것이다. 여기에서 우리는 허무의 능력을 보게 된다.

① 온통 울긋불긋 만발하던 꽃은
   어느새 땅을 향하여
   부지런히 떨어져가고
   그 아픔을 감싸기라도 하듯
   시방 천지 가득 새로이
   녹음이 파랗게 돋아
   채양을 치더니
   잔치를 환하게 벌였네.

누구에게라 없이
豪奢 하나를 그냥 주는 이것은
천 년 전에도 그랬고
만 년 전에도 지치는 일 없이
이 세상을 받쳐주는
큰 보배인 줄 알고
거기에 빠져 살아왔더니라.

이것을 보는 일 이상으로
어디 기쁨이 더 있는가.

-「신록의 잔치에」전문

② 오늘은 많은 시간을
이 미루나무 그늘에서
더위를 피하고 지낸다.

저 나무 끝자리에는
새파란 이파리
거기에 한시도 쉬지 않고
어디서 바람이 와 장난을 친다.
그 소리는 미처
여기까지 안 들리지만
팔랑팔랑 팔랑팔랑
그 音譜를 어떻게 옮길 수 있으랴.

新羅때도, 高麗때도, 朝鮮때도
늘 그래왔던 것을
지치지도 않고 하고 있는 이 짓을

그저 멍청하게 혼을 빼앗긴 채
말없이 보고만 있다네.

　　　　　　　　　　　－「바람의 장난」 전문

③ 제주 성산포에 처음으로
쫓겨오듯 와서
어쩔거나
화산 분화구 같은 곳에 빨려들 듯하면서
햇빛 속에 세상은 이리 허전하고
밑도 끝도 없이 묻히고 싶구나.

멀리 바다에서는
바람과 함께
하얀 파도가
연방 밀려와서는
천 년 전에도 했을
지겨운 반복을 귀찮지도 않은지
허무를 향해 부지런히 하고 있고
아, 가까이 유채꽃은
눈이 모자라게 흐드러지게 피어
이승의 마지막처럼 눈부신데
사람은 한번
지독하게 사랑을 한들
반드시 끝장이 있다는 사실을
곰곰이 새로 느끼며
파도의 영원을 멍청히 보고 앉았네.

　　　　　　　　　　　－「허무를 향해」 전문

이제 자연의 "지겨운 반복"의 의미는 분명해졌다. 봄에서 겨울로, 겨울에서 다시 봄으로 이어지는 무한 반복의 과정에서 인간은 자신의 죽음을 목격하고 그것을 극복할 수 있는 새로운 활력을 되찾기도 하기 때문이다. 지겨운 일상의 관점에서 보면 그것은 지겨운 반복일 수 있지만, 허무의 관점에서 보면 지겨운 반복은 매일 새롭게 태어나는 신선함의 반복일 수 있는 것이다. ①에서 확인되듯이 화려하던 꽃이 떨어진 자리를 "감싸기라도 하듯" 다시 그 자리를 파란 녹음이 덮어주는 과정이 자연이 벌이는 잔치의 본성이다. 겨울의 고통을 봄의 화려함으로 보상하듯이, 봄의 화려함은 다시 몰락하고 그것을 가리고 감싸기 위해서 여름의 녹음이 펼쳐지고 있는 것이다. 겨울이 몰락한 자리에 봄이 들어서고, 봄이 몰락한 자리에 여름이, 다시 여름이 몰락한 자리에 가을이 들어서는 방식으로 몰락이 무한하게 반복되는 것처럼 보이지만, 모든 몰락은 항상 새로운 방식으로 소생할 수 있는 활력을 보장하고 있다. 이것이 "이 세상을 받쳐주는/큰 보배"인 것이라면, "이것을 보는 일 이상으로/기쁜 일이" 있을 수 없다. 다만 몰락하는 자만이 신록의 잔치에 초대받을 수 있다.

②에서는 다시 몰락보다는 '공허'가 부각되고 있다. 앞서도 말했듯이 공허는 결코 공허 그 자체로 머물지 않는다. 나뭇잎을 흔드는 바람소리는 공허가 무엇인지를 알려주는 장면으로 자주 등장한다. 결코 나무를 멍청하게 서 있지 않게 만드는 바람의 장난은 수천 년을 "늘 그래왔던 것처럼" 반복되는 공허의 의미를 전달하고 있다. 그것을 "혼을 빼앗긴 채/말없이 보고만 있"는 장면은 시인에게 전달되는 그리움의 크기를 짐작하게 한다. 그러나 이처럼 자연의 공허한 반복은 오히려 무한 반복조차 불가능한 인간의 유한성을 실감하게 만든다. ③에서처럼 허무하게 바위에 부딪히는 파도조차도 그것이 비록 공허해보이지만 사실은 "파도의 영원"이 감각적으로 표현되고 있는 장면인 것이다. 하얀 파도는 영원토록 바위를 때리고 부서지기를 반복할 것이기 때문이다. 자연은 이토록 지겨운 반복을 "귀찮지도 않

은지" "허무를 향해" 오히려 "부지런히" 쉬지 않고 단행하고 있지만, 인간에게는 "반드시 끝장이 있다" 지겨운 반복조차도 언젠가 멈출 수가 있다는 것이다. 파도의 반복은 영원성의 표현이지만 인간의 반복은 유한성의 표현인 경우가 많다. 이 시에서는 유한성이 포함되어 있는 반복과 영원성이 뒷받침되는 반복이 나란히 병렬되어 있다.
 유한성이 내장된 반복은 허무를 통해서 허무를 극복하는 과정이 포함되어 있다. 죽음을 의식하는 순간에 죽음은 극복될 수 있기 때문이다. 죽음과 가난, 그리고 슬픔을 이기고 극복하지 않으면 안 되는 것이 인간의 유한한 삶인데, 그것을 극복하는 길은 죽음과 가난, 슬픔에 의미를 부여하는 것이다. 그것이 결코 공허한 반복이 아님을 입증하는 것이다.

① 이렇게 더울 때는
 잘 먹고 잘 입어
 세상을 멍청하게 바라보는 것보다야
 많이는 굶어보고
 그 설움에
 속울음을 곁들이고 나서야
 切切히 느끼고 깨닫는 일을 거쳐
 한결 세상을 옳게 보리라.

 겪어 놓고 보면
 고생이 지긋지긋하게 많던
 지난날이 이제
 그것이 어느새 구슬이 되어
 방울방울 맺혀
 살아가는 힘을
 음으로 비축해 준

고마움이여.

―「살아가는 힘」 전문

② 네캉 내캉
보듬고 실컷 울어보자.

우리 고생을
서로 아는 것은
이 세상에서 우리 둘뿐이 아닌가.

저만치 너는 떨어져서
조개를 캐고 있고
나는 바다돌을 뒤집어
꽃게를 잡는 데 빠져 한창이다.

얼마 후
서로 바구니를 보면서
가난한 수학을 두고
벙긋이 웃고는 있지만,
결국 하나 공통된 것은
아무도 몰래 감춰 두었던
그 新鮮티 新鮮한
울음 말고는 무엇이 더 있겠는가.

―「가난한 수학 끝에」 전문

①에서 보듯이 "고생이 지긋지긋하게 많던/지난날"은 결코 무의미하게 흘러버린 공허한 세월이 아니었다. 그것은 결국에 "구슬이 되어" 겉으로는 드러나지 않지만 "음으로" "살아가는 힘을" "비축"

해주고 있기 때문이다. 이처럼 고생을 모르고 자라면서 "세상을 멍청하게 바라보는 것보다"는 바람이 나뭇가지를 흔들어주는 단계를 통과하였을 때 "한결 세상을 옳게 보"게 되는 것이다. 공허와 허무의 세례를 받지 않고서는 결코 삶의 환희를 분간하지 못한다. 시인은 설움의 "고마움"을 절감하게 된다. ②에서는 "울음"의 가치에 대해서 말하고 있다. 울음의 시인 박재삼은 이렇게 말한다. "네캉 내캉/보듬고 실컷 울어보자." 과거를 기억해보면 박재삼에게는 조개를 캐고 꽃게를 잡으며 살면서도 "가난한 수학을 두고/벙긋이 웃"고 살았던 시절이 있었다. 하지만 그 웃음은 사실상 "신선한/울음"을 바탕으로 삼고 있다. 이처럼 가난과 슬픔으로 점철된 인생이었지만 박재삼은 "오랜 경험의 눈으로는 세상은 살 값어치가 있는 곳이라는 것이 옳을 줄 안다"39)는 고백을 남기고 있다. 가난에서 비롯된 울음과 설움, 그리고 슬픔은 삶을 부정하는 허무가 아니라 삶의 의지를 불러일으키는 활력으로 작용하고 있기 때문이다. 오히려 가난하고 슬프기 때문에 세상은 더욱 경이로움으로 가득 찰 수 있는 것이다. 죽음과 가난이 아니라면 어찌 세상이 그토록 아름다울 수 있었겠는가.

　지금까지 살펴 본 바와 같이 박재삼의 작품에는 허무를 대상으로 하는 시편들이 산재해 있다. 그것을 허무주의라고 한다면, 그것은 자연의 무한 반복과 일상의 반복에서 아무런 의미도 가치도 발견할 수 없을 때를 가리킨다. 하지만 박재삼은 아무런 의미도 없는 것처럼 보이는 공허한 반복에서 오히려 삶의 의미를 발견하는 방식을 취하고 있다. 예컨대 텅 비어 있는 것처럼 보이는 하늘에서 만물이 생성되는 것을 보면서, 그 원리가 무한 반복에서 온다는 사실을 깨닫는다. 동시에 비어 있는 것이 결코 비어 있는 것이 아님을 나뭇가지를 흔드는 바람을 통해서 포착하고 있다. 그것은 사랑하는 사람의

---

39) 박재삼, 「자살에 대하여」, 『사랑한다는 말을 나 그대에게 하지 못해도』, 고려서당, 1988.

부재를 그리움으로 채우는 모습과 겹쳐져서 부재가 오히려 가득 차 있는 상태임을 암시하고 있다. 그와 마찬가지로 죽음 또한 결코 공허한 사라짐이 아니게 된다. 낙조를 통해서 밝혀지듯이 '아름다운 죽음'의 가능성을 보게 된다. 매일 반복되는 낙조의 체험은 마지막을 상기하는 절절한 사랑의 잠재력에 눈뜨게 만든다. 자연의 무한 반복이 여기에서는 몰락의 진정한 의미를 현시하게 된다. 자연의 무한 반복은 일상의 지루한 반복과 달리 생명력의 무한 회복을 의미하기 때문이다. 여기에서 박재삼의 전통은 자연의 무한 반복을 모델로 삼게 된다. 그것은 낡은 전통의 지루한 반복이 아니라 언제나 새로 태어나는 과거를 의미하기 때문이다. 이 과정에서 몰락할 줄 알면서도 피어나는 꽃잎을 보면서 '경이'를 경험하게 된다. 그것은 시각과 청각의 예민성을 높여주게 된다.

 자연의 무한 반복이 계절을 통해 표현될 때는 봄에서 겨울로 향하는 과정을 부각하는 경우와 겨울에서 봄으로 되돌아가는 과정이 부각되는 경우로 나눌 수 있는데, 전자는 죽음을 상기케 하고 후자는 소생을 경험하게 만든다. 박재삼의 경우는 전자를 통과해야만 후자의 참된 의미를 깨닫게 된다는 입장이다. 가난과 슬픔, 그리고 죽음을 절감하지 않고서는 결코 그 반대 상태의 중요성을 발견할 수 없다는 것이다. 따라서 자연의 무한 반복을 앞에 두고 죽음과 허무에 직면하려는 노력을 경주하게 된다. 그 과정에서 대지의 미세하고 낮은 저음이 지배적으로 깔리는 경우가 많다. 하지만 그는 죽음을 극복하기 위해서 종교적 초월의 구원을 갈망하지 않는다. 오히려 죽음에 반복적으로 직면함으로써 죽음을 넘어서는 가능성을 찾고자 한다. 그것이 시쓰기임에 틀림없다. 죽음을 알려주는 것이 자연인 것처럼 죽음의 극복 또한 자연에서 그 길을 찾게 된다. 하지만 그 길은 보이는 자연보다는 보이지 않는 자연의 뒷면에 놓여 있는 경우가 많다.

 그것을 느끼기 위한 감각적 훈련이 요청된다. 그 훈련의 첫 번째 조건은 유한성의 자각이다. 유한성은 결코 슬프거나 원망할 대상이 아니다. 죽음을 초극하기 위해서는 봄에서 겨울에 이르는 과정을 끊임없이 상기해야만 한다. 그 다음에 겨울에서 봄으로 이어지는 자연의 순리에 주목하게 된다. 마치 질병에서 회복되는 환자처럼 세상은 다른 빛깔과 다른 소리를 통해서 접근해 온다. 이때 천천히 녹음이 짙어가는 자연의 변화에는 고통을 통과한 울음이 깔려 있는 것이다. 울음을 통과하지 않으면 기쁨이 없듯이, 죽음을 끌어안지 않으면 삶의 환희, 자연의 경이도 찾아오지 않는다. 느리게 변화하는 과정에서 자연의 경이를 발견하는 것은 빛나는 것들 속에서 그 소리를 겹쳐서 기억하는 행위와 같다. 몸은 항상 그것이 마지막일지도 모른다는 듯이 소리를 통해 장면을 기억해두고 있기 때문이다. 죽음이 아니라면 몸은 기억을 모를 것이다. 이처럼 기억을 일깨우는 과정에서, 그리움이 복받쳐오를 때 삶은 활력을 되찾게 된다. 그것은 겨울을 거슬러 올라가서 가을, 여름, 봄으로 이어지는 시간의 역전을 통해서 찾아오는 활력이다. 부재, 몰락, 공허, 허무는 한결같이 그 반대의 경험을 몸 속에 새겨 넣는 역할을 담당하게 된다. 이것들이 없다면 삶은 더욱 더 공허해질 것임을 박재삼은 알고 있다.

제5장 박재삼 시의 근원적 상상력

　본 저서는 박재삼의 전통 서정시를 대상으로 하여 그 시학적 원리를 상상력의 측면에서 고찰하였다. 1953년에 등단한 박재삼은 평생 '가장 슬픈 것이 가장 아름다운 것'이라는 시적 관념에 토대해서, 난해시를 피하고 누구나 알 수 있는 명확한 이미지에 입각한 시를 쓰고자 했다. 이로써 그는 1950년대 이후에 새롭게 번창하게 된 모더니즘의 방향을 따르지 않고 서정주, 조지훈으로 이어지는 전통 서정시의 계보를 발전적으로 계승하였던 것이다. 그 뒤 박재삼에게는 '한의 시인', '슬픔의 시인', '그리움의 시인' 등의 명칭이 뒤따랐다. 이러한 표현은 그가 전통 서정시의 계보를 잇고 있다는 것을 간접적으로 웅변해주고 있다. 하지만 박재삼이 추구하는 전통 서정시의 시적 원리를 전체적으로 깊이 있게 분석하는 작업의 필요성은 계속 남아 있었으며, 본 저서는 그 필요를 충족시키고자 박재삼의 전 작품을 대상으로 하여 공시적으로 관류하고 있는 서정적 상상력의 작동 방식을 제시하였다.
　필자는 박재삼이 계승하고 발전시킨 전통 서정시의 특징을 해명하기 위해서 특별히 그 초점을 '동일성'에 두었다. 동일성은 서정시의 오래된 장르 관습으로 자리 잡고 있는 개념으로서 서정시의 전통성을 해명하는 데 반드시 검토해야 할 대상이라 할 수 있다. 박재삼의 전통 서정시 및 그의 시학적 근거 또한 동일성의 원리에 기반하고 있는 것이 사실이다. 통상적으로 박재삼의 동일성은 '한의 미학'으로 알려져 있다. 하지만 박재삼의 상상력은 우선적으로 낭만주의의 주객동일성과 구별될 필요가 있다. 그는 낭만주의의 자아중심주의를 극복하고 자연을 중심으로 하는 '동양적' 주객일체를 시작의 근본으로 삼고 있기 때문이다. 그런 의미에서 그의 주객동일성은 반근대적 요소를 포함하고 있다. 이는 그가 계승하고자 하는 전통의 다른 한 축이 동양에 있음을 증명한다. 이때 서구에서 기원한 서정시의 전통이 나머지 한 축인 것이다. 박재삼은 이처럼 동양과 서양, 전통과 근대를 결합하는 독자적 상상력의 세계를 통해서 1950년대 이래 전통 서정시의 발전적 계승의 모범적 사례를 보여주고 있다.

또한 필자는 박재삼의 전통적 서정시의 시학적 원리를 해명하기 위해서 '상상력'에 특별히 주목하였다. 전통적 서정시에서 보여주는 상상력의 세계는 다양하지만 최대한 응집해본다면 크게 세 가지로 압축된다. '현상학적 상상력', '신화적 상상력', 그리고 '유기체적 상상력'이 그것이다. 이는 특별히 박재삼 서정시의 놀이터를 기반으로 구분된 것으로, 각각 '유년의 기억', '설화의 차용', 그리고 '자연모방의 정신'에 연결되어 있다.

'현상학적 상상력'에서는 현상학의 등장 이후 바슐라르를 중심으로 서정시의 주객 동일성에 대한 새로운 차원이 열렸음을 강조하였다. '신화적 상상력'에서는 신화 및 설화의 시적 차용에 내포된 창조적 근원을 해명하였다. '유기체적 상상력'에서는 주객 동일성의 새로운 차원으로 주목받는 동양의 자연관을 검토하였다.

'현상학적 상상력과 근원회귀의 시학'에서는 박재삼의 시를 지배하고 있는 유년의 기억과 첫사랑의 추억을 집중적으로 조명하였다. 끊임없이 반복되는 유년의 기억과 사랑의 추억은 박재삼의 서정성이 지향하는 근원회귀의 성격을 잘 말해준다. 가난과 슬픔의 반복적 재현을 통해서 그것들은 가장 아름다운 추억으로 재생되는 모습을 보게 된다. 이를 통해서 과거와 현재, 그리고 미래 시간이 원환적으로 구성되어 있는 그의 독특한 상상 세계를 보게 된다. 가난 속에서 따뜻한 이웃 사랑을 발견하는 서정시인의 이상주의적 몽상의 세계를 목격할 수 있다. 여기에서는 박재삼의 서정시에서 두드러지는 과거지향성이 집중 조명되었다. 특히 먼 과거인 유년에 기억이 부각되는데 대부분 그 당시를 회고하는 어른의 시점에서 기술되고 있다. 회상의 대상이 되는 어머니조차도 자신의 목소리를 갖지 못하고 어른이 되어버린 시인의 관점에서 조명된다. 서정시의 일반적인 독백적 어조를 유지하고 있기 때문이다. 유년시절에는 바닷가 아이들의 원시적인 놀이와 전근대적인 관습에 젖어 있는 고향 사람들, 그리고 가난하지만 서로 의지하고 살아가는 가족의 생활이 있다. 그들의 삶은 위대하지 않다는 점에서 작고 사소하지만 훨씬 근대적으로 성숙한 사람들의 삶보다 행복해 보인다. 그것은 역설적이게도 그 시대 대부분의 사람들이 그랬듯이 삶의 중심에 가난이 크게 자리 잡고 있었기 때문이다. 가난이 둘러싸고 있지 않았다면 그들의 삶을 회고할 이유가 사라지고 만다. 유년에 대한 기억은 곧 가난에 대한 몽상이기도 하다. 박재삼 가족의 삶은 그들 중에서도 특별히 더 가난했었는데 때로는 가족의 생계를 이어가기 위해 시장에 나가야 했던 어머니를 통해 기다림의 고통을 깨닫게 된다. 이처럼 어머니의 존재에 대한 갈망과 가난에서 벗어나고 싶은 욕망은 가난하지만 절망에 빠지지 않고 항상 희망을 갖게 하는 계기가 된다. 이때 박재삼의 어머니는 가족을 위해서 희생하는 우리 어머니의 전형적인 모습을 하고 있다. 이러한 모습은 현재까지 이어지면서 모성과 고향을 연결짓는 우리 민족의 근원에 대한 상상력의 토대를 이루고 있다. 유년의 가난과, 그 시간을 가득 채우고 있는 가난한 가족, 그리고 그 중심에 있는 어머니의 성격은 각박한 성인의 삶에서 벗어나서 서정적 몽상의 세계로 진입하기에 가장 적합한 근원회귀의 지점이다. 그곳으로 안내하는 기억의 놀이는 박재삼의 가난한 서정시를 '행복의 시학'을 간주하게 만든다.

박재삼의 기억은 또한 못다 이룬 사랑을 향하고 있다. 그것은 결코 격렬하다거나 열정적인 모습은 보이지 않는다. 소년의 수줍은 첫사랑이든가 못다 이룬 짝사랑일 뿐이다. 여학생 교문 앞에서 부끄럽게 기다리는 모습, 첫 입맞춤에 묻어 있는 바다의 햇미역 냄새는 성인이 되어서 더 이상 회복할 수 없는 감각이 되었다. 아득한 사랑의 거리는 때로는 슬픔의 근원이 되어 이승에서 못다 이룬 한(恨)으로 연장된다. 그 한 맺힌 사랑은 저승까지 연결되어 다시 이루어지기를 소망한다. 아득한 거리에서 오는 고통과 그리움이 모였을 때, 이처럼 삶과 죽음의 경계를 넘어 저승의 세계까지 넘나드는 초월적인 사랑으로 승화될 수 있다. 이처럼 유년의 기억과 마찬가지로 사랑의 추억 또한 되돌릴 수 없는 가난과 고통의 시간으로 인해서 더욱더 아름답게 재생될 수 있는 것이다.

'신화적 상상력과 아니마의 시학'에서는 설화적 인물들의 차용에서 드러나는 박재삼의 아니마적 표상을 살펴보았다. 박재삼은 전통적 설화의 주인공을 서정적 화자로 등장시키는 경우가 많다. 그 대부분이 여성 화자라는 특징이 있다. 전통적 설화를 차용하면서 여성성이 강화된다는 것을 알 수 있다. 이들을 통해서 전통적 서정시의 주제를 더욱 날카롭게 할 수 있다. 기다림의 힘(춘향), 가난한 삶(흥부처), 죽음의 의미(심청) 등의 주제들이 설화를 배경으로 해서 구체성을 얻고 있다. 심지어 '남평문씨 부인'과 같은 인물을 새롭게 창조해 냄으로써 비극적인 죽음을 맞이한 여성의 한을 효과적으로 재현하고 있다. 이러한 여성성을 통한 서정적 상상력은 남성적 문화에 대한 대안적 삶의 가치로서 부각된다.

구체적으로 살펴보면 그의 춘향은 춘향의 이미지를 현대적으로 계승한 것이다. 이때 춘향의 '마음'에 시인의 상상력은 집중되었다. 여기서 화자는 님과 다시 만나기 전의 기다림과 고통의 시련을 절망하지 않는 모습에 의의를 두고 그것을 극복하는 양상을 보여준다. 여기서 춘향의 마음을 대변한 자연물들은 어떤 주술적인 힘을 발휘하여서라도 현실의 어려움과 고난을 극복하는 양상을 보여준다. 춘향의 테마에 나오는 '눈물'은 고통을 극복하고 새로운 희망을 만들어내는 화자의 아니마적 표상이라고 할 수 있다. 또한 홍부의 처는 가난을 극복하는 아니마로서의 표상으로 등장한다. 홍부 부부에게 가난은 문제가 되지 않는다. 물질보다도 햇빛과 바람 같은 자연이 만드는 엄청난 풍요와 우주의 숨결을 깨닫게 된다. 심청전을 차용한 화자의 의식 속에 심청이는 주술사로서 존재했다고 할 수 있다. 왜냐하면 심청이는 불만족스런 이 세상을 단번에 바꿔줄 수 있는 신비한 힘을 갖고 있기 때문이다. 그래서 심청이는 신화적 창조에서 여신으로 승격된다. 특히 죽음을 초극하는 심청이의 정신세계를 집중 조명하고 있다. 그 다음으로 박재삼의 시에서 특이한 화자로는 남평문씨 부인이 있다. 이는 시인이 새롭게 창조해 낸 인물로서 아무도 사랑하는 사람이 없어 물에 빠져 죽은 비극적 아름다움을 표상한 오필리아적 아니마의 모습을 하고 있다. 그러나 부인이 죽자 한 쌍의 해동갑한 흰나비 같은 돛단배나 호젓한 섬이 나타난 것은 부인의 외로움이 바다라는 공간에서 해소되었다는 것이다. 남평문씨는 밀려오는 물살인 '밀물결 치마'의 형상으로 화자에게 모성적 아니마로 다시 나타나 화자의 슬픔을 감싸주는 풍요로운 마음의 소유자로 나타난다. 이는 화자의 아니마적 외로움의 한을 극복하는 양상을 드러낸다.

'유기체적 상상력과 미메시스의 시학'에서는 박재삼의 자연관이 동양적 자연합일의 경지를 현대적으로 재해석하고 있음을 강조하였다. 예컨대 빛의 이미지는 자연의 초자연적 성격을 드러내며, 물의 이미지는 생명의 근원으로 되고, 식물의 이미지는 우주적 소통의 매개체라는 기능을 부여받고 있다. 박재삼은 자연과의 동일성을 열망하지만 그것은 오히려 인간의 유한성을 상기하게 만들 뿐이다.

구체적으로 박재삼의 빛은 '해'와 '달', '별'과 같은 천상의 빛이 지상의 요소인 바다, 강, 시냇물, 식물과 만나는데 '반짝거림'으로 존재한다. 이 '반짝임' 혹은 '빛남'은 영원성과 생명성이 생성되는 순간이다. 이것은 부동의 물질에게 변화를 주는 것으로 어두운 현실 속에서도 사물의 존재를 드러내며 희망의 메시지를 주는 것이다. 이는 화자의 삶과 연결 지을 때 어려운 현실을 극복해 보고자 하는 그의 마음의 지표라고 할 수 있다. 그리고 박재삼의 시에서 '물'은 '생명의 근원'의 의미를 띠고 있다. 그것은 고향의 삼천포 앞바다와 진주 남강 등의 이미지와 결합시키면서, 죽음이나 초월적 공간을 만들고 있다. 특히 그의 바다는 남성적 격정으로 그려지는 포세이돈이 아니다. 오히려 여성적 삶이 투사되어 여성적 삶의 철학이 녹아 있는 동양적 자연의 전형으로 그려진다. 바다에서 반짝이는 아름다운 물비늘조차도 그것이 여성들의 한 맺힌 눈물과 호소의 결정판인 점을 강조하고 있다. 모든 아름다움의 뒤에는 슬픈 사연이 자리하고 있는 것이다. 남평문씨 부인과 심청이, 그리고 고향을 떠도는 전설에는 바다에 몸을 던질 수밖에 없었던 여성들의 서글픈 한이 새겨져 있다. 빛과 어둠, 도덕과 부도덕의 선명한 구별을 뛰어넘는 바다와 같은 큰 용광로가 필요했던 것이다. 그 융합의 의지는 심지어 죽음과 삶, 그리고 하늘과 대지의 기운을 모아서 하나의 '섬'을 이룰 정도로 강렬하다. 바다에서는 이처럼 이원적 구별이 무의미해지는 것이다. 그 다음으로 박재삼의 시에서 식물은 유기체적 상상력의 가장 핵심적인 상징물이 된다. 꽃을 비롯한 나무는 지상 속에 뿌리 내려 있으면서 세계와 하나가 되고 있는 존재들이다. 식물 이미지에서 가장 중요한 것은 그들의 무한 반복하는 생명력의 신비에 있다. 무한 반복을 통한 지속의 삶을 예시하고 있어서, 변화와 새것에 몰두하는 현대인들의 삶을 비판하는 근거로 활용된다. 따라서 시적 화자는 식물들의 자연스런 삶을 동경하며 자연의 이치를 닮아가고자 한다. 또한 나무를 닮아 무욕의 세계에서 평화롭게 살기를 바라는가 하면, 식물을 화자로 하여 우주와 소통하기도 한다. 즉 식물이란 존재론적 형상을 통해 이승의 삶을 넘어 저승의 세계에까지 소통하며 죽음을 초월하여 자신의 의지를 관철하는 우주적 소통의 통로인 것이다.

또한 박재삼은 자연의 무한 반복으로부터 허무를 전달받지만, 그것이 오히려 짧은 인생의 허무를 위로하고 삶의 감각을 생동하게 만드는 기능을 하고 있다. 그 자신이 자연이 되었을 때 경험할 수 있는 경지라고 할 수 있다. 이는 자연 우위의 주객 동일성의 세계에 근접한다는 점에서 자연에 대한 미메시스적 태도라고 보았다. 실제로 박재삼의 작품에는 허무를 대상으로 하는 시편들이 산재해 있다. 그것은 자연의 무한 반복과 일상의 반복에서 아무런 의미도 가치도 발견할 수 없을 때를 가리킨다. 하지만 박재삼은 아무런 의미도 없는 것처럼 보이는 공허한 반복에서 오히려 삶의 의미를 발견하는 방식을 취하고 있다. 예컨대 텅 비어 있는 것처럼 보이는 하늘에서 만물이 생성되는 것을 보면서, 그 원리가 무한 반복에서 온다는 사실을 깨닫는다. 동시에 비어 있는 것이 결코 비어 있는 것이 아님을 나뭇가지를 흔드는 바람을 통해서 포착하고 있다. 그것은 사랑하는 사람의 부재를 그리움으로 채우는 모습과 겹쳐져서 부재가 오히려 가득 차 있는 상태임을 암시하고 있다. 그와 마찬가지로 죽음 또한 결코 공허한 사라짐이 아니게 된다. 낙조를 통해서 밝혀지듯이 '아름다운 죽음'의 가능성을 보게 된다. 매일 반복되는 낙조의 체험은 마지막을 상기하는 절절한 사랑의 잠재력에 눈뜨게 만든다. 자연의 무한 반복이 여기에서는 몰락의 진정한 의미를 현시하게 된다. 자연의 무한 반복은 일상의 지루한 반복과 달리 생명력의 무한 회복을 의미하기 때문이다. 여기에서 박재삼의 전통은 자연의 무한 반복을 모델로 삼게 된다. 그것은 낡은 전통의 지루한 반복이 아니라 언제나 새로 태어나는 과거를 의미하기 때문이다. 이 과정에서 몰락할 줄 알면서도 피어나는 꽃잎을 보면서 '경이'를 경험하게 된다. 그것은 시각과 청각의 예민성을 높여주게 된다. 자연의 무한 반복이 계절을 통해 표현될 때는 봄에서 겨울로 향하는 과정을 부각하는 경우와 겨울에서 봄으로 되돌아가는 과정이 부각되는 경우로 나눌 수 있는데, 전자는 죽음을 상기케 하고 후자는 소생을 경험하게 만든다. 박재삼의 경우는 전자를 통과해야만 후자의 참된 의미를 깨닫게 된다는 입장이다. 가난과 슬픔, 그리고 죽음을 절감하지 않고서는 결코 그 반대 상태의 중요성을 발견할 수 없다는 것이다. 따라서 자연의 무한 반복을 앞에 두고 죽음과 허무에 직면하려는 노력을 경주하게 된다. 그것을 느끼기 위한 감각적 훈련이 요청된다. 그 훈련의 첫 번째 조건은 유한성의 자각이다. 유한성은 결코 슬프거나 원망할 대상이 아니다. 죽음을 초극하기 위해서는 봄에서 겨울에 이르는 과정을 끊임없이 상기해야만 한다. 그 다음에 겨울에서 봄으로 이어지는 자연의 순리에 주목하게 된다. 마치 질병에서 회복되는 환자처럼 세상은 다른 빛깔과 다른 소리를 통해서 접근해 온다. 이처럼 기억을 일깨우는 과정에서, 그리움이 복받쳐오를 때 삶은 활력을 되찾게 된다.

　이처럼 박재삼의 서정시는 위대한 시학적 원리라든가 다양한 시학적 변모를 보여주지 않는다. 초지일관 전통 서정시라는 시풍을 고수하고 변화도 별로 없다. 그래서 일부에서는 그의 시가 단조롭다고 평가하기도 한다. 하지만 그렇기 때문에 그의 시에는 거짓 없는 진실함이 묻어 있는 것이다. 박재삼의 서정시는 개인적 한의 슬픔을 보편적 차원으로 확장하면서, 전통적 서정의 세계가 무궁한 창조력의 보고라는 사실을 증명해주고 있다. 그는 슬픔과 가난으로 점철된 유년의 기억을 아름다운 추억으로 만들고, 자연에 잠재한 시적 잠재력을 일깨우며, 시공간적으로 일체화된 유기체적 동일성의 세계를 정립하였다. 또한 민족의 원형적 감정을 설화적 인물을 통해서 반복함으로써 전통에 내재한 창조적 변혁의 가능성을 시도하였다. 박재삼에게는 가난과 전쟁, 슬픔과 원한으로 가득한 한국적 상황이 오히려 전통적 서정시의 무한한 창조력의 근원으로 작용하였다.

朴在森
박재삼(1933~1997)

 시인 박재삼 연보

1933   4월 10일 아버지 박찬홍(朴贊洪)과 어머니 김어지(金於之)의 차남으로 동경부(東京府) 도남다마군(稻南多摩郡) 성촌실야구(城村失野口) 1400번지에서 출생하였다.
1936   가족이 모두 귀국하여 어머니의 고향인 경남 삼천포에 자리를 잡고 유년시절을 바닷가에서 보냈다.
1940   삼천포 초등학교에 입학
1946   삼천포 초등학교를 졸업 후, 3천원의 입학금이 없어 중학교를 입학하지 못하고 삼천포 여자중학교에 사환으로 들어갔다. 그 학교에서 교편을 잡고 있던 김상옥(金相沃) 선생을 만나 감화를 받고, 시를 쓸 결심을 굳혔다.
1947   삼천포중학 병원 야간 중학교에 입학, 성적은 전교 수석. 당시 김상옥 시인의 첫 시조집 『초적(草笛)』을 살 돈이 없어, 그것을 공책에 베껴 애송하였다.
1948   교내신문 ≪삼중(三中)≫ 창간호에 동요 〈강아지〉, 시조 〈해인사〉를 발표했다.
1949   이 해에 야간 중학교에서 삼천포중학교로 전학하였다. 제1회 영남예술제(현 개천예술제) '한글시 백일장'에서 시조 〈촉석루〉가 차상으로 입상

	당시 장원이던 이형기와 친교를 맺었다.
1951	4년제 중학교를 졸업하고 삼천포고등학교 2학년에 편입학하였다.
1953	삼천포고등학교를 수석으로 졸업(제1회)하였다. 이때가 가장 부지런히 시작(詩作)을 한 시기였다. 모윤숙의 추천으로 시조 '강물에서'가 문예지 『문예』(11월호)에 발표되었다.
1954	은사 김상옥선생의 소개로 현대문학사에 취직, 창간준비를 시작하였다.
	당시 주간은 조연현, 편집장은 오영수, 편집사원으로는 임상순, 김구용이 있었다.
1955	『현대문학』 추천을 통해 시조 '섭리', 시 '정적(靜寂)'(서정주 추천)이 발표되어 김관식, 신동준과 함께 등단하였다. 직장을 마련한 후 고려대학 국문과에 입학하였다. (3년 중퇴)
1957	「춘향의마음」이란 작품을 발표하고 『현대문학』 신인상을 수상하였다.
1958	고려대학교 국어국문학과 졸업.
1961	구자운, 박성룡, 박희진, 성창경 등과 함께 『육십년대시화집』 동인으로 활동하였다.
1962	김정립 여사와 결혼하였다.
	처녀시집 『춘향(春香)이 마음』(신구문화사) 출간
1963	장녀 소영(召英) 출생
1964	현대문학사를 그만두고 『문학춘추』 창간과 함께 입사하였으나 1년 만에 퇴사하였다.
1965	월간 『바둑』지 편집장으로 입사했다가 6개월 만에 그만두고 ≪대한일보≫ 기자 생활을 시작하였다(3년 동안 근무).
1967	문교부 문예상 수상
1969	삼성출판사 입사(편집부 부장, 1972년 퇴사)
	『어느날』(한국시단사)

1970	『햇빛 속에서』(문완사) 출간
	이 무렵부터 신문에 바둑 관전기를 쓰기 시작하였다.
	차남 상규(祥圭) 출생.
1972	직장생활에서 완전히 벗어나 홀가분한 자유인이 되었다.
1974	한국 시인협회 사무국장 피선
	⇨ 김현, 『詩와 詩人을 찾아서: 朴在森 篇』, 심상사
1975	『천년의 바람』(민음사) 출간
	대한기원 이사
1976	제9회 한국시협상 수상
	시집 『어린 것들 옆에서』(현현각) 출간
	수필집 『슬퍼서 아름다운 이야기』(경미문화사) 출간
1978	『빛과 소리의 풀밭』(고려원) 출간
1979	시집 『뜨거운 달』(근역서재) 출간
1980	수필집 『노래는 참말입니다』(열쇠) 출간
	고혈압, 위궤양으로 또 다시 약 보름간 입원 생활했다.
1981	시집 『비 듣는 가을나무』(동화출판공사) 출간
	고혈압, 위궤양으로 40여 일 동안 다시 입원생활을 하였다.
1982	수필집 『샛길의 유혹』(대창문화사) 출간
	제7회 노산문학상 수상
1983	수필선집 『숨가쁜 나무여 사랑이여』(오상) 출간
	『바둑한담』(중앙일보사) 출간
	시집 『추억에서』(현대문학사) 출간
	제10회 한국문학작가상 수상
1984	시집 『거기 누가 부르는가』(행림출판) 출간
	자선시집 『아득하면 되리라』(정음사) 출간
	수필선집 『너와 내가 하나로 될 때』(문음사) 출간
	고향인 삼천포의 노산공원에 시비 〈천년의 밤〉 건립
1985	시집 『간절한 소망』(어문학) 출간

	시조집 『내 사랑은』(영언문화사) 출간
1986	시집 『찬란한 미지수』(오상) 출간
	수필집 『아름다운 삶의 무늬』(어문각) 출간
	수필집 『울밑에 선 봉선화』(자유문학사) 출간
	수필집 『차 한잔의 팡세』(자유문학사)
	중앙일보 시조대상 수상
1987	시집 『가을바다』(자유문학사)
	시집 『바다위 별들이 하는 짓』(문학사사상)
	시집 『박재삼 시집』(범우사)
	시집 『사랑이여』(실천문학사)
	시집 『울음이 타는 가을 江』(혜원시인선 3, 혜원출판사)
	수필집 『아름다운 삶의 무늬』(어문각)
	수필집 『용서하며 용서받으며』(혜원출판사)
	제2회 평화문학상 수상
1988	『햇빛에 실린 곡조』 출간
	제7회 조연현 문학상 수상
1989	수필집 『슬픔과 허무의 바다』(예가출판사)
	수필집 『시쓰듯 연애하듯』(세명서관)
	시집 『박재삼 시집』(범우사)
1990	시집 『해와 달의 궤적』(신원문화사) 출간
	수필집 『미지수에 대한 탐구』(문이당)
1991	시집 『꽃은 푸른빛을 피하고』(민음사) 출간
	〈인촌상〉 수상
1993	시집 『꽃허무에 갇혀』(시와시학사) 출간
	시집 『사랑하는 이의 머리칼』(동서문학의 시 1, 동서문학사)
	『아름다운 사람』(시세계)
	시집 『친구여 너는 가고』(미래문화사)
	시집 『허무에 갇혀』(시와시학사시집 3, 시와시학사)

	수필집 『아름다운 현재의 다른 이름』(한미디어)
1994	한국시인협회 기획위원장 역임
	『나는 아직도』(오늘의문학사)
	자선시집 『울음이 타는 가을 江』(한미디어)
	시시집 『박재삼 시 전작선집』(영하출판사)
	수필집 『아름다운 현재의 다른 이름』 출간
1995	백일장 심사 도중 신부전증으로 쓰러짐
	시집 『천년의 바람』(오늘의 시인총서 5, 민음사)
1996	제4회 한국공간시인상 심사위원
	시집 『다시 그리움으로』(실천문학사) 출간
1997	6월 8일 10여 년의 투병 생활 끝에 영면(永眠)에 들다.
	시집 『사랑이여』(실천문학의 시집 41, 실천문학사)
	유고시집 『사랑하는 사람을 남기고』(오상출판사)
1998	『박재삼 시선집』 1(민음사)
	『울음이타는가을강』(한국대표시인100선집 52, 미래사)
1999	⇨ 양미령, 「朴在森詩 研究」, 중앙대학교 석사논문
2000	⇨ 우한용, 「슬픔으로 빛나는 水晶빛 庵子: 박재삼 시의 특질」, 『도서문학』, 동서문학사
2001	⇨ 이민선, 「박재삼 시 교육방법 연구: 문학 교과서 수록시를 중심으로」, 부산대학교 석사논문
2002	『우리 고향 우리 집』(경남)
2003	⇨ 조동구, 「박재삼의 초기시 연구: 시집 『천년의 바람』을 중심으로」, 『배달말』 통권 제33호, 배달말학회
2004	⇨ 신대생, 「박재삼 시조 연구」, 진주교육대학교 석사논문, 2004
2005	⇨ 김종호, 「설화의 주술성과 현대시의 수용양상: 서정주와 박재삼 시를 중심으로」, 『한민족어문학』 제46집, 한민족어문학회

2006	시조집 『내 사랑은』(태학사)
	수필선집 『삶의 무늬는 아름답다』(경남)
2007	시선집 『박재삼 시전집』(경남)
2008	⇨ 윤병로, 「시인 박재삼(朴在森): 청빈한 시인의 추억」, 『문학예술』, 문학예술사
	⇨ 김승환, 「명동시대, 그 낭만과 좌절 7: 아름다운 한(恨)의 시인 박재삼(朴在森)」, 『문학시대』 통권 제85호, 문학시대사, 2008년 가을호
2009	⇨ 『박재삼 시연구』(박재삼기념사업회, 박재삼 문학세미나 발표 원고 모음)
	⇨ 박현수, 「전후 초월주의의 그늘과 그 극복: 박재삼론」, 『한국민족문화』 35, 부산대학교 한국민족문화연구소, 2009
	⇨ 김준경, 「박재삼論: 「허무에 갇혀」를 중심으로」, 『계절문학』 통권 제6호, 2009년 봄호
2011	⇨ 정삼조, 『박재삼 시의 울림』(박재삼기념사업회)

 참고문헌

1. 기초자료

<시집>

박재삼, 『춘향이 마음』, 신구문화사, 1962.
_____, 『햇빛 속에서』, 문원사, 1970.
_____, 『천년의 바람』, 민음사, 1975.
_____, 『어린것들 옆에서』, 현현각, 1976.
_____, 『뜨거운 달』, 근역서재, 1979.
_____, 『비 듣는 가을나무』, 동화출판사, 1980.
_____, 『追憶에서』, 현대문학사, 1983.
_____, 『대관령 근처』, 정음사, 1985.
_____, 『내 사랑은』, 영언문화사, 1985.
_____, 『찬란한 미지수』, 오상사, 1986.
_____, 『사랑이여』, 실천문학사, 1987.
_____, 『해와 달의 궤적』, 신원문화사, 1990.
_____, 『꽃은 푸른 빛을 피하고』, 민음사, 1991.
_____, 『허무에 갇혀』, 시와 시학사, 1993.
_____, 『다시 그리움으로』, 실천문학사, 1996.

_____, 『박재삼 시선집 Ⅰ』, 민음사, 1998.

박재삼기념사업회, 『박재삼시전집』, 경남, 2007.

〈수필집〉

박재삼, 『슬퍼서 아름다운 이야기』, 경미문화사, 1977.

_____, 『빛과 소리의 풀밭』, 고려원, 1978.

_____, 『노래는 참말입니다』, 열쇠, 1979.

_____, 『샛길의 誘惑』, 태창문화사, 1982.

_____, 『너와 내가 하나로 될 때』, 문음사, 1984.

_____, 『차 한잔의 팡세』, 자유문학사, 1986.

_____, 『아름다운 삶의 무늬』, 어문각, 1986.

_____, 『사랑한다는 말을 나 그대에게 하지 못해도』, 고려서당, 1989.

_____, 『미지수에 대한 탐구』, 문이당, 1990.

_____, 『아름다운 현재의 다른 이름』, 한미디어, 1994.

2. 단행본

〈국내저서〉

구모룡, 『한국문학과 열린 세계의 비평담론』, 열음사, 1992.

구인환 외, 『문학교육론』, 삼지원, 2001.

곽광수·김현, 『바슐라르연구: 상상력의 미학, 행복의 시학』, 민음사, 1981.

곽광수, 『가스통 바슐라르』, 민음사, 1995.

김광순 외, 『국문학개론』, 새문사, 2003.

김병욱 외 16인, 『한국문학과 신화』, 예림기획, 2006.

김열규, 『恨脈怨流』, 주우, 1981.

김재홍, 『한국 현대시의 시적 탐구』, 일지사, 1998.

_____, 『한국현대시 시어사전』, 고려대학교 출판부, 2001.

김진국, 『문학현상학과 해체론적 비평론』, 예림기획, 1999.

김준오, 『시론』, 삼지원, 1997.
김열규, 『한국인의 신화』, 일조각, 2006.
김융희, 『예술, 세계와의 주술적 소통』, 책세상, 2000.
김은자, 『현대시의 공간과 구조』, 문학과비평사, 1988.
김태권, 『한국무속연구』, 집문당, 1991.
김화경, 『세계 신화 속의 여성들』, 도원미디어, 2003.
김학동 외 9인, 『한국 전후 문제시인 연구』, 예림기획, 2005.
김 현, 『행복의 시학/제강의 꿈』, 문학과지성사, 1991.
_____, 『상상력과 인간/시인을 찾아서』, 문학과지성사, 2002.
김현자, 『시와 상상력의 구조』, 문학과지성사, 1982.
김혜니, 『한국현대시문학사연구』, 국학자료원, 2002.
_____, 『다시 보는 현대시론』, 푸른사상, 2006.
나경수, 『한국의 신화연구』, 교문사, 1993.
문혜원, 『한국 현대시와 전통』, 태학사, 2003.
박진환, 『한국현대시인연구』, 자유지성사, 1999.
상허학회, 『새로 쓰는 한국시인론』, 백년글사랑, 2003.
서울대학교 출판부, 『미학의 역사』, 2007.
_____, 『미학의 문제와 방법』, 2007.
석진호 해석, 『금강경 연구』, 신흥출판사, 1959.
설선경, 『춘향전 연구의 과제와 방향』, 국학자료원, 2003.
심재휘, 『한국 현대시와 시간』, 월인, 1998.
안진대, 『엘리아데·신화·종교』, 고려대학교 출판부, 2005.
이강수, 『노자와 장자』, 길, 1998.
이기서, 『한국현대시의 구조와 심상』, 고려대학교 한국학연구소, 2003.
이건청, 『한국 현대시인 탐구』, 새미, 2004.
이부영, 『분석심리학』, 일조각, 1992.
_____, 『자기와 자기실현』, 한길사, 2002.
_____, 『아니마와 아니무스』, 한길사, 2003.

이상오, 『한국현대시의 상상력과 자연』, 역락, 2006.
이승훈 편저, 『문학상징사전』, 고려원, 1995.
이승훈, 『시론』, 고려원, 1997.
이인영, 『현대시의 허무와 시간』, 학술정보, 2007.
이정자, 『한국 시가의 아니마 연구』, 백문사, 1996.
이정화, 『퇴계 이황의 시문학 연구』, 보고사, 2003.
이지엽, 『현대시 창작 강의』, 고요아침, 2005.
_____, 『한국 현대시조 작가론』 II, 태학사, 2007.
오성호, 『서정시의 이론』, 실천문학사, 2006.
오세영, 『문학연구방법론』, 이우출판사, 1988.
_____, 『문학과 그 이해』, 국학자료원, 2003.
오세정, 『신화·제의·문학』, 제이앤씨, 2007.
오탁번, 『현대시의 이해』, 나남출판, 1998.
_____, 『문학을 사랑하는 젊은이들에게』, 고려대학교 출판부, 1998.
윤재근, 『시론』, 둥지, 1990.
장도준, 『한국현대시의 전통과 새로움』, 새미, 1998.
정신재, 『한국 현대시의 신화적 원형 연구』, 국학자료원, 1995.
정재서, 『도교와 문학 그리고 상상력』, 푸른숲, 2000.
조동일, 『한국소설의 이론』, 지식산업사, 1977.
조민환, 『동양철학의 자연과 인간』, 아세아문화사, 1998.
조영식, 『한국 현대서정시의 세계』, 새미, 2004.
조지훈, 『조지훈전집』 3, 일지사, 1973.
진순애, 『현대시의 자연과 모더니티』, 새미, 2003.
채수영, 『현실인식과 시적 상상력』, 국학자료원, 1999.
표정옥, 『현대문화와 신화』, 연세대학교 출판부, 2007.
한국문화상징사전편찬위원회, 『한국문화상징사전』 1, 동아, 1994.
_____, 『한국문화상징사전』 2, 동아, 2000.
한국문학연구회, 『1950년대 남북한 시인 연구』, 국학자료원, 1996.

한국현대시학회 편, 『20세기 한국시론』 1, 글누림, 2006.
_____, 『한국 서술시의 시학』, 태학사, 1998.
채수영, 『현실인식과 시적 상상력』, 국학자료원, 1999.
천이두, 『한의 구조연구』, 문학과지성사, 1993.
최승호, 『한국적 서정의 본질탐구』, 다운샘, 1998.
_____ 외, 『서정시의 본질과 근대성 비판』, 다운샘, 1999.
_____, 『서정시와 미메시스』, 역락, 2006.
최진원, 『국문학과 자연』, 성균관대학교 출판부, 1977.
_____, 『한국고전시가의 形象性』, 성균관대학교 대동문화연구회, 1996.
한영옥, 『한국현대시의 의식탐구』, 새미, 1990.
홍문표, 『현대시학이론』, 양문각, 1980.
_____, 『시창작원리』, 창조문화사, 2002.
홍명희, 『상상력과 가스통 바슐라르』, 살림출판사, 2005.
황인원, 『한국서정시와 자연의식』, 다운샘, 1998.

〈국외저서〉

가스통 바슐라르, 정영란 역, 『공기와 꿈』, 민음사, 1993.
_____, 이가림 역, 『물과 꿈』, 문예출판사, 1998.
_____, 민희식 역, 『불의 정신분석/초의 불꽃 외』, 삼성출판사, 1993.
_____, 김진국 역, 『문학현상학과 해체론적 비평론』, 예림기획, 1999.
_____, 정영란 역, 『대지 그리고 휴식의 몽상』, 문학동네, 2002.
_____, 곽광수 역, 『공간의 시학』, 동문선, 2003.
_____, 김웅권 역, 『몽상의 시학』, 동문선, 2007.
고드스블롬, 천형균 역, 『니힐리즘과 문화』, 문학과지성사, 1993.
나다니엘 엘트먼, 황수연 역, 『물의 신화』, 해바라기, 2003.
노자·장자, 장기근·이석호 역, 『老子·莊子』, 삼성출판사, 1982.
노트롭 프라이, 황계정 역, 『구원의 신화』, 국학자료원, 1995.
_____, 임철규 역, 『비평의 해부』, 한길사, 2000.

_____ 외 16인, 김병욱 외 역, 『문학과 신화』, 예림기획, 1998.
데이비드 폰태너, 최승자 역, 『상징의 비밀』, 문학동네, 1998.
로버트 A. 존슨, 고혜경 역, 『신화로 읽는 남성성 He』, 동연, 2006.
_____, 고혜경 역, 『신화로 읽는 여성성 She』, 동연, 2006.
뤽 브노아, 박지구 역, 『기호·상징·신화』, 경북대학교 출판부, 2006.
마르틴 하이데거, 박찬국 역, 『니체와 니힐리즘』, 철학과 현실사, 2000.
미르치아 엘리아데, 이은봉 역, 『신화와 현실』, 성균관대학교 출판부, 1985.
_____, 이은봉 역, 『종교형태론』, 한길사, 1996.
_____, 이재실 역, 『이미지와 상징』, 까치, 1997.
_____, 이동하 역, 『성과 속』, 학민사, 1989.
_____·세르기우스 골로빈·조지프 캠벨, 이기숙·김이섭 역, 『세계 신화 이야기』, 까치, 2001.
_____, 강응섭 역, 『신화·꿈·신비』, 숲, 2006.
볼프강 카이저, 김윤섭 역, 『언어예술작품론』, 대방출판사, 1982.
시몬느 비에른느, 이재실 역, 『통과제의와 문학』, 문학동네, 1996.
아지자·올리비에리·스크트릭, 장영수 역, 『문학의 상징·주제 사전』, 청하, 1997.
유 협, 최동호 역, 『文心雕龍』, 민음사, 1994.
에밀 슈타이거, 이유영·오현일 역, 『시학의 근본개념』, 삼중당, 1978.
에즈워즈 쉴즈, 김병서 외 역, 『전통』, 민음사, 1992.
질베르 뒤랑, 진형준 역, 『상징적 상상력』, 문학과지성사, 1990.
_____, 유평근 역, 『신화비평과 신화분석』, 살림, 1998.
_____, 진형준 역, 『상상계의 인류학적 구조들』, 문학동네, 2007.
카프라, 이성범·김용 역, 『현대물리학과 동양사상』, 범양사, 2006.
쿠르트 휘브너, 이규영 역, 『신화와 진실』, 민음사, 1995.
클리프트, 이기춘 역, 『융의 심리학과 기독교』, 대한기독교서회, 1998.
테오도르 아도르노, 홍승용 역, 『부정변증법』, 한길사, 1999.
프레이저, 이용대 역, 『황금가지』, 한겨레신문사, 2004.
헤 겔, 최동호 역, 『헤겔시학』, 열음사, 1987.

_____, 두행숙 역, 『헤겔미학』 II, 나남, 1996.
_____, 두행숙 역, 『헤겔미학』 III, 나남, 1996.
C. G. 융, 이부영 외 편, 『인간과 무의식의 상징』, 집문당, 1985.
_____, 이윤기 역, 『인간과 상징』, 열린책들, 1996.
C. S. 홀(외), 최현 역, 『융 심리학 입문』, 범우사, 2006.
M. H. 에이브럼즈, 『문학용어사전』, 대방출판사, 1985.

3. 평론 및 일반논문

고 은, 「실내작가론 10」, 『월간문학』, 1970. 11.
김강제, 「박재삼 시에 나타난 서정시학의 의미」, 『동아대 국어국문학』 18, 1999.12.
김명희, 「박재삼 시론: 바다와 저승의 이미지」, 『새국어교육』 36호, 1982.12.
김성희, 「박재삼 시의 자연 이미지 고찰: 춘향이 마음을 중심으로」, 『인문학연구』, 충남대인문과학연구소, 2007.
김양희, 「박재삼 초기시의 상상력과 시세계」, 『인문학연구』, 충남대인문과학연구소, 2007.
김영미, 「갇힌 시간과 그 해체: 박재삼론」, 『한국언어문학』, 한국언어문학회, 2004.
김영민, 「서정시의 새로움을 위한 求道: 박재삼론」, 『문학사상』, 1988.6.
김재홍, 「서정시와 별의 시학」, 『시와 시학』 제36호, 2006년 가을호.
김주연, 「한과 그 이후」, 『천년의 바람』 해설, 민음사, 1975.
김종태·강현구, 「박재삼 시의 죽음의식 연구」, 『우리어문연구』, 우리어문학회, 2003.
김종호, 「박재삼 시의 여성성 고찰」, 『어문연구』 제108권, 한국어문교육연구회, 2000.
_____, 「설화의 주술성과 현대시의 수용양상: 서정주와 박재삼을 중심으로」, 『한민족어 문학』 45호, 한민족어문학회, 2005.
박남희, 「한국유기체시론연구」, 『숭실어문』 18집, 2002.
_____, 「조지훈 시의 유기체적 상상력 연구」, 『한국문예비평연구』, 한국현대문예

비평학회, 2007.
박유미, 「박재삼 시의 전통서정성 연구」, 성신어문학연구회, 1998.
박현수, 「서정시 이론의 새로운 고찰」, 『우리말글』 제40집, 우리말글학회, 2007.
박재삼, 「현대시의 계보」, 『심상』, 1976.
_____, 「오, 아름다운 것에 끝내 노래한다는 이 망망함이여」(고형진·김기중과의 대담), 『문학정신』, 1992.1.
심재휘, 「한국 현대시의 전통서정 연구」, 『어문논집』, 1990.
양혜경, 「박재삼 시의 설화 수용 양상 연구」, 『수련어문논집』 제25호, 1999.
오용기, 「박재삼의 시와 한」, 『한국언어문학』, 한국언어문학회, 2000.
오탁번, 「모성이미지와 화합의 시정신」, 『현대문학』, 1997.8.
윤재근, 「박재삼론」, 『현대문학』, 현대문학사, 1977.5.
이경수, 「서정주와 박재삼의 '춘향' 모티프 시 비교 연구」, 『민족문화연구』, 고려대학교민족문화연구소, 1996.
이명희, 「신동엽 시에 드러난 상상력 연구」, 『겨레어문학』 28집, 2002.
장만호, 「박재삼 초기시의 공간유형과 의미」, 『한국문학이론과 비평』 제30집, 2006.
조병춘, 「한국 서정시 연구: 김현승, 정한모, 박재삼, 조병화 시를 중심으로」, 『새국어교육』 62, 한국국어교육학회, 2001.
조윤제, 「현대문학의 전통론」, 『자유문학』, 1958.5.
최동호·박재삼, 기획대담, 「나의 문학, 나의 시작법」, 『현대문학』, 1983.
최성만, 「언어, 번역, 미메시스」, 『문예미학』, 1996.
하상일, 「조지훈의 비평의식과 서정시론 연구」, 『한국문학이론과 비평』 제35집, 한국문학이론과 비평학회, 2007.6.
한명희, 「박재삼 시 연구: 성찰적 허무주의의 미학」, 『한국시학연구』, 한국시학회, 2006.

4. 학위논문

강경애, 「박재삼 초기 시에 나타난 물이미지 연구」, 단국대 석사논문, 2005.
강길자, 「박재삼 시 연구: 한의 정서를 중심으로」, 아주대 석사논문, 2004.
강수경, 「박재삼 시의 이미지 연구」, 대구가톨릭대 석사논문, 2003.
김강제, 「박재삼 시 연구」, 동아대 박사논문, 2000.
김양희, 「박재삼 시 연구: 초기시의 이미지를 중심으로」, 한양대 석사논문, 1996.
김윤경, 「박재삼 시의 이미지 연구」, 명지대 석사논문, 2001.
김은경, 「한국 근대시에 나타난 한의 미학 연구」, 건국대 석사논문, 2001.
김정석, 「바슐라르의 상상력 이론 연구」, 숭실대 석사논문, 1999.
김종호, 「현대시의 원형심상 연구: 박재삼, 박용래, 천상병의 시세계를 중심으로」, 강원대 박사논문, 2006.
남기혁, 「1950년대 시의 전통지향성 연구」, 서울대 박사논문, 1998.
박유미, 「1950년대 전통서정시 연구」, 성신여대 박사논문, 2002.
박진희, 「박재삼 시에 나타난 사랑의 구현양상 연구」, 대전대 석사논문, 2008.
오정국, 「한국현대사의 설화수용양상 연구」, 중앙대 박사논문, 2002.
오정석, 「박재삼 시 연구」, 경희대 석사논문, 1998.
유진화, 「박재삼 시 연구」, 명지대 석사논문, 1999.
이명희, 「한국현대시에 나타난 신화적 상상력 연구」, 건국대 박사논문, 2002.
이상숙, 「박재삼 시의 이미지 연구: 초기 시에 나타난 〈물〉을 중심으로」, 고려대 석사논문, 1993.
이성희, 「박재삼 시에 나타난 연금술적 상상력 연구」, 서울대 석사논문, 2003.
이수원, 「현대공간에 나타난 상상력의 원형개념표현특성에 관한 연구: 칼 구스타프융의 원형개념을 중심으로」, 국민대 석사논문, 2007.
이현정, 「박재삼 시 연구: 담화연구를 중심으로」, 숙명여대 석사논문, 2001.
임문혁, 「한국 현대시의 전통연구」, 한국교원대 박사논문, 1992.
장만호, 「박재삼 시의 공간 상상력 연구」, 고려대 석사논문, 2000.
장철환, 「시적 이미지의 역동성」, 연세대 석사논문, 2001.

전영주, 「1950년대 시의 전통성 연구」, 동국대 박사논문, 2000.
정분임, 「박재삼 시의 공간인식 연구」, 중앙대 석사논문, 2001.
차영주, 「현대시에 나타난 춘향모티브 연구」, 순천대 석사논문, 2005.
한승주, 「박재삼 시의 전통성 연구」, 성균관대 석사논문, 2007.
현수민, 「박재삼 시의 통과제의적 상상력 연구」, 아주대 석사논문, 2005.
황인원, 「1950년대 시의 자연성 연구」, 성균관대 박사논문, 1999.